MIX
Papier aus verantwortungsvollen Quellen
FSC www.fsc.org
FSC® C083411

1. Auflage 2016

www.conbook-verlag.de

Einbandgestaltung und Satz: David Janik unter Verwendung eines Fotos © istockphoto.com/ivanmateev
Illustration Karte: Diana Stanciulescu
Druck und Verarbeitung: CPI books GmbH, Leck

Printed in Germany

ISBN 978-3-943176-95-7

FETTNÄPFCHENFÜHRER Stadt-Edition

WIEN

Ein Reiseknigge zwischen Melange und Latte Macchiato

Martin Buchgraber

Inhalt

***

Prolog

»Wien? Echt? Super. Pass auf, ich sage dir, wie das geht ...« George legte vor Begeisterung los und war kaum zu halten: »Du musst, wenn du so ein Buch schreibst, die Menschen leiten. Wenn sie zum ersten Mal in Wien sind, dann müssen sie begeistert sein – von dieser wunderschönen, einzigartigen, historischen Stadt. Und von diesem einzigartigen Buch, das ihnen auf ihrem Weg durch Wien hilft. Weißt du wie?«

Er musste wohl meine fragenden Blicke gesehen haben, als er mit seinen Ausführungen fortfuhr ... »Du musst sie bei der Hand nehmen und sie durch diese tolle Stadt bringen. Du musst sagen: ›Da, bitte sehr, ich reiche ihnen meine Hand, gnä' Frau.‹ Und nicht nur das, jetzt kommt das Geheimnis ...« Er hielt inne.

Ich klebte an seinen Lippen und wollte das Geheimnis erfahren. George kommt von den Philippinen und er wohnt unter anderem auch in Wien. Er ist beruflich häufig unterwegs und kennt viele Städte, doch Wien hat sein Herz erobert – und er war gerade dabei, auch mein Herz für Wien noch höher schlagen zu lassen. Er machte eine lange, kunstvolle Pause, die sich für mich wie eine kleine Ewigkeit anfühlte, ehe er weitersprach.

»Der Leser. Er nimmt nicht nur deine Hand, er nimmt auch die Hand von seinem Partner. Toll, nicht? Und dann gehen sie durch Wien. Und was haben sie in der anderen Hand?«

Ich hatte keine Ahnung, was der Leser oder die Leserin in der anderen Hand hält.

»Eine Kamera?«, fragte ich.

»Nein. Dein Buch. Das Schöne daran ist, dass sie händchenhaltend durch Wien gehen werden, und alle, die sie sehen, werden sich denken: Oh, die haben dieses Buch auch gelesen.«

Diese Idee gefiel mir und ich konnte eine gewisse Begeisterung nicht verbergen. Dieses Bild stellte ich mir amüsant vor, dass alle, die den *Fettnäpfchenführer Wien* kaufen, händchenhaltend und glückselig strahlend durch die Wienerstadt gehen. Dieses Bild sieht man unter den oft mürrisch gestimmten Wienern ohnehin viel zu selten.

Dennoch blieb ein kleines *Aber* in meinem Kopf hängen. »Und wenn die Leser vielleicht keinen Partner haben? Dürfen sie dann nicht nach Wien kommen?«

George schaute mich triumphierend an. »Du musst ja nicht dabei sein, du bist ihr unsichtbarer Begleiter. Und, wenn sie *noch* keinen Partner haben, dann ist das ja perfekt. Stell dir vor, dann müssen sie sich jemanden suchen, der mit ihnen Händchen hält. Wie schön. Wien verbindet.«

Für George gab es anscheinend keine Probleme, die nicht zu lösen wären. Ich dachte mir, dass er wohl noch zu kurz in Wien sei. Und schon kippte ich wieder in meinen typisch österreichisch-wienerischen Phlegmatismus. Und dieser beginnt, wie viele typische Sätze in Wien, mit einem leisen Ja, gefolgt von einem viel stärkeren Aber ...

»*Ja,* das wäre schön ... *aber* wie soll das bitte gehen? Soll dann der Single-Wienbesucher einfach jemanden auf dem Graben fragen, ob er oder sie mit ihm Wien besichtigt und dabei Händchen hält?« Ich schaute George fragend an und erwartete selbstsicher eine Bestätigung meiner Aber-Frage.

Aber George ließ sich nicht von seiner Vision abbringen: »Ja, genau. So einfach ist es, und zu zweit ist es noch viel schöner. Und wenn man das nicht will, dann ist man selber schuld. Wien muss erobert werden. Auch bei Nacht. Wien ist traumhaft bei Nacht, noch viel schöner als am Tag.«

Nun, Wien ist, Gott sei Dank, keine gefährliche Stadt. Man muss sich keine Sorgen machen, außer man ist zum falschen Zeitpunkt am falschen Ort oder verirrt sich bei der *Der-dritte-Mann*-Tour um Mitternacht im Kanalsystem, weil man glaubt, eine Abkürzung aus dem Film entdeckt zu haben ... Aber dann ist man auch ein bisserl (= Wienerisch für »wenig«) selbst schuld. Es kann natürlich schon sein, dass man sich in dieser Stadt verliert, weil nachts alles so majestätisch und so wunderschön aussieht. Man hat diese tollen alten und gut erhaltenen Häuser, man hat diese gepflegten und gut restaurierten Kirchen, die dem (teilweise streng katholisch geprägten) Wiener sehr wichtig sind. Und all das schaut bei Nacht noch respekteinflößender aus als bei Tageslicht. Die großen Kirchen werfen furchterregende Schatten, und aus jedem Kanaldeckel sieht man (wenn man die Abkürzung im Kanalsystem gefunden hat) den »dritten Mann« kraxeln. Aber wenn man dann zu zweit in der Nacht durch Wiens Straßen geht, dann sieht das schon wieder ganz anders aus.

George hat recht, dachte ich mir. Man spürt die Stadt, ihre Liebe zum Detail, ihren unbeugsamen Stolz der überwundenen Geschichte und man lernt sich und seinen Partner wieder von einer ganz neuen Seite kennen. Einer von beiden darf die starke Schulter der Beziehung sein, an der sich der Partner gerne und liebevoll während einer nächtlichen Tour anschmiegt. Ja, George hatte wirklich recht, und das ganz ohne Aber.

»Ja, das ist Wien«, sagte ich zu George.

Nun bin ich schon das sechste Jahr in Wien, wohne in der dritten Wohnung und schreibe mein zweites Buch über diese einzigartige, unbeugsame Stadt. Und immer noch fühle ich mich an manchen Tagen wie ein völlig Fremder, der jeden Tag tausend neue Dinge entdecken darf. Dinge, die ich vor fünf Jahren einfach nicht gesehen habe und an denen ich ahnungslos vorbeigegangen bin, ohne sie nur im Geringsten wertzuschätzen. Damit meine ich Plätze, Lokalitäten, Sehenswürdigkeiten, die es würdig sind, gesehen zu werden, auch wenn man sie nicht immer gleich entdeckt.

Aber was hat das Ganze jetzt mit einem Fettnäpfchenführer zu tun? Mein Ziel ist, Ihnen die schönsten Seiten und vor allem auch die Eigenheiten Wiens zu zeigen, damit Sie sich galant und blamagefrei einer Seite der Stadt zuwenden können, die vielen Touristen oft verborgen bleibt.

Also, worauf warten Sie noch? Nehmen Sie Ihren Partner oder einen guten Freund an die eine und dieses Büchlein in die andere Hand und starten Sie Ihr einzigartiges, unvergessliches Wien-Abenteuer. Lernen Sie Wien kennen. Es zahlt sich aus.

Und merken Sie sich eines: Wien will erforscht werden!

Viel Spaß dabei!

Wie ist Wien?

Die Wiener und ihr goldenes Herz

Berlin ist arm, aber sexy. New York ist die Stadt, die niemals schläft. Rom ist die Ewige Stadt. München ist die Weltstadt mit Herz. Ich frage mich aber ... Wie oder was ist Wien? Reich und sexy? Alt und jung? Weltoffen und modern? Oder vielleicht eher, wie der Wiener sagt, gemütlich, *goschert* und *zwider?* Ich habe mich auf die Suche gemacht, welche Eigenschaften wohl am besten zu Wien passen.

Wenn ich an manchen Tagen durch Wiens Straßen streife, fühle ich mich ein wenig wie einst Carry Bradshaw. Nur nicht ganz so schön, komplett ohne Stilettos und mit weniger Sex-Appeal. Ist Wien also sexy? Irgendwie schon, irgendwie auch nicht. Auf jeden Fall ist Wien aber anziehend. Die Stadt zieht mich an. Mit ihren Bauwerken wie dem mächtigen und mystischen Stephansdom, dem elitären Schloss Schönbrunn, den gemütlichen Kaffeehäusern und dem typischen Wiener Charme oder, wie man gerne sagt, der *Weana Gmiatlichkeit.* Obwohl es manchmal mit dem Wiener Charme nicht so weit her ist. Oft spricht man auch ironisch vom »Goldenen Wiener Herz« der Hauptstadtbewohner. Aber was ist das schon wieder?

Eine genaue Definition konnte ich nicht auftun, ich bin jedoch auf die schöne Geschichte des Kabarettisten Alexander Roda Roda gestoßen, der folgende Meinung über das »Goldene Wiener Herz« vertrat: Seiner Meinung nach ist der Wiener mit ungefähr 40 Jahren am warmherzigsten. Und genau einen Wiener in diesem Alter soll man als Tourist, wenn man vom Stephansplatz weg in Richtung Oper geht, ansprechen und ihn fragen: »Entschuldigen sie, wo ist denn der Stephansplatz?«

Der Wiener wird anfangs ganz lieb und freundlich versuchen, den Gast zur Umkehr in die andere Richtung zu überreden. Doch der Gast bleibt stur und glaubt dem Wiener nicht wirklich. Er hat bislang immer nur von den *zwideren* (rüpelhaften) Wienern gehört, und der für einen Wiener viel zu freundliche Ton macht ihn misstrauisch. Der Wiener jedoch fleht den Gast an, dass er bitte umkehren soll. Doch der Tourist geht selbstsicher weiter vom Stephansplatz weg in Richtung Oper. Doch dann endlich fasst sich der (echte) Wiener ein Herz und ruft laut: *»Hatsch nur, du Fallot, du dünngselchter! Hatsch nur am Naschmarkt! Wirst es schon bereun – wanns zu spät is, du damischer Kosak, russischer überanand.«* (Auszug aus *Rote Weste und Monokel,* Roda Roda).

Und da ist es dann schon: das »Goldene Wiener Herz«, das ausgesprochen widersprüchlich ist. Es ist, wie Roda Roda meinte, »bösartig in seiner Liebenswürdigkeit.«

Es gibt aber auch das andere, das ehrliche »Goldene Wiener Herz«. Ich musste zwar lange danach suchen, habe es dann aber doch entdecken können. Das »Goldene Wiener Herz« der Wiener will erarbeitet werden, wie das der Stadt. Jeder kennt es. Viele kennen es nur vom Hörensagen. Mir begegnet das »Goldene Wiener Herz« meistens dort, wo ich es am wenigsten erwarte. Im Warteraum beim Arzt oder beim Einkaufen im Supermarkt.

Ein anderer Kabarettist, Georg Kreisler, sang vor langer Zeit: »Wie schön wäre mein Wien ohne die Wiener!« Faktum ist, Wien und die Wiener können viel sein, nur egal oder *wurscht,* wie man in Wien sagt, sind sie bestimmt keinem. Ich habe mich auf Spurensuche begeben und geschaut, wo ich das »Goldene Wiener Herz« finden kann.

Wie ist also Wien?

Was macht Wien mit mir? Wenn ich beispielsweise länger fort bin, dann komme ich heim. Obgleich ich diesen Ausdruck nicht sonderlich schätze, aber mir fällt kein treffenderer ein. Ich fühle mich – und das hätte ich vorher niemals gedacht – als Zugezogener in Wien zu Hause. Ich freue mich, wenn ich mit dem Flugzeug in Wien-Schwechat lande. Ich freue mich sogar, wenn ich mit dem Zug am Westbahnhof ankomme oder wenn mir der Benzingestank und Würstelgeruch am Gürtel, einer der am stärksten befahrenen Straßen Europas, in die Nase steigt. Wien ist Wien. Das gesuchte

Eigenschaftswort lautet nicht arm, reich oder sexy ... Nein, Wien ist einfach nur Wien.

Ich schreite durch die Straßen der Stadt und bin auf der Suche nach neuen, interessanten Punkten, die mich stimulieren, wachmachen und aufleben lassen. Wien ist beim ersten Kennenlernen wie eine große, unnahbare Liebe. Man verliebt sich in die Stadt und sieht, wie das bei Frischverliebten so ist, immer nur das Gute. Wien macht high. Wien ist jedoch keine Stadt, die sich einem sofort hingibt. Sie kommt einem entgegen, sie lächelt einem zu, aber Wien will erobert, ja, ich möchte fast sagen, Wien will *erarbeitet* werden.

Man muss auf diese Stadt zugehen und dann kommt man nicht an ihr vorbei. Weil sie einen mitreißt. Schon aus der Ferne sieht man den hohen Turm des Stephansdoms. Man weiß sofort, dass man dort hin will, besser: hin muss. Man ist gefesselt, man schaut nur nach vorne und ist überwältigt von Tradition, von den hohen alten Häusern, den alten Märkten, den urigen Beisln.

Aber Wien ist genauso modern-international. Auf das alte Stadtbild wird streng geachtet, aber das schließt viele Möglichkeiten für junge Besucher und moderne Ideen nicht aus. Sie müssen nicht gleich ins Hotel Sacher gehen, nein, man kann seinen Kaffee auch im Starbucks gegenüber trinken. Aber genauso selbstverständlich gibt es sie noch, die klassischen Wiener Kaffeehäuser. Gott sei Dank. Es gibt weiterhin klassische Schnitzel, aber eben auch Lokale, in denen man hervorragend vegetarisch und vegan speisen kann. Man kann *fast,* aber auch *slow* essen. »Wien isst Wien«, sagen manche.

Vieles nimmt der »echte« Wiener nicht gleich an, weil er viele Neuerungen, die in seiner Stadt passieren, »nicht einmal ignoriert«. Hinterher, wie beispielsweise beim Life Ball, ist der Wiener dann allerdings richtig stolz auf seine Stadt und die Veränderungen.

Das Wienerlied

Man hat immer schon versucht, das »Goldene Wiener Herz« fassbar zu machen. Gerne herangezogen wird dazu das Wienerlied. Allerdings ist dies kein einzelnes Lied, sondern eine Liedform, die, wie der Name schon sagt, aus Wien stammt und die Stadt und ihre Bewohner samt

Befindlichkeiten zum Thema hat. Es sind kleine Psychogramme der Wiener.

Der Literaturhistoriker Harry Zohn meinte treffend, das Wienerlied verkünde einerseits Lebensfreude und zugleich den Verfall des Lebens. Es hat etwas Zeitloses in seiner selbstgefälligen Wienseligkeit.

Texte klassischer Wienerlieder sind im Wiener Dialekt gehalten und sollen bei den Zuhörern ein Gefühl von Gemütlichkeit, Humor und eine Erinnerung an »die gute alte Zeit« hervorrufen. Oft schlägt der Humor auch in Spott und Hohn gegenüber den anderen um.

Zwei Beispiele möchte ich gerne vorstellen. Zunächst ein sehr bekanntes Wiener- und Heurigenlied:

Mein Muatterl war a Weanerin! (Ludwig Gruber, 1906)

's ist mir heut' noch in Erinn'rung
Als ob's gestern g'wesen wär',
's war ein schöner Sonntagsmorgen
Da ruft's Muatterl: »G'schwind, kumm her!
Lass' dir's G'sicht und d'Handi waschen
Lass' die Wuckerln dir frisier'n!
Heut will ich zum erstenmal dich
Auf'n Kahlenberg 'naufführ'n.«
Droben hat's mir g'zeigt die Pracht
Hat mi g'streichelt und hat g'lacht
Hat g'sagt: »Schau', der Stephansdom
Und der blaue Donaustrom
Und das Häusermeer darin
Is dei Heimatstadt, dein Wean.
Bleib' stets treu dem schönen Ort!«
I hab' g'halten a mei Wort.

Refrain

Mei Muatterl war a Weanerin,
Drum hab' i Wean so gern
Sie war's, die mit'm Leb'n
Mir die Liebe hat g'geb'n
Zu mein'm einzigen, goldenen Wean

Als mei Muatterl war schon älter
Da bin ich hinaus in d'Welt
Hab' die schönsten Frau'n bewundert
Selbst der schönsten hat was g'fehlt
Sah die prickelnde Französin
Die Creolin, feurig wild
Sah die tugendhafte Türkin
Kurz, manch reizend's Frauenbild
Doch bezaubernd kann allein
Nur die echte Wien'rin sein
Die mit ihrem Kinderg'müat
Selbst die starrsten Herzen rührt
Die das beste Herz der Welt
In der Brust verschlossen hält
Die mit Jedem weint und lacht
Ehrlich fühlt und glücklich macht

Refrain: *Mei Muatterl war a Weanerin ...*

Heute ist mei Muatterl nimmer
Doch als Erbteil is mir g'blieb'n
D'Liab zu Wean und seine Weaner
Die hat's mir ins Herz nei g'schrieb'n
Hab' geerbt die schönsten Lieder
Und den goldenen Humor
Mit dem Schatz, da bin ich glücklich
Gib den Reichsten etwas vor
Wer die Weaner Weisen singt
Wer zum Walzer leicht sich schwingt
Wer beim guaten Glaserl Wein
Kann vergnügt und fröhlich sein
Wem das sanfte Weaner Liad
Geht zum Herzen und zum G'müat
Dem hat schon das schönste Leb'n
Auf der Welt der Herrgott geb'n

Refrain: *Mei Muatterl war a Weanerin ...*

Ein Interpret von Wienerliedern war der Opernsänger Erich Kunz. Er besingt in diesem klassischen, melancholischen Lied das goldene Wien. Darin kommt all das vor, was das Klischee des Wienerliedes vorgibt. Der Wein, die Wiener Madln, der Walzer – alles zusammen führt zum »Goldenen Wiener Herz«.

Doch nicht alle Wienerlieder sind so charmant ausgefallen. In den späten 1950er-Jahren begann das Kabarett die Wiener und deren beliebtes Wienerlied kritisch zu hinterfragen. Stellvertretend dafür führe ich gerne ein zeitkritisches Wienerlied an:

Krügerl vorm G´sicht (Helmut Qualtinger und Gerhard Bronner, 1960)

Kinder, wir habn eine herrliche Zeit
Wurscht wo man hinschaut, der Mensch hot a Freud!
Wien is a Wöltstadt, des Gscheft geht wie gschmiert
Und jeder sechste is motorisiert!
Mit'm Auto fahrst, wo ein greans Kranzerl dir winkt
Ein vernünftiges, zünftiges Weanerliad klingt
Dort wohnt sogar noch heut
Echte Gemütlichkeit
Wia in der Backhendlzeit!

Aber des Backhendl schmeckt nicht allein
Dass's besser runterrutscht braucht ma an Wein!
Und nach dem sechsten Glas
Draht si die Welt im Kraas
Und wer uns zuaschaut sagt: »Die zwa san klass!«

Ein Krügerl, a Glaserl, a Stamperl, a Tröpferl
Da werdn unsre Äugerln gleich feucht!
Da warmt si des Herzerl
Da draht si mei Köpferl
Die Fußerln werdn luftig und leicht!
Dann muaß i der Musi an Hunderter reibn
I bin in mein' Himmel – und dann geh i speibn!

Ein Spitzerl, a Schwipserl, a Räuscherl, a Schwamm
Ist unser tägliches Arbeitsprogramm!

Kurz nach'm Krieg, da war's Leben so mies
Da hob i gsoffen, damit i vergiss –
Jetzt gehts uns gut, schon seit längerer Zeit
Da mocht des Saufen erst richtig a Freud!

Es is scho längst da Rekord übertroffen bei uns
Fünf Milliarden werden jährlich versoffen bei uns –
Aber wir schaun uns dann
Unsre Regierung an
Die geht mit Beispül voran!

Wolltens net selbst so viele Bsoffene ham
Gab es für's Saufen net so vü Reklam –
Drum hör i niemals auf
Geht a mei Leber drauf
Krieg i a Krankengöld, dass i's versauf!

Ein Krügerl, a Glaserl, a Stamperl, a Trankerl
Und dann foahr ma Automobil!
Dann scheib i wen nieder und der macht a Bankerl –
Passiern kann uns eh net sehr vül
Weil wenn ma uns kurz in den Häfn schickt
Na wenn scho – es is a Kavaliersdelikt!

Ein Spitzerl, a Schwipserl, a Räuscherl, a Schwül –
Ma braucht zur Seeligkeit zwa, drei Promüll!

Da Mensch braucht
A Krügerl, a Glaserl, a Stamperl, a Schluckerl! –
Wann i dann mei Oide verblesch
Dann freun se de Leit und sagn: »Das is ein Schnuckerl!«
Weil b'soffn sei is jo so fesch!
Und kriag i a Kind und des wird a Kretin –
Vü bleda ois wir kann der a nimma sein!

Ein Spitzerl, a Schwipserl, a Räuscherl, a Schweigerl –
Sonst fühl'ma uns nimmermehr wohl!
Weil hab i erst des nötige Quantum do drin
Dann merk i net was für a Trottl i bin –
Drum brauch ma den Alkohol!

In dieser perfekten Persiflage werden der Lebensstil des Wieners und seine hochgelobten Eigenschaften wie die Gemütlichkeit und die Heurigenseligkeit hinterfragt. Es wird eine Seite der Stadt beschrieben, die der Wiener anfangs gar nicht so gerne hören wollte. Es wird kritisch aufgezeigt, wie schwer es der Wiener nach dem Zweiten Weltkrieg hatte. Doch der Wiener hat es aus eigener Kraft zu Wohlstand und Anerkennung geschafft. Nun macht man sich im Wien der späten 1950er-Jahre ein schönes Leben. Damit das auch so bleibt, genehmigt sich der Wiener gerne mehrere Gläser Wein und Schnaps, denn zur Seligkeit werden »2, 3 Promille« benötigt. Kurzum: Qualtinger/Bronner beschreiben den Wiener als einen Typus Mensch, der all seine Probleme durch die Zuhilfenahme von Alkohol löst.

Das war in den 1950er- und 1960er-Jahren. Und wie ist es heute? Auch heute gibt es noch eine Vielzahl an Musikgruppen, die sich des Wienerlieds und des »Goldenen Wiener Herzens« annehmen. Wie etwa die Gruppe *5/8erl in Ehr'n*. Das ist eine aus Wien stammende Band, die ihren Stil gerne als »Wiener Soul« beschreibt und die ihre Texte auf Wienerisch vorträgt. Die Band erfreut sich größter Beliebtheit und zeigt, dass das Wienerlied schon längst im 21. Jahrhundert angekommen ist.

Helmut Qualtinger

Er war einer der prägendsten Schauspieler der 1960er- bis in die 1980er-Jahre, der auch als Schriftsteller und Kabarettist tätig war. Seine Hassliebe zu seiner Heimatstadt Wien war legendär. Er sagte einmal, in Wien könne man es nicht aushalten, aber woanders auch nicht. Am wohlsten fühlte er sich, wenn er nicht zu Hause in Wien war. Dennoch zog es ihn immer wieder zurück in seine Heimatstadt. Vielleicht, weil er überprüfen wollte, ob alles noch so war, wie er es in Erinnerung hatte.

Das wohl berühmteste Theaterstück Qualtingers war *Der Herr Karl* aus dem Jahr 1961. Herr Karl ist, wenn man ihn oberflächlich betrachtet, ein netter, harmloser Zeitgenosse. Doch je länger das Stück andauert, umso mehr erfährt man über die Abgründe dieses heuchlerischen Opportunisten. Herr Karl ist letztlich ein unberechenbarer Mitläufer, der nur auf seine eigenen Vorteile bedacht ist. Bis heute gilt dieses Theaterstück als Pflichtprogramm für alle, die mehr über die österreichische und wienerische Seele erfahren wollen.

★ Do it yourself ★

Geschichten aus dem Wiener Wald

Ein Theaterstück, welches die typische Wiener Gesinnung perfekt umschreibt, ist *Geschichten aus dem Wiener Wald* von Ödon von Horvath. In diesem Stück, das permanent auf einer der zahlreichen Wiener Theaterbühnen gespielt wird, wird die Seele des Wieners perfekt seziert. Der Wiener ist gemütlich, feiert, tanzt und trinkt gerne. Er kann schnell traurig und schnell wieder glücklich sein. In dem populären Horvath-Stück, welches nach dem gleichnamigen Walzer von Johann Strauß benannt ist, wird das »Goldene Wiener Herz« sowie die Wiener Gemütlichkeit zur Gänze demaskiert. Zur Einstimmung für Ihren Wienbesuch und zum Studium der wienerischen Seele kann ich Ihnen dieses Stück nur dringend empfehlen.

Das Akademietheater

Die kleinere Spielstätte des großen Burgtheaters. Hier werden vorwiegend zeitgenössische Theaterstücke gespielt.

Lisztstraße 1, 1030 Wien • U-Bahn: U4 bis Stadtpark; Straßenbahn: Linie D und 71 bis Schwarzenbergplatz und dann sind es noch etwa 5 Gehminuten; Bus: Linie 4A bis Akademietheater • Tel.: +43 1 514 44 41 45 • www.burgtheater.at

Das Theater fürs Volk – das Wiener Volkstheater

Großes Wiener Sprechtheater mit knapp 1.000 Sitzplätzen, in dem klassische österreichische Volksstücke, aber auch moderne Dramen gespielt werden.

Neustiftgasse 1, 1070 Wien • U-Bahn: U2 oder U3 bis Volkstheater; Bus: Linie 48A bis Volkstheater; Straßenbahn: Linie 49 bis Volkstheater • Tel.: +43 1 521 11 - 0 • www.volkstheater.at

Wiener Lieder

Zur Einstimmung auf das goldene Wien ist das Album *Wiener Lieder* von Erich Kunz perfekt. Erhältlich als CD bei Preiser Records [www.preiserrecords.at] oder im sortierten (Online-)Handel.

Qualtinger Songs

Die *Qualtinger Songs* von Helmut Qualtinger und Oscar Bronner sind ein Sammelsurium an Liedern über den Wiener, die Wienerstadt und deren Mentalität und stellen ein gelungenes Kontrastprogramm dar. Erhältlich bei Hoanzl [www.hoanzl.at] oder im sortierten (Online-)Handel.

Der Herr Karl

Der Herr Karl ist ein etwa einstündiger kabarettistischer Theater-Monolog, der von Helmut Qualtinger und Carl Merz geschrieben wurde. Herr Karl erzählt einem »jungen Menschen«, also dem Zuschauer, seine Lebensgeschichte. Im Laufe der Erzählung entpuppt sich Herr Karl als opportunistischer Mitläufer. Er erzählt von der Zeit zwischen Ende des Ersten Weltkriegs und dem Ende der Besatzungszeit und spiegelt die Stimme des Volkes wider. Oberflächlich kommt er als netter, gemütlicher Wiener Zeitgenosse daher, doch hinter dieser Fassade schlummert ein skrupelloser Geschäftemacher und anpassungsfähiger Wendehals. Sehr interessant ist auch die Sprache des Stücks, die Qualtinger seiner Figur verleiht. Sie wechselt zwischen dem typischen wienerischen Dialekt, wenn Herr Karl den Nationalsozialismus bewundert, und der Hochsprache, die die Figur keineswegs beherrscht und in der sie ihren Ekel für selbigen Nationalsozialismus ausdrückt. Dadurch bekommt man das Gefühl, dass Herr Karl im Dialekt das sagt, was gedacht wird, und die Hochsprache lediglich der Fassade dient.

»Wiener Soul«

5/8erl in Ehr'n ist die Band, die das Lebensgefühl des jungen Wiens im »Wiener Soul« widerspiegelt. Zum Kennenlernen gibt es das aktuelle Album *YES WE DOES* [Vienesse Soulfood Records].

Das Goldene Wiener Herz (Geschäft)

Ein Heurigenbesuch gehört in Wien einfach dazu (siehe dazu auch die Episode »Wohin die Wiener essen gehen«, siehe Seite 103). Als kleine Erinnerung daran und an die hoffentlich beschwingten Stunden beim Heurigen kann man im Shop vom »Das Goldene Wiener Herz« die charakteristischen Achtelitergläser mit dem bekannten Weinrebenmuster erwerben.

Kirchberggasse 17, 1070 Wien • U-Bahn: Linie U2 bis Volkstheater; Bus: Linie 48A bis St.-Ulrichs-Platz • Di–Fr 13–19 Uhr, Sa 11–17 Uhr • www.dgwh.at

Willkommen in Wien

Bienvenue à Vienne. Habe d'Ehre in Wean.

Ankommen in einer neuen, unbekannten Stadt ist immer etwas ganz besonders Spannendes.

Ich kann mich noch gut an meine ersten selbstständigen Ausflüge erinnern, als ich noch nicht in Wien gewohnt hatte. Die Anreise aus meiner Heimat, der Steiermark, in die schöne Bundeshauptstadt erfolgte in den meisten Fällen mit dem Pkw. Ich bin, wie man so gerne sagt, mit dem Auto nach Wien *reingefahren.* Nach der Abfahrt von der Autobahn folgte regelmäßig ein langer, öder Verkehrsstau am Gürtel mit vielen anderen genervten Verkehrsteilnehmern. Anschließend folgte eine mühsame und langwierige Parkplatzsuche. Die Zeit der Parkplatzsuche und des Wartens im Stau dauerte oft genauso lange wie die eineinhalbstündige Fahrt zuvor auf der Autobahn. Viel zu selten hatte ich das Glück, einen Parkplatz vor meinem Wiener Zielort zu ergattern. Letztendlich war ich einfach nur unendlich dankbar, einen Parkplatz irgendwo in der Nähe zu finden. Anschließend füllte ich noch hektisch einen Parkschein aus, fischte mein Reisegepäck aus dem Kofferaum, vermied es, in *Hundstrümmerln* zu steigen, die sich damals noch in großen Haufen auf Wiens Gehsteigen befanden, und machte mich hurtig zu Fuß auf den Weg zu meinem eigentlichen Ziel. Genervt, müde und meistens viel zu spät bin ich dann am Ziel angekommen.

Auch da zeigt eine Stadt ihr Gesicht, wobei Wien in dieser Hinsicht ein wenig schizophren ist, je nachdem, wann und wo man ankommt. Eines ist allerdings sicher – laufen muss man überall.

Ankommen mit dem Zug

Es gibt mittlerweile zahlreiche Möglichkeiten, günstig mit dem Zug nach Wien zu gelangen. Wenn Sie aus dem Westen kommen, dann empfiehlt sich die WESTBAHN. Zu sehr günstigen Konditionen, mit kompetentem Personal und schnellen Verbindungen sagt sie der alteingesessenen ÖBB den Kampf an. Sie kommen hier (noch) am Westbahnhof an. Er wurde zwar generalsaniert, soll aber in Zukunft nur mehr für Regionalzüge von Bedeutung sein. Ziel der Verkehrsplaner ist es, den gesamten internationalen Schienenverkehr über den neuen Hauptbahnhof laufen zu lassen.

Falls Sie aus einer der anderen Richtungen nach Wien kommen, dann freuen Sie sich, wenn Sie am nagelneuen Hauptbahnhof Wien ankommen. Lange haben die Hauptstädter auf den Durchgangsbahnhof gewartet - die ersten Planungen gehen auf das Jahr 1870 zurück. Viele Planungen später, genau seit dem Dezember 2014, fahren sämtliche Fernzüge der Nord-, Süd- und Ostbahn den neuen Hauptbahnhof an. Der Vollbetrieb wurde im Dezember 2015 aufgenommen. Der Hauptbahnhof wirkt sehr gelungen, auch wenn die Wiener - wie bei vielen Bauwerken in ihrer Stadt - noch ein wenig Zeit brauchen, um den neuen Bahnhof in ihre Herzen zu lassen.

Einen attraktiven Bestandteil des neuen Hauptbahnhofes stellt auch das an den Bahnhof angeschlossene Einkaufszentrum dar. Falls Sie ankommen und noch schnell etwas brauchen, dann finden Sie es mit ziemlicher Sicherheit in der BahnhofCity.

BahnhofCity Wien Hauptbahnhof • Geschäfte: Mo–Fr 9–21 Uhr, Sa 9–18 Uhr; Gastronomie und Shops (Reisebedarf): Mo–So 9–21 Uhr; Foodcourt (1. OG): Mo–So 9–23 Uhr • www.hauptbahnhofcity.wien

Die einfachste Art, um nach der Ankunft am Bahnhof zu Ihrer Unterkunft zu kommen, ist das Taxi. Das Schöne daran ist, dass die Fahrt immer etwas Besonderes sein wird, denn entweder Sie erwischen einen netten, gut gelaunten Taxler (Typ »Peter Alexander«) oder eben einen mürrischen, unhöflichen (Typ »Hans Moser«).

Falls Sie mit den öffentlichen Verkehrsmitteln weiterreisen möchten, ergeben sich gleich mehrere Möglichkeiten:

U-Bahn

Als 1978 die ersten Abschnitte der U-Bahn-Linie U1 in Betrieb genommen wurden, eröffneten die Wiener Linien die Station »Südtiroler Platz« zwischen Reumannplatz und Karlsplatz. Diese Station heißt seit dem Dezember 2012 nun »Südtiroler Platz – Hauptbahnhof«. Sie befindet sich etwa 500 Meter von den oberirdischen Bahnsteigen des Hauptbahnhofes entfernt.

S-Bahn

Bereits 1962 wurde die S-Bahn-Haltestelle »Südtiroler Platz« in Betrieb genommen. Im Dezember 2012 wurde die Haltestelle in »Wien Hauptbahnhof« umbenannt. Hier verkehren die S-Bahn-Linien S1, S2 und S3. Die S-Bahn-Linien S60 sowie S80 halten an den Bahnsteigen 9 bis 12 des neuen Hauptbahnhofs.

Bus

Die Autobuslinien 13A und 69A halten in der Gegend des nördlichen Vorplatzes des Hauptbahnhofs. Am westlichen Rand des Südtiroler Platzes befindet sich der Autobusbahnhof für die regionalen Buslinien.

Straßenbahn

Bereits seit dem Jahr 1959 existiert für die Straßenbahnlinie 18 eine unterirdische Haltestelle. Die Straßenbahnlinie O hält oberirdisch auf dem Südtiroler Platz. Die Straßenbahnlinie D, auch der »D-Wagen« genannt, hält in einiger Entfernung an der Haltestelle »Hauptbahnhof Ost«. Zu erreichen ist die Station über die östlichen Bahnsteigabgänge.

Ankommen am Flughafen

Auch den gibt es in Wien – genauer in Wien-Schwechat. Er liegt nicht weit entfernt vom Zentralfriedhof im Osten der Stadt und ist einer der größten Verkehrsknotenpunkte Österreichs. Wenn Sie dort ankommen, dann werden Sie nicht mit Gebimmel von Kuhglocken wie am Airport in Zürich empfangen. Nein, in Wien werden Sie gar nicht empfangen. Weder so, noch so.

Man könnte sagen, dass den Betreibern des Flughafens die Ge(h) sundheit ihrer Gäste sehr wichtig ist, denn Gehen spielt am Wiener Flughafen tatsächlich eine wichtige Rolle – das werden Sie sehr bald auf dem Weg zum Gepäckband feststellen. Aber wandeln Sie vielleicht einfach im Geiste auf Kaiserin Sissis Spuren, die ja auch als sehr, sehr sportlich galt.

Aber Achtung! Grüßen Sie den österreichischen Zollbeamten nicht zu freundlich, es könnte Sie verdächtig machen. Zu schnell glaubt der österreichische Beamte, Sie möchten ihm etwas verbergen –zu viel Freundlichkeit ist der Beamte nicht gewohnt.

Wie kommen Sie nun vom Flughafen in die Innenstadt?

Mit dem Mietauto

Sie wollen sich ein Mietauto organisieren: Die Autovermieter Avis, Buchbinder, Budget, Enterprise, Europcar, Hertz, Megadrive, Sixt, Thrifty finden Sie im Car Rental Center im Parkhaus 4 (P4) auf Ebene 0. Dieses Parkhaus ist über einen unterirdischen Verbindungsgang witterungsgeschützt erreichbar. Sie kennen es schon: Dorthin müssen Sie natürlich wieder laufen. Den Autovermieter Fox Auto finden Sie am Parkplatz für Car Rental Return (Rückgabe), der direkt an das Parkhaus 4 angrenzt.

Mit dem Bus

Mit den Vienna Airport Lines kommen Sie schnell vom Flughafen zu den wichtigsten Verkehrsknotenpunkten der Innenstadt. Sie können zwischen drei verschiedenen Linien wählen. Eine Linie bringt Sie direkt ins Zentrum zum Schwedenplatz (Dauer circa 20 Minuten), eine andere zu den Bahnhöfen Wien-Meidling und Wien-West (Dauer circa 45 Minuten) und die dritte zum Vienna International Center (Dauer circa 40 Minuten). Die Tickets (8 Euro) bekommen Sie entweder beim Fahrer oder bei den jeweiligen Bussteigen 7 oder 9.

Mit dem Airport Taxi

Eine weitere entspannte Art, in die Stadt zu kommen, ist das Airport Taxi. Empfehlenswert ist das Unternehmen »Airport Driver«. Es bietet für Fahrten vom Flughafen in die Stadt bzw. Retour Fixpreise (ab 33 Euro, Stand 2016) an. Geben Sie einfach bis 24 Stunden vor Ihrer Ankunft Ihre Daten inklusive Flugnummer an und Sie werden am Ausgang empfangen und in die Stadt gebracht.

Tel.: +43 1 22 8 22 • www.airportdriver.at

Weitere Taxis finden Sie am Flughafen Wien auf der linken Seite des Ausgangs.

Mit der S-Bahn

Die S-Bahn ist eine kostengünstige Alternative. Die Fahrt mit der S-Bahn-Linie 7 dauert 25 Minuten und der Fahrtpreis beträgt 4,40 Euro inklusive Fahrten im Wiener Liniennetz. Tickets erhalten Sie an den Bahnsteigen am Flughafen und an der Station »Wien Mitte – Landstraße Bahnhof«.

Mit dem CAT (City Airport Train) – mit einem Katzensprung nach Wien

Der CAT stellt eine interessante Alternative zur etwas langsameren S-Bahn dar. Folgen Sie am Flughafen immer den grünen CAT-Schildern. Der Zug bringt seine Gäste in 16 Minuten zur Station »Wien Mitte«, die sich im Zentrum befindet. Er fährt ganzjährig sieben Tage die Woche. Der erste CAT fährt um 6 Uhr in der Früh, der letzte um 23 Uhr. Eine Einzelfahrt kostet 11 Euro. Falls Sie gleich das Retour-Ticket mitkaufen, bekommen Sie Hin- und Rückfahrt für etwa 17 Euro. Kinder unter 15 Jahren fahren im CAT gratis. Ihre Tickets können Sie vorab unter www.cityairporttrain.com buchen.

Ankommen mit dem Fernbus

Auch diese Möglichkeit erfreut sich immer größerer Beliebtheit. Busunternehmen wie »MeinFernbus FlixBus« fahren z.B. von Deutschland aus regelmäßig und mehrmals täglich nach Wien. Der Transport verläuft äußerst zuverlässig und pünktlich. An Bord eines Busses werden Getränke zu einem moderaten Preis sowie Gratis-WLAN angeboten. Der Vorteil dieser Form des Transports ist, dass Sie der Bus bis zum Wiener Westbahnhof oder zum südlich gelegenen Matzleinsdorfer Platz bringt und Sie von dort entweder ein Taxi oder die öffentlichen Verkehrsmittel in Anspruch nehmen können. Außerdem ist der Preis fast unschlagbar. Ab 9 Euro gelangt man in die Wienerstadt.

Die zentrale Abfahrts- und Ankunftshaltestelle für viele internationale Busreisen ist der VIB (Vienna International Busterminal) in Erdberg im dritten Wiener Bezirk. Es gibt im Warteraum WLAN, einen kleinen Imbissstand, Schließfächer und Toiletten. Zu erreichen ist der Busterminal mittels der U-Bahn-Linie U3, Station »Erdberg«.

Eine weitere Haltemöglichkeit bietet der neue Busterminal am Wiener Hauptbahnhof. Die direkte Anbindung an die U-Bahn-Linie U1, Station Südtiroler Platz, stellt eine schnelle Verbindung in die City dar.

Ankommen mit dem Pkw

Mit dem Pkw brauchen Sie wie in jeder größeren Stadt viel Geduld. Die hat der Wiener Autofahrer allerdings äußerst selten. Noch weniger hat er die, wenn der andere Pkw im Straßenverkehr kein »W« auf dem Nummernschild stehen hat. Sollte Ihnen ein Wiener Autofahrer boshaft daherkommen, dann kontern Sie gekonnt mit *»Pudel dich nicht auf und hau die über die Häusa!«* (»Entspann dich und lass mich in Ruhe!«).

Falls Sie Ihren Pkw bei Ihrer Unterkunft parken, dann werden Sie wohl über die Hauptverkehrsrouten (Tangente, Westeinfahrt, Nordeinfahrt) nach Wien kommen. Diese Straßen sind, vor allem zu Stoßzeiten, besonders verstopft.

Das Auto an der Peripherie Wiens auf einem der Park-and-ride-Plätze abzustellen, ist daher sicherlich eine gute Alternative. Diese Möglichkeit gibt es in Erdberg (U3), Hütteldorf (U4), Ottakring (U3), Heiligenstadt (U4), Leopoldau (U1), Liesing, Siebehirten (U6), Spittelau (U4/U6), Aderklaaer Straße (U1) und Donaustadtbrücke (U2). Ein Tagesticket kostet 3,40 Euro, ein Wochenticket 17,10 Euro bzw. 14 Euro ermäßigt für Inhaber einer gültigen Wochen-, Monats- oder Jahreskarte der Wiener Linien oder des VOR (Verkehrsverbund Ost-Region).

Der Fiaker

Die wohl originellste Art, innerhalb Wiens zu reisen, sind die Fiaker – die Pferdekutschen oder auch Droschken. Die Fiaker gehören zu Wien wie der Stephansdom und das Riesenrad.

Doch was ist eigentlich ein Fiaker?

Der Begriff kommt aus dem Französischen. In der Pariser Rue de Saint Fiacre befand sich im 17. Jahrhundert der erste Standplatz für Lohnkutschen. Der Name »Fiaker« war schon bald darauf in Österreich gebräuchlich.

Heute sind die Fiaker vor allem unter den Gästen der Stadt beliebt, weil sie einem die Stadt mit anderen Augen näherbringen. Die meisten Rundfahrten werden durch die Altstadt angeboten, doch immer wieder sieht man auch Fiaker außerhalb der Innenstadt. Allerdings werden Sie sie nur in den wärmeren Monaten in der Stadt antreffen, weil die Pferde im Winter im Stall bleiben müssen.

Die Preise für Rundfahrten richten sich nach einer fixen Vorgabe der Stadt Wien. Fiaker-Standplätze finden Sie am Stephansplatz, am Heldenplatz, am Michaelerplatz, am Petersplatz, beim Burgtheater, bei der Albertina und der Staatsoper. Der Kutscher oder eben auch der Fiaker erzählt Ihnen während der Fahrt gerne Details zur Stadt. Scheuen Sie sich nicht und fragen Sie ruhig nach. Ein richtiger Wiener Fiaker gibt Ihnen gerne Auskunft. Seit 1984 dürfen auch Frauen als Fiakerinnen arbeiten.

Die Kennmelodie der Wiener Taxiinnung ist seit vielen Jahren das in Wien bekannte Fiakerlied. Womit ich wieder beim Wienerlied bin. Seine Bekanntheit verdankt dieses Wienerlied unter anderem den Interpretationen von Paul Hörbiger und Peter Alexander. Es ist wohl eines der beliebtesten seiner Art und wird auf diversen Festivitäten (vor allem beim Heurigen) gerne dargeboten.

Das Fiakerlied (Text und Musik von Gustav Pick, 1885)

I führ' zwa harbe Rappen,
Mein Zeug dös steht am Grab'n,
A so wie dö zwa trappen,
Wer'ns net viel g'sehen hab'n,

A Peitschen, a des gibt's net,
Ui jessas nur net schlag'n,
Das allermeiste wär tsch', tsch',
Sonst z'reissens glei'in Wag'n.
Vom Graben zum Lusthaus fahr' i's in zwölf Minuten hin;
Mir springt kans drein net in Galopp,
Da geht's nur allweil trapp, trapp, trapp;
Wann's nachher so recht schießen, da spür' i's in mir drin,
Dass i die rechte Pratzen hab, dass i Fiaker bin.
A Kutscher kann a jeder wer'n,
Aber fahren kinnans nur in Wean.

Refrain
Mei' Stolz is, i' bin halt an echt's Weanakind,
A Fiaker, wie man net alle Tag' find't,
Mein Bluat ist so lüftig und leicht wie der Wind,
I' bin halt an echt's Weanerkind.

10 x Vorsicht

1 • Falsche Mozarts!

Diese Herrschaften haben mit Mozart und seiner Musik genauso viel zu tun wie Mozart mit Andreas Gabalier oder umgekehrt. Man trifft diese Herrschaften vorwiegend an den touristischen Hotspots der Stadt wie etwa vor dem Stephansdom oder dem Schloss Schönbrunn. Sie versuchen mit großer Beharrlichkeit Tickets für »Echte Wiener Konzerte« zu verkaufen. Buchen Sie hier besser das Original und gehen Sie in die Staatsoper oder in den Musikverein.

2 • Nehmen Sie sich in Acht vor grantigen Wienern!

Dazu gibt es eigentlich nicht viel zu schreiben. Der grantige, mürrische Wiener kann Ihnen immer und überall begegnen. Zu jeder Tages- und Nachtzeit, an jedem Ort, auf der Toilette, im Theater. Einfach überall – seien Sie auf der Hut.

3 • Achten Sie darauf, dass Sie Ihr Fahrrad nur zu den angegebenen Zeiten in der U-Bahn mitnehmen können!

Diese sind wie folgt: Mo–Fr von 9–15 Uhr und ab 18.30 Uhr sowie ganztägig an Sa, So und Feiertagen. Bitte beachten Sie das blaue Fahrradsymbol an der Außenseite der U-Bahn. Hier dürfen Sie mit Ihrem Fahrrad einsteigen.

4 • Verlassen Sie sich niemals darauf, dass der Wiener Autofahrer auch wirklich vor dem Zebrastreifen hält.

Die Wiener und das Autofahren. Darüber könnte man wohl unzählige Bücher schreiben. Der Wiener ist kein geduldiger Autofahrer und dauernd in Zeitnot. Und ob der mangelnden Zeit, hat er auch wenig Zeit, für Fußgänger und deren Anliegen bei einem, extra für den

Fußgänger geschaffenen, Zebrastreifen sein Vehikel anzuhalten. Der Wiener Autofahrer macht es nur dann, wenn es wirklich unbedingt sein muss. Wenn sich der Passant bereits auf dem Zebrastreifen befindet, dann hält er notgedrungen an. Wartet der Fußgänger jedoch nur geduldig am Straßenrand neben dem Zebrastreifen, dann ist die Wahrscheinlichkeit, einen 6er im Lotto zu bekommen, ungleich höher, als dass der Autofahrer tatsächlich sein Fahrzeug stoppt. Die andere, ungleich gefährlichere Variante ist, dass der Passant den ersten, lebensgefährlichen Schritt auf den Zebrastreifen wagt. Jetzt ist der Autofahrer gefordert – er weiß, dass er, will er einen Unfall vermeiden, sein Fahrzeug anhalten muss. Das tut er auch in 99,9 % der Fälle.

5 • Bestellen Sie im Beisl keine Apfelschorle und kein Pils!

Der Wiener mag seine Gäste, aber er mag es nicht sonderlich, wenn man nicht die ortsüblichen Begriffe dafür wählt. Wie zum Beispiel »Apfelschorle« – in Wien sagt man »gespritzter Apfelsaft«. Versuchen Sie aber nicht, dass Ganze im Dialekt rüberzubringen, sondern ...

6 • Vermeiden Sie es, »Wienerisch« zu reden!

Nichts verabscheut der Wiener mehr, als Menschen, die versuchen so zu sein und so zu reden wie er. Er hat es zwar gerne, wenn die ortsüblichen Begriffe im Gespräch gewählt werden, hasst es aber, wenn man versucht, sich mittels des Wiener Dialekts anzupassen. Versuchen Sie es besser gar nicht, wenn Sie mit einem Wiener ins Gespräch kommen. Obwohl es den richtigen Wiener in Wirklichkeit kaum mehr gibt, weil fast jeder Wiener ein von außerhalb zugezogener Wiener *(»a Zuagraster«)* ist.

7 • Drängen Sie sich nicht in der Warteschlange vor!

Auch wenn es in Wien nicht so streng wie in London zugeht. Bedenken Sie dennoch, man beobachtet Sie und merkt sich Ihr Gesicht. Vordrängen kommt nicht gut an, und vergessen Sie niemals: In Wien sieht man sich immer zwei Mal.

8 • Nehmen Sie sich Zeit, orientieren Sie sich und suchen Sie die richtige Farbe und die richtige Fahrtrichtung in der U-Bahn.

Aktuell besteht das Wiener U-Bahn Netz aus fünf U-Bahn Linien, obwohl die Nummerierung von U1 bis zur U6 reicht. Der Grund ist denkbar simpel. Im Laufe der ersten U-Bahn-Planungen wurden diverse Konzepte für eine Linie U5 ausgearbeitet. Die Umsetzung wurde jedoch immer wieder aus finanziellen Gründen verschoben. Seit 2015 gibt es wieder konkrete Pläne für den Bau der U5. Sie soll türkis gekennzeichnet und der erste fahrerlose U-Bahn-Zug Wiens sein. Dann gäbe es auch endlich sechs U-Bahn-Linien mit einer durchgehenden Nummerierung.

9 • Fragen Sie beim Besuch eines Würstelstandes sicherheitshalber nach, ob es wohl kein Pferdeleberkäse ist!

Einer alten Tradition folgend, gibt es Wien noch Pferdeleberkäse. Das ist nicht jedermanns Sache. An den meisten Wiener Würstelständen bekommt man heute Leberkäse aus Rind- und Schweinefleisch. Wobei diese Spezialität nichts mehr mit Leber und noch weniger mit Käse zu tun hat. Ursprünglich waren im Leberkäse noch Spuren von Leber enthalten, die ist aber heute zur Gänze verschwunden. Und der Käse im Wort Leberkäse kommt vermutlich von unseren bayerischen Nachbarn. Die bezeichneten mit *Kas,* nicht Käse, eine kompakte Masse. Leberkäse wird gerne in einer Semmel genossen. So manche Wiener Traditionsfleischauerei bietet in ihrem Sortiment tatsächlich Pferdeleberkäse an, der auch wirklich vom Pferd (und auch ein wenig vom Schwein) kommt. Die einen mögens, die anderen nicht so.

10 • Achten Sie am Gehsteig auf die sogenannten »Hundstrümmerln«!

Vielleicht werden Sie sich nun fragen, was denn ein »Sackerl fürs Gackerl« ist? Das sind kleine grüne Säckchenspender, die man beinahe an jeder Ecke in Wien vorfindet. Unglücklicherweise gibt es immer noch einige unbelehrbare Hundebesitzer, die nicht vom »Sackerl fürs Gackerl« Gebrauch machen.

Vor zehn Jahren genoss das »Sackerl fürs Gackerl« noch einen Exotenstatus und man musste permanent auf der Hut sein, nicht in irgendeinen Hundehaufen zu tapsen, der mitten am Trottoir herumlag. Mittlerweile ist der kleine graue Plastiksack für den Hundekot in den Wiener Grünanlagen und in den Köpfen der Wiener Hundehalter omnipräsent und wird von (fast) jedem Hundebesitzer benutzt. Dennoch passiert es gerne zur kalten Jahreszeit, dass die Hundebesitzer das Sackerl für ihren Vierbeiner vergessen.

Fortbewegung in Wien

Wie man von A nach B kommt und was man über die Wiener in den Öffis lernen kann

Es gibt kaum eine bessere Möglichkeit, Wien und seine Bewohner kennenzulernen, als die Öffentlichen zu benutzen. Beim Warten an der Station kann man ganz wunderbar beobachten und sieht direkt, was ganz typisch für den Wiener ist: die Ungeduld. Keiner wartet gern. Schon gar nicht die Wiener. Was also machen Wiener, während sie auf die U-Bahn warten? Es gibt nur drei Möglichkeiten:

- Die Wegbeamer schauen *Narrenkastel,* wie man in Wien sagt. Sie stehen da, tun nichts und schauen einfach in die Leere.
- Die Gratiszeitung-Leser verschlingen mit großer Wissbegier die reißerischen Gratistageszeitungen.
- Der Rest widmet sich, wie sollte es anders sein, seinen Smartphones.

Alle drei Typen verbindet, dass sie sich furchtbar aufregen, und zwar dann, wenn das öffentliche Verkehrsmittel Verspätung hat. Statt sich auf die Bank bei der Haltestelle zu setzen und zu warten, entschließt der Wiener sich, seine Mundwinkel in Richtung Kniescheibe zu ziehen und eine Erscheinung zu erzeugen, als sei gerade die Welt untergegangen. Er wird, wie man in Wien sagt, *zwider.* Denn es geht ja gar nicht, dass die Öffentlichen einfach nicht *daherkommen.*

Doch es gibt auch den anderen Wiener. Er ist flexibler und denkt offen über Alternativen nach. Wenn die Straßenbahn nicht kommt, dann geht er eben zur U-Bahn, steigt aufs Fahrrad oder geht einfach zu Fuß. Liebhaber öffentlicher Verkehrsmittel kommen in Wien auf jeden Fall auf ihre Kosten. Wien bietet ein sehr gut ausgebautes und perfekt erschlossenes Verkehrsnetz.

Die öffentlichen Verkehrsmittel

Die »Öffentlichen« oder »Öffis«, wie auch die Wiener ihre öffentlichen Verkehrsbetriebe gerne nennen, sind ein wichtiger Teil im Leben eines Wieners und eines jeden Wien-Besuchers. Das öffentliche Verkehrsnetz ist sehr gut ausgebaut und bringt Sie, in den allermeisten Fällen, schnell von A nach B.

Für Besucher der Innenstadt bieten die Wiener Linien die sogenannte **Ring Tram** an. Mit dieser Straßenbahnlinie umrunden Sie das historische Herzstück der Wienerstadt, vorbei geht es am Parlament, dem Rathaus, der Wiener Staatsoper und vielen anderen beliebten Sehenswürdigkeiten. Begleitend zur Fahrt bekommen Sie einen Audioguide ausgehändigt, der Ihnen viele zusätzliche Informationen kundtut. Die vorbeiziehenden Sehenswürdigkeiten werden in verschiedenen Sprachen und auf Wienerisch erklärt. Die wienerischen Texte wurden eingelesen vom Schauspieler Karl Merkatz, bekannt als Mundl aus der Fernsehserie *Ein echter Wiener geht nicht unter.* Für Kinder gibt es ein eigenes Kinderprogramm. Erich Schleyer erklärt kindgerecht, was es am Ring alles zu sehen gibt. Die Rundfahrten starten zu jeder halben und vollen Stunde am Schwedenplatz. Die erste Fahrt ist um 10 Uhr, die letzte um 17.30 Uhr. Kinder bis 15 Jahre fahren ermäßigt (4 Euro). Der reguläre Preis für eine Runde beträgt 8 Euro. Eine Fahrt dauert 30 Minuten.

Eine feine Sache: »qando«

Für sehr empfehlenswert halte ich die kostenfreie App »qando«. Das ist ein mobiler Fahrplanservice für die öffentlichen Verkehrsmittel. Hier bekommen Sie nicht nur Abfahrts- und Ankunftszeit, sondern auch, und dies ist oft äußerst hilfreich, Echtzeitinformationen über eventuelle Verzögerungen. Zudem können Sie auch Fahrkarten erwerben und checken, wann die nächste Niederflurstraßenbahn kommt – praktisch vor allem, wenn man mit einem Kinderwagen unterwegs ist.

Hop On Hop Off

Eine immer wichtigere Alternative für Gäste stellen die bereits aus New York und anderen Großstädten bekannten Doppeldeckerbusse dar. Diese starten an beliebten Touristentreffpunkten und kutschieren die Mitreisenden zu den bekannten Hotspots der Stadt. Bei diesen Touren werden die wichtigsten Sehenswürdigkeiten wie Staatsoper, Ringstraße, Akademie der Bildenden Künste, Hofburg, Prater, UNO-City, Donauturm, Naschmarkt, Schloss Schönbrunn und Schloss Belvedere besucht. Sie haben die Möglichkeit, den Bus bei den jeweiligen Sehenswürdigkeiten zu verlassen und die Fahrt mit einem späteren fortzusetzen. Ein Ticket gilt für 24 bzw. 48 Stunden und kostet 24 bzw. 30 Euro.

Diese Unternehmen bieten Hop-on-hop-off-Rundfahrten durch Wien an:

- **Vienna Sightseeing Tours** • Tel.: +43 1 712 46 83 0 • www.viennasightseeing.at/hop-on-hop-off
- **Red Bus City Tours** • Tel.: +43 1 512 40 30 • www.redbuscitytours.at
- **Big Bus Tours** • Tel.: +43 1 90 59 10 00 • http://deu.bigbustours.com/vienna/home.html

Tickets, Pässe und mehr

Unter Gästen am beliebtesten sind die **24-** (7,60 Euro), **48-** (13,30 Euro) oder **72-Stunden-Tickets** (16,50 Euro). Eine interessante Alternative bietet auch die **Wien-Karte**. Mit dieser können Sie, je nach Wunsch, 48 oder 72 Stunden unterwegs sein. Sie gilt ab Entwertung für alle öffentlichen Verkehrsmittel in Wien. Ein Kind unter 15 Jahren darf Sie bei Ihrer Erkundungstour gratis begleiten. Der Clou: Die Wien-Karte berechtigt Sie außerdem zum ermäßigten Eintritt in verschiedene beliebte Wiener Museen und bietet Ihnen Preisnachlässe in Restaurants und Geschäften.

Der Preis für die 48-Stunden-Karte beträgt 18,90 Euro, für die 72-Stunden-Karte 21,90 Euro. Beim Kauf einer Wien-Karte erhalten Sie ein 120-seitiges Couponheft, aus diesem entnehmen Sie dann Ihre wahrlich reichhaltigen Wien-Zuckerln. Sie bekommen die Wien-Karte in Hotels sowie in der Tourist-Info Albertinaplatz (täglich 9–19 Uhr), der Tourist-Info am Hauptbahnhof (täglich 9–19 Uhr), der Tourist-Info Flughafen (täglich 7–22 Uhr) und bei Verkaufs- bzw. Informationsstellen der Wiener Linien (z. B. Stephansplatz, Karlsplatz, Westbahnhof, Landstraße/Wien Mitte).

Alternativ dazu bieten die Wiener Linien noch den sogenannten **Easy City Pass** an. Dieser ist für die Dauer von 24, 48 oder 72 Stunden sowie für 7 Tage buchbar. Er ist ein wenig günstiger als die offizielle Wien-Karte, bietet aber nicht ein ganz so reichhaltiges Couponheft.

Falls Sie zum Shoppen in Wien unterwegs sind, passt die **Wiener Einkaufskarte** gut zu Ihnen. Diese Karte gilt an Werktagen (Montag bis Samstag) von 8 bis 20 Uhr für beliebig viele Fahrten. Der Preis für die Wiener Einkaufskarte beträgt 6,10 Euro.

Für Gäste, die Wien gerne ausführlicher erkunden möchten, gibt es die **Wochenkarte**. Mit dieser Karte können Sie sieben volle Tage in Wien unterwegs sein, allerdings immer nur eine volle Kalenderwoche, also von Montag 0 Uhr bis Montag 9 Uhr. Die Wochenkarte ist übertragbar, ihr Preis beträgt 16,20 Euro.

Falls Sie tageweise immer wieder in Wien zu Gast sind und gerne die Öffis nutzen, dann passt die **8-Tage-Klimakarte** gut zu Ihren Ansprüchen. Diese Karte gilt an acht beliebigen, frei wählbaren Tagen, die nicht aufeinanderfolgend sein müssen. Nach der Entwertung eines Streifens ist das Ticket bis 1 Uhr des Folgetages gültig. Die 8-Tage-Klimakarte ist auch für Personengruppen (bis 8) geeignet. Sie entwerten pro Person einen Streifen und können einen ganzen Tag öffentlich durch die Stadt fahren. Die Karte kostet 38,40 Euro.

Falls Sie sich jetzt noch nicht sicher sind, welche Variante für Sie die richtige ist, Sie aber trotzdem die öffentlichen Verkehrsmittel nutzen wollen, dann nehmen Sie doch einfach die einfache Fahrt. Die **Einzelfahrscheine** gelten ab der Entwertung für eine Fahrt in eine Richtung. Sie können dabei beliebig oft umsteigen. Die Fahrt darf allerdings nie unterbrochen werden. Die einfache Fahrt kostet aktuell 2,20 Euro.

Nun möchten Sie bestimmt wissen, wo Sie die Fahrkarten erwerben können. Sie können die Tickets gleich **online** unter www.wienerlinien.at besorgen. Hier wählen Sie »Tickets«, dann »Tickets für BesucherInnen«. Nun wählen Sie das Ticket, das zu Ihren Bedürfnissen passt.

Eine andere Möglichkeit sind die Ticketstellen oder das Kundenzentrum der Wiener Linien.

- **Ticketstellen** der Wiener Linien: Stephansplatz (Station U1), Karlsplatz (Station U1, U2, U4), Praterstern (Station U1, U2), Landstraße (Station U3, U4), Hauptbahnhof (Station U1), Westbahnhof (Station U3, U6), Spittelau (Station U4, U6), Schottentor (Station U2), Reumannplatz (Station U1), Bahnhof Meidling (Station U6), Hietzing (Station U4), Ottakring (Station U3), Floridsdorf (Station U6), Kagran (Station U1) • Jeweils 6.30–18.30 Uhr
- **Kundenzentrum** Wiener Linien: U-Bahn-Station Erdberg (Station U3) • Mo, Mi, Fr 8–15 Uhr, Do 8–17.30 Uhr

Außerdem bekommen Sie in jeder U-Bahn-Station Tickets an den Fahrscheinautomaten im Eingangsbereich, in der Tramway und in den Vorverkaufsstellen der Bahnhöfe im Verkehrsverbund Ost-Region. Des Weiteren können Sie Tickets teilweise in den **Trafiken**, den österreichischen Kiosks, erwerben.

Seit Sommer 2015 bietet die App der Wiener Linien eine interessante Neuerung an. Sie können die Tickets von nun an auch **mit Ihrem Smartphone kaufen**. Das Ticket wird Ihnen in der App angezeigt und kann nicht ausgedruckt werden. Bitte beachten Sie, dass 24-, 48- und 72-Stunden-Tickets, die Sie im Onlineshop erworben haben, nicht übertragbar sind. Zeitkarten, die Sie im Kundenzentrum Erdberg bzw. in den Vorverkaufsstellen kaufen, sind jedoch übertragbar.

- **Service-Hotline** der Wiener Linien: +43 1 79 09 100

★ Do it yourself ★

Verkehrsmuseum Remise – Museum der Wiener Linien

Falls Sie sich dafür interessieren, wie die Straßenbahnen in Wien vor 100 Jahren ausgeschaut haben, dann fahren Sie doch am besten ins Museum des öffentlichen Verkehrs nach Erdberg, dem größten Straßenbahnmuseum der Welt. In der üppigen Sammlung sehen Sie vor allem eine vollständige Dokumentation von originalen historischen Straßenbahnen und Autobussen (etwa 100 Stück), die auf Wiens Straßen und Gleisen eingesetzt wurden. Das älteste Ausstellungsstück ist eine Pferdetramway aus dem Jahr 1868.

Ermäßigten Eintritt erhalten u. a. Besitzer einer Wien-Karte, einer Jahreskarte der Wiener Linien sowie Personen mit gültigem Behindertenausweis. Freien Eintritt erhalten Besitzer der Niederösterreich Card.

Ludwig-Koeßler-Platz, 1030 Wien • U3 bis Schlachthausgasse, Straßenbahnlinie 18 bis Schlachthausgasse, Buslinien 77A und 80A bis Ludwig-Koeßler-Platz, Oldtimerbuslinie 78M (Sa & So 15.03.–31.10.) • Mi, Sa & So 9–18 Uhr • 8 Euro bzw. 6 Euro für Jugendliche (15–18 Jahre), ermäßigt 7 Euro bzw. 5 Euro • Tel.: +43 1 790 94 68 03 • E-Mail: remise@wienerlinien.at • www.wienerlinien.at/eportal3/ep/channelView.do?channelId=-46636

Mein »Radschlag«

Wien auf zwei Rädern

Als ich zum ersten Mal nach Wien gekommen bin, da habe ich mich gefragt, ob es in dieser Stadt überhaupt Menschen gibt, die freiwillig auf ein Fahrrad steigen. Es schien mir, dass jede Form der Fortbewegung mit dem Auto oder mit den öffentlichen Verkehrsmitteln bewerkstelligt wurde. Radwege entdeckte ich, zumindest so wie ich sie aus meiner Jugend in Graz kannte, nur am Ring und am Gürtel. Und auch die waren schlecht erkennbar und wirkten auf mich sehr stiefmütterlich gepflegt. Auf den Radwegen spazierten Touristen, joggten Wiener und manchmal schlängelte sich ein Radler dazwischen hindurch.

Radfahren war offensichtlich uncool und tatsächliche Radwege waren im Wien der 1990er-Jahre ein ungesichertes Minderheitenprogramm. Eigentlich gab es sie quasi gar nicht. Ein paar Jahre später gab es dann gekennzeichnete »Radwege« auf vielbefahrenen Straßen. Bei diesen Straßen wurde der Pkw-Fahrstreifen einfach »beschnitten«, und so bekam der Radfahrer geschätzte 50 Zentimeter Fahrbahn. Was natürlich zu Reibereien führte. Einerseits wollte der sich auf *seiner* Fahrbahn befindliche Pkw-Fahrer nicht auf *seine* 50 Zentimeter verzichten, und andererseits pochte der revolutionär denkende Radfahrer auf *seinen* Fahrbahnabschnitt. Die Autofahrer schimpften entsprechend auf die Radfahrer und die Radfahrer ihrerseits auf die Autofahrer. Statt einer »Wi(e)n-Wi(e)n«-Situation, gab es eine Lose-Lose-Situation, alle waren unzufrieden.

Aber immerhin begann dadurch irgendwann ein Umdenken, und die Stadtregierung hat bemerkt, dass eine Unterstützung der Radfahrer auch positive Effekte haben kann. Die Radfahrerlobby wuchs von Tag zu Tag und die grüne Beteiligung in der Stadtregierung mag diesen Umdenkprozess zusätzlich beschleunigt haben.

Und wie sieht es heute aus?

Viel ist in Wien verkehrsplanerisch geschehen. Wien wird nicht ohne Grund regelmäßig zur weltweit lebenswertesten Stadt gekürt. Es gibt sie zwar noch immer, die Autofahrer, die sich tagtäglich über die Radfahrer beschweren, aber die gehören schon zu Wien wie der Gürtel. Andererseits gibt es auch immer mehr Autofahrer, die auf ihr Gefährt verzichten und auf das Rad umgestiegen sind.

Als ich das Rad in Wien für mich entdeckte, begann ich, die mir bekannten Radwege zu erforschen. Das Radwegenetz am Ring und am Gürtel gibt es noch immer. Und es ist sogar schöner als vor einigen Jahren. Der Radweg am Ring ist großzügig angelegt, und der Radler genießt viele Freiheiten und die Stadt in vollen Zügen. Radelnd passiert man das Burgtheater, das Rathaus, das Parlament, sämtliche Museen, die Hofburg. Man hat tolle Blicke in grüne Parklandschaften, hört Fiakerpferde wiehern und erfreut sich des Lebens. Das liest sich nicht nur perfekt, das ist es auch. Fast immer.

Eines dürfen Sie bei der ganzen Freude niemals vergessen: den werten Gast, über den sich die Wienerstadt so sehr freut. Weil viele Touristen ebenso glücklich und zufrieden sind, flanieren sie meist händchenhaltend am Ringradweg. Der sich direkt daneben befindliche und gekennzeichnete Fußweg wird als solcher strikt ignoriert, weil man ihn bei so viel Schönheit einfach übersieht.

Aktuell läuft ein Versuch, den Radweg am Ring (momentan am inneren Burgring/Volksgarten) durch eine grüne Einfärbung stärker vom Gehweg abzuheben. Durch diese Maßnahme konnte das Unfallrisiko an den Teststellen bereits stark reduziert werden.

Ganz anders verhält es sich am Gürtelradweg, der beinahe ganz den Wienern vorbehalten ist. Hier haben Sie freie Fahrt und alles ist wunderbar. Zumindest bis auf die eine oder andere Situation, die durch den Klassiker hervorgerufen werden kann: Ein Hund auf der linken Wegseite – und mit großer Wahrscheinlichkeit ein *Herrl* auf der anderen Seite. Sicher ist: Je näher Sie dem Gespann kommen, umso schneller wird der Vierbeiner auf die andere Seite wechseln. Garantiert. Das kann für alle Beteiligten höchst unangenehm werden – sicher können Sie sich nur sein, dass sich der Hundehalter selbstverständlich keiner Schuld bewusst sein wird.

Mittlerweile besitzt Wien 1.270 Kilometer an Radwegen, Anfang 1990 waren es noch mickrige 190 Kilometer. Das Tolle ist, dass dieses Radwegenetz immer weiter wächst und gerade in den letzten Jahren viel passiert ist. Sehr beliebt unter den Wiener Radlern ist auch die Donauinsel. Hier genießen Sie Natur pur. Keine Autos, nur Freizeitsportler und gute Luft.

Eine schöne Entwicklung sind auch die Fahrradverleihstationen. In ganz Wien gibt es mittlerweile 120 mit insgesamt 1.500 Fahrrädern – und täglich werden es mehr. Nach der Benutzung kann das Fahrrad an jeder beliebigen Station, ganz egal, wo die Fahrt begonnen wurde, retourniert werden. Und das rund um die Uhr. Angeboten wird dieser Service von dem Projekt **Citybike Wien**, das auch eine praktische App zur Verfügung stellt. Damit findet man schnell die nächstgelegene Station. Eine gute Idee, um hurtig von A nach B zu kommen, und ein Modell, welches sich für Kurzentschlossene und vor allem auch Touristen perfekt eignet. Die Fahrräder sind, wie man so schön sagt, citytauglich. Bergetappen sollten Sie sich keine vornehmen, aber für die Innenstadt sind die günstigen und robusten Verleihräder optimal.

Der Ring und der Gürtel

Die Ringstraße (in Wien oft nur kurz der »Ring« genannt) führt mit dem Franz-Josefs-Kai rund um das historische Zentrum Wiens, das heute einen Großteil des ersten Bezirks ausmacht. Die zahlreichen historischen Bauwerke des Rings zählen zu den Hauptsehenswürdigkeiten der Stadt.

Der Wiener Gürtel ist wiederum keine absolute Sehenswürdigkeit, aber für viele Wiener dennoch ein tägliches Muss auf dem Weg zur Arbeit. Die Wiener Gürtel Straße (oder fürs Navi die B221) ist eine Hauptstraße in Wien und eine ehemalige Bundesstraße. Sie verläuft von der Gürtelbrücke zur Stadionbrücke und umfasst neben West- und Süd-Gürtel auch einen kleinen Teil der Landstraßer Hauptstraße und die anschließende Schlachthausgasse. Umgangssprachlich wird die Straße, ausgenommen die beiden letztgenannten Teile, als »Gürtel« bezeichnet, offiziell tragen die einzelnen Abschnitte des

Gürtels immer auf »Gürtel« endende Namen, zum Beispiel Währingergürtel.

Der Gürtel ist neben dem Ring und der sogenannten Zweierlinie (auch Lastenstraße) die dritte in einem Ringsegment um den Wiener Stadtkern führende Hauptverkehrsader. Er ist die am stärksten befahrene Landesstraße in Österreich und eine der meistfrequentierten in Europa.

★ Do it yourself ★

Citybike Wien

Das Citybike Wien ist für Gäste und solche, die das Fahrrad nur sporadisch als Fortbewegungsmittel nutzen, eine perfekte Alternative zu öffentlichen Verkehrsmitteln bzw. dem eigenen Auto.

Wie melde ich mich bei Citybike Wien an?

Nun, da gibt es zwei Möglichkeiten, entweder direkt am Terminal vor Ort oder im Internet unter www.citybikewien.at. Die Bezahlung erfolgt entweder über Kreditkarte, EC-Karte oder die Citybike-Karte. Bei der Anmeldung selbst (egal ob am Terminal oder im Internet) wird eine einmalige Bearbeitungsgebühr von 1 Euro fällig. Die wird wiederum bei der ersten Fahrt, die länger als eine Stunde dauert, gutgeschrieben. Die erste Stunde jeder Fahrt ist immer gratis. Folgen Sie darüber hinaus einfach den Anweisungen am Terminal – dann können Sie nach kurzer Zeit losradeln.

Was kostet ein Leihrad an der Verleihstation?

Die Kosten beginnen immer mit der Entnahme des Fahrrades und enden mit der Rückgabe. Die erste Stunde ist gratis, erst ab der zweiten Stunde fallen Ausleihgebühren an.

- 2. Stunde = 1 Euro pro angefangene Stunde
- 3. Stunde = 2 Euro pro angefangene Stunde
- 4. Stunde = 3 Euro pro angefangene Stunde

Danach betragen die Kosten für jede weitere bis höchstens 120 Stunden 4 Euro pro angefangene Stunde.

Andere Verleiher

Falls Sie sich gerne klassisch ein Fahrrad ausborgen möchten, nachfolgend einige wichtige Fahrradverleiher der Stadt:

- **PEDAL POWER OEG** • Ausstellungsstraße 3, 1020 Wien • Tel.: +43 1 729 72 34 • E-Mail: office@pedalpower.co.at
- **Rad- und Skateverleih Copa Cagrana** • Donauinsel beim Schuh Ski Haus, Copa Cagrana 11-1, 1220 Wien • Tel.: +43 1 263 52 42 • E-Mail: office@fahrradverleih.at • www.fahrradverleih.at
- **Radsport Nussdorf** • Donaupromenade/am Radweg, 1190 Wien • Tel.: +43 1 370 45 98
- **Radverleih – Hundertwasserhaus** • Kegelgasse, 1030 Wien • Tel.: +43 1 713 93 95
- **Radverleih Prater – Hochschaubahn Wien** • Prater 113, 1020 Wien • Tel.: +43 1 729 58 88

Fahrradmitnahme

Die Mitnahme von Fahrrädern in der U-Bahn der Wiener Linien ist von 9 bis 15 Uhr und ab 18.30 Uhr gratis möglich. Achten Sie auf die mit einem Fahrrad gekennzeichneten Ein- und Aufstiegsstellen. Wenn Sie den »richtigen« Wiener kennenlernen möchten, dann probieren Sie die Variante der Fahrradmitnahme in der U-Bahn aus. Ich habe es probiert und ich kann Ihnen sagen, dass es kein Vergnügen war. Solange Sie auf die Zeiten achten, kann Ihnen niemand die Mitnahme Ihres Rades verbieten, aber Freunde fürs Leben werden Sie in der U-Bahn garantiert nicht finden. Dafür entdecken Sie das »Goldene Wiener Herz«. Versprochen.

Falls Sie noch mehr über das Radfahren in Wien erfahren möchten, lege ich Ihnen die App **AnachB** [www.anachb.at] und die Seite www.fahrradwien.at ans Herz. Hier finden Sie viele interessante Routenvorschläge, Tipps und Tricks rund ums Radfahren in Wien.

Die andere Variante: Durch Wien laufen

Wien lässt sich nicht nur gut mit dem Fahrrad, sondern auch wunderbar zu Fuß erkunden. Oft gelangt man zu Fuß gar am schnellsten zu seinem Ziel. Insgesamt gibt es in Wien 90 Fußgängerzonen, die bekanntesten sind die im ersten Bezirk wie die Kärntnerstraße und der Graben. Tauchen Sie ein in diese Welt des Glitzers. Aber auch abseits dieser beiden schönen Fußgängerzonen finden Sie viele kleine Seitengassen, die dazu einladen, von Ihnen besucht zu werden.

Ein kleines Beispiel gefällig?

Sie gehen vom Stephansplatz den Graben entlang. Biegen Sie am Graben rechts in die Jungferngasse ein. Dort erblicken Sie die Peterskirche. Dann nach links in die Milchgasse. Danach überqueren Sie die Tuchlauben und dann geht's in die Steindlgasse. Sie kommen zu einem Platz, der sich »Am Hof« nennt. Weiter geht es in die Irisgasse zum ruhigen Haarhof. Sie sind nun mittendrin im alten Wien. Bei der Wallnerstraße biegen Sie rechts ab und sind am Kohlmarkt. Hier sind die Geschäftsmieten so teuer wie nirgendwo sonst in Wien. Das sehen Sie den feinen Designerboutiquen auch an. Sie landen schließlich am Michaelerplatz mit der Michaelerkirche, dem Loos Haus und dem Café Griensteidl. In der Platzmitte befinden sich römische Ruinen, die 1989 entdeckt wurden. Angeblich sollen es Überreste eines Soldatenbordells sein. Angeblich. Aber schauen Sie selbst.

Die Stadt Wien hatte für das Jahr 2015 das Motto »Das Jahr des Zu-Fuß-Gehens« ausgerufen – viele folgen dieser Idee noch immer. Auf der Webpräsenz www.wienzufuss.at finden Sie von Wienern empfohlene, interessante neue Spazierwege. Über diese Seite kann auch Wiens erste Fußwegekarte wie auch die Radwegekarte bestellt werden.

Fußgängerzone Kärntnerstraße und Am Graben • U-Bahn: U1 oder U3 bis Stephansplatz; Bus: 1A bis Stephansplatz

Natur pur

Die Alte und die Neue Donau

Es ist Hochsommer und wir sind hochschwanger. Mit »wir« meine ich eigentlich meine Frau, obwohl ich gerne auch ein klein wenig »mitschwanger« bin. Unser Geburtstermin ist bereits um einige Tage überschritten. Dauernd klingelt das Telefon und die liebe Verwandtschaft möchte wissen, ob es nun endlich so weit ist.

Also, was tun wir an so einem warmen Sommertag? Zunächst entschließe ich mich, unser Handy am besten zu entsorgen, damit wir der Verwandtschaft entkommen. Drei Sekunden später krame ich es wieder hervor. Denn was ist, wenn wirklich etwas ist?

Nun stellt sich die Frage, wo kann man in Wien mit einer hochschwangeren Frau gemütlich spazierengehen? Grün sollte es sein, keine Autos und eher flach, also scheiden die von mir favorisierten Grinzinger Weinberge mitsamt gemütlichem Heurigenbesuch inklusive deftiger Heurigenjause aus.

»Was hältst du von der Donau?«, frage ich meine Frau.

»Wie? Soll ich da jetzt 'ne Wassergeburt machen?«, fragt sie zurück.

»Nein. Alte oder Neue Donau?«, möchte ich von ihr wissen.

»Alt, neu? Ich versteh nur Bahnhof.«

Nun ja, meine Frau hat eben einen deutschen Migrationshintergrund und tut sich mit den österreichischen »Fachbegriffen« noch ein wenig schwer.

Alte Donau, Neue Donau und alles drumherum

Die unter den Wienern sogenannte **Alte Donau** ist ein Altarm des Flusses und stellt für die Hauptstädter einen hochwertigen Erholungsraum dar. Sie befindet sich nordöstlich der Donau und der Neuen Donau. Sie ist mit dem Hauptstrom nicht mehr direkt verbunden, sondern durch einen Damm getrennt. Es gibt heute zwei Teile der Alten Donau, die obere Alte Donau von der Floridsdorfer Brücke [Straßenbahnlinie 31] bis hinunter zur Kagraner Brücke [Straßenbahnlinie 25]. Die untere Alte Donau erstreckt sich von der Kagraner Brücke bis zur Praterbrücke [U-Bahn-Station »Donaumarina«] und am nordwestlichen Ende befindet sich der sehenswerte Floridsdorfer Wasserpark [U6 bis »Neue Donau«].

Die **Neue Donau** ist ein östlicher Seitenarm des Flusses. Entstanden ist sie als Entlastungsgewässer im Zuge der Wiener Donauregulierung, um die Hochwassergefahr für die Stadt zu verringern. Zwischen der Neuen Donau und dem Donau-Hauptstrom liegt die Donauinsel. Erreichbar ist die Neue Donau mit den U-Bahn-Linien U6 [Station »Neue Donau«], U1 [Station »Donauinsel«], U2 [Station »Donaustadtbrücke«], mit der S-Bahn-Linie 45 [Station »Handelskai«] und mit der Straßenbahn-Linie 31 [Station »Floridsdorferbrücke«]. Von großer Beliebtheit zeigt sich die Neue Donau vor allem unter Wasserskifahrern – hier gibt es nämlich einen Wasserskilift. Neu gestaltet wurde auch einer der bekanntesten Bäder Wiens – die Copa Cagrana: eine riesige Sandkiste mit großem Freizeitangebot.

Übrigens ist die **Donauinsel** eine künstlich angelegte Insel. Sie wurde in der Zeit zwischen 1972 bis 1988 errichtet, hat eine Gesamtlänge von über 21 Kilometern und, wie die Stadt Wien wirbt, 42 Kilometer Strand. Sie erstreckt sich zwischen der Donau und der Neuen Donau im Stadtgebiet von Wien bis nach Klosterneuburg. Die Donauinsel ist eines der beliebtesten Naherholungsgebiete der Wienerinnen und Wiener. Es gibt keine Autos auf der Insel, lediglich Fußgänger, Radfahrer und Inlineskater suchen hier Erholung und nutzen das riesige Freizeitangebot. Der mittlere Bereich der Donauinsel ist parkähnlich angelegt und ein wenig breiter als der restliche Teil.

Das Highlight des Jahres ist das **Donauinselfest**. Das erste Mal fand es im Jahr 1984 statt. Es ist ein Fest für alle Wienerinnen und Wiener, für Alt und Jung. Für Kinder gibt es zahlreiche Mitmachstationen inklusive Kasperltheater. Veranstaltet wird das Fest von der Wiener SPÖ. Anfangs war das Donauinselfest ein kleines Open-Air-Festival. Im Laufe der Zeit hat es sich zu einem dreitägigen Event mit mehreren Millionen Besuchern gemausert. Es ist – Achtung – das größte regelmäßig stattfindende Musikfestival der Welt. Jedes Jahr Ende Juni treten bekannte internationale wie nationale Showgrößen zwischen der Nord- und der Reichsbrücke auf. Der Eintritt ist frei.

An der oberen Alten Donau befindet sich das **Angelibad**. Dieses Strandbad ist vor allem bei Familien mit Kindern äußerst beliebt und glänzt mit Spielplätzen, Sandkisten, Schaukeln und eigenem Freibad. Auf der anderen Seite des Angelibades kann man das **Gasthaus Birner** entdecken, das weit über die Grenzen Wiens bekannt ist. Vom Angelibad führt eine kleine Brücke, im Volksmund der *Birnersteig* genannt, direkt dorthin. Im Gasthaus kann man nach einem herrlichen Spaziergang in entspannter Atmosphäre wunderbar einkehren.

Weiter donauabwärts geht es zum bekannten **Arbeiterstrandbad**, einem der Hotspots der Wiener im Sommer. Es wurde im Jahr 1909 vom Arbeiterschwimmverein errichtet und 1912 eröffnet. Die Arbeiterstrandbadstraße, in der es sich befindet, wurde 1912 nach dem Bad benannt. Mitte der 1980er-Jahre wurde es als öffentliches Bad geschlossen und bis 2014 als private Einrichtung betrieben. Erst seit 2015 wird das Areal als öffentliche Liegewiese mit einer Größe von 23.000 Quadratmetern von der Stadt verwaltet. Bei schönem Wetter wird die Buslinie 20B verstärkt eingesetzt. Sie hält auch bei den anderen Strandbädern.

Nach dem Arbeiterstrandbad kann man auf der linken Seite so etwas wie ein kleines New York entdecken. Über die Ponte Cagrana wechselt man hinüber auf das Festland zur **Donau City**. Sie befindet sich direkt neben der Reichsbrücke und ist der Stadtteil am linken Donauufer, der dem Stadtzentrum am nächsten liegt. Die Lage der Donau City ist durch ihre sehr gute Verkehrsanbindung äußerst beliebt, sodass hier ein neuer, multifunktionaler Stadtteil entstanden ist. Etwa ein Drittel der Nutzfläche ist für Büros bzw. Geschäfte geplant worden. Eine Besonderheit dieses Stadtteils liegt in seinen drei Nutzungsebenen. Es gibt eine Basisebene für Fußgänger, eine Medienebene für die technische Aufschließung sowie ein darunterliegendes Grundniveau mit Erschließungsstraßen und Garagen. Der Bürobereich ist am besten mit der U-Bahn Linie 1 [Station »Kaisermühlen«] erreichbar. Der Wohnbereich der Donau City befindet sich entlang des **Donauparks**, der im Zuge der internationalen Gartenschau eröffnet wurde. Er bietet den Bewohnern der Donau City eine attraktive

Möglichkeit der Freizeitgestaltung. Im Hintergrund sieht man den **Donauturm** mit seiner stolzen Höhe von 252 Metern.

Angrenzend an den Donaupark liegt **UNO-City**, die mittlerweile aus dem Wiener Stadtbild nicht mehr wegzudenken ist. Sie beherbergt seit ihrer Eröffnung 1979 das Internationale Zentrum Wien oder auch Vienna International Centre, kurz VIC, und ist Sitz verschiedener UNO-Einrichtungen. Sie ist neben New York, Genf und Nairobi einer der vier Amtssitze der Vereinten Nationen. Erbaut wurde die UNO-City nach den Plänen des österreichischen Architekten Johann Staber und im Anschluss der UNO für 99 Jahre zu einer symbolischen Miete von damals 1 Schilling pro Jahr übergeben. Heute beschäftigt die UNO in Wien 4.000 Mitarbeiter aus mehr als 100 Ländern. Eine Vielzahl internationaler Tagungen und Expertentreffen findet jedes Jahr im Internationalen Zentrum statt.

Ganz so ausführlich habe ich es meiner Frau nicht dargelegt – die Entscheidung war tatsächlich auch schneller getroffen als gedacht. Der Hunger trieb uns auf direktem Wege zum Birner.

Am Tag darauf erblickte unsere Tochter Marie das Licht der Welt.

★ Do it yourself ★

Donauinselfest

Das Donauinselfest ist eines der jährlichen Highlights im Wiener Veranstaltungskalender und findet immer Ende Juni statt. Trotz zahlreicher internationaler Größen im Line-up ist der Eintritt kostenlos. Die Anfahrt erfolgt am besten mit den öffentlichen Verkehrsmitteln. Die Wiener Linien erhöhen im Zuge des Fests die Intervalle und verlängern die Betriebszeiten in den Nachtstunden. Bitte beachten Sie, dass es durch das Fest zu Straßenumleitungen kommen kann. Achten Sie hier auf die Verkehrsdurchsagen im Radio.

Donauinsel • U-Bahn: U1 (Station Donauinsel), U6 (Station Neue Donau), S-Bahn: S1, S2, S3, S7 (Station Handelskai bei der Floridsdorfer Brücke), Straßenbahn: 31 (Station Donauinsel bei der Floridsdorfer Brücke), Autobus: 11A und 35A (Station Traisengasse und Engerthstraße bei der Brigittenauer Brücke) • www.donauinselfest.at

Angelibad

Das Strandbad Angelibad ist ein städtisches Sommerbad am rechten Ufer der Alten Donau im 21. Wiener Gemeindebezirk Floridsdorf unterhalb des Floridsdorfer Wasserparks.

▮ Birnersteig, 1210 Wien • U-Bahn: U6 bis Neue Donau • Telefonische Auskünfte zu den Eintrittspreisen: Mo–Fr 7.30–15.30 Uhr unter +43 1 601 12

Strandgasthaus Birner

Das Birner bietet kulinarische Stärkung nach ausgiebigen Spaziergängen mit wunderbarem Blick auf die Donau.

▮ An der Oberen Alten Donau 47, 1210 Wien • U-Bahn: U6 bis Neue Donau • Sommersaison: tägl. 9–24 Uhr; Wintersaison: tägl. 9–22 Uhr • Tel.: +43 1 271 53 36 • www.gasthausbirner.at

Copa Cagrana

Ein Hauch von Brasilien mitten in Wien am Donaustrand.

▮ Donauinsel, 1220 Wien • U-Bahn: U1 bis Donauinsel • Mai–September: tägl. 10–4 Uhr • www.copacagrana.com

UNO-City

An einer Führung durch das VIC kann jeder teilnehmen. Sie dauert in der Regel 90 Minuten und findet auf Deutsch und Englisch statt. Einzelbesucher und Kleingruppen (weniger als 10 Personen) können jederzeit ohne vorherige Buchung an einer Führung teilnehmen. Ein gültiger Lichtbildausweis ist erforderlich. Das VIC ist an offiziellen UN-Feiertagen für Besucher geschlossen. Erkundigen Sie sich am besten vorab im Internet.

▮ Vienna International Center • Wagramer Str. 5, 1220 Wien • U-Bahn: U1 bis Kaisermühlen/Vienna International Center • Führungen: Mo–Fr 11, 14 & 15.30 Uhr, Mi 15.30 Uhr: Schwerpunktführung »Kunst im VIC«; in den Schulferien Zusatzführung um 12.30 Uhr • 10 Euro, 7 Euro ermäßigt • Tel.: +43 1 260 60 33 28 • E-Mail: Tours@unvienna.org • www.unis.unvienna.org/unis/de/visitors_service/index.html

So fühlt man sich als »echter« Wiener

Ein Wiener Kaffeehaus besuchen

Dieser Besuch muss einfach sein. Kaffeehäuser gibt es in Wien viele, jedes hat seinen eigenen Stil und sein eigenes Charisma. Das fängt oft beim freundlichen (oder auch grantigen) Kellner an und endet bei einer riesigen Torten- und Kaffeeauswahl.

- **Kaffeehaus Schopenhauer** • Staudgasse 1, 1180 Wien • Mit der U-Bahn: Linie U6 Station »Währinger Straße / Volksoper«, Straßenbahn: Linien 40 und 41 bis Währingerstraße • Mo– Fr 8.30–20 Uhr, Wochenende 8.30–19 Uhr • Tel.: +43 1 406 32 88 • www.cafeschopenhauer.at
- **Café Vindobona** • Wallensteinplatz 6, 1200 Wien • Straßenbahn: Linie 5, 31, 33 bis Wallensteinplatz; Bus: 5A bis Karl-Meißl-Straße, 5B bis Wallensteinplatz; U-Bahn: Linie U4 bis Friedensbrücke, Linie U6 bis Jägerstraße • Tel.: +43 1 512 47 42 52 • www.cafevindobona.at
- **Café Central** • Herrengasse 14, 1010 Wien • U-Bahn: U2 bis Schottentor, U3 bis Herrengasse; Straßenbahn: Linie D, 1, 37, 38, 40, 41, 42, 71 bis Schottentor • Mo–Sa 7.30–22 Uhr, Sonn- und Feiertage 10–22 Uhr; die beliebte Klaviermusik gibt es täglich von 17–22 Uhr • Tel.: +43 1 533 37 63 24 • www.palaisevents.at
- **Kaffee Konditorei Monarchie** • Nußdorfer Straße 69, 1090 Wien • U-Bahn: Linie U6 bis Nußdorfer Straße; Straßenbahn: Linie 37 und 38 bis Nußdorfer Straße / Latschkagasse • Mo–Sa 7–22 Uhr, Sonn- und Feiertage 8–22 Uhr • Tel.: +43 1 3197072 • www.kaffee-monarchie.at

Ein richtiges Wiener Beisl besuchen

Genauso unumgänglich wie der Besuch eines Kaffeehauses ist ein Beislbesuch. Hier entdeckt man das urige Wien abseits der bekannten Trampelpfade. Typische Wiener Speisen, Wiener Schmäh und Wiener Gelassenheit treffen hier in voller Pracht aufeinander. Da kann man nur hingehen, sich reinsetzen, schauen, essen und genießen. Sie werden es nicht bereuen.

- **Gasthof Lechner** • Wilhelm-Exner-Gasse 28, 1090 Wien • U-Bahn: U6 bis Volksoper/Währinger Straße; Straßenbahn: Linie 5, 33, 37, 38, 40, 41, 42 bis Währingerstraße/Spitalgasse; Bus: Linie 40A bis Nußdorferstraße/Alserbachstraße • Tel.: +43 1 317 83 18
- **Gasthaus Heidinger** • Selzergasse 38, 1150 Wien • U-Bahn: U3 bis Schweglerstraße oder Johnstraße; Straßenbahn: Linie 49 bis Johnstraße oder Huglgasse • Tel.: +43 1 985 99 11 • www.heidingers.at

Besuch eines Wiener Fußballderbys

Auch wenn der österreichischen Fußballbundesliga momentan international keine immense Bedeutung zukommt, so gibt es dennoch ein Spiel, das die Gemüter in Wien immer aufs Neue erhitzt. Es ist das Stadtderby Rapid gegen Austria. Die Grünen gegen die Violetten. Hier trifft der österreichische Fußballrekordmeister aus Hütteldorf im Westen der Stadt (letzte gewonnene Meisterschaft in der Saison 2007/08) auf die Austria (letzte gewonnene Meisterschaft 2012/2013) aus dem Arbeiterbezirk Favoriten im Osten Wiens. Dies ist immer ein Duell der Gegensätze, die Fanklubs der jeweiligen Lager lassen sich zum Derby auch gerne ansprechende Choreographien einfallen. Bei diesem Spiel vergisst der Wiener Fußballfan, dass es vielleicht nur um den dritten oder vierten Platz in der laufenden Meisterschaft geht. Beim Derby geht es immer um »Alles«. Hier trifft man den echten Wiener als Fußballfan verkleidet.

- **SK Rapid Wien** • Keisslergasse 3, 1140 Wien • Tel.: +43 1 727 43 - 0 • www.skrapid.at
- **FK Austria Wien** • Generali Horr Platz 1, 1100 Wien • Tel.: +43 1 688 01 50 • www.fk-austria.at

Den »Herrn Karl« anschauen

In diesem mittlerweile zum Kultstück erhobenen Theaterstück verkörpert der grandiose Schauspieler Helmut Qualtinger Herrn Karl. Herr Karl wirkt auf den ersten Blick wie der typische Wiener. Er ist katholisch, ein wenig liberal und manchmal grantig. Er verkörpert die Stimme des Volkes, die äußerlich lieb, nett und gar charmant wirkt. Doch im Laufe des etwa einstündigen Monologs erfährt man mehr über diesen österreichischen Opportunisten, der keine Möglichkeit ungenutzt lässt, um vom System zu profitieren. Ein tiefer Blick in die Seele des Wieners. Die CD ist im Fachhandel oder auf iTunes erhältlich. Einen Videomitschnitt der Fernsehaufzeichnung mit Helmut Qualtinger finden Sie auf YouTube.

Seien Sie einmal so richtig grantig

Nichts ist für den Wiener leichter als das. Suchen Sie den Fehler! Sie werden ihn finden, garantiert. Schauen Sie sich doch einfach einmal um! Was sehen Sie? Die Sonne strahlt freundlich vom Himmel, alle anderen Menschen sind guter Laune und lachen. Irgendwas stimmt doch nicht mit denen. Warum lachen die Menschen so? Mehr als Sie? Das ist doch nicht fair. Gibt es dafür einen Grund – und warum sagen Ihnen die anderen den Grund nicht? Das ist doch eine Frechheit, oder?

Und? Wie geht es Ihnen jetzt? Sind Sie ein wenig grantig (missmutig) geworden? So rasch geht das beim Wiener, aber der Wiener vergisst seinen Grant ebenso schnell auch wieder und erfreut sich wieder des Lebens. Also – ab jetzt ist wieder alles himmelblau und rosarot. Charmant, oder?

Besuchen Sie einen Heurigen

Die Auswahl an guten Heurigen ist schier unerschöpflich. Also einfach hinfahren, Essen und Getränke aussuchen und genießen. Anbei ein besonderer Tipp:

Feuerwehr Wagner • Grinzinger Straße 53, 1190 Wien • Straßenbahn: Linie 37 bis Hohe Warte, Linie 38 bis Grinzing; Bus: 38A bis Neugebauerweg • Tel.: +43 1 320 24 42 • www.feuerwehrwagner.at

Das Belvedere

Ein geschichtsträchtiger Ort

Wenn man in Wien zu Gast ist, hat man meistens etwa zwei bis drei Tage Zeit, um die Stadt zu erkunden. Das ist sehr wenig. Aber es reicht zumindest für einen Schnelldurchlauf. Teil dieses »Fast Sightseeings« muss das Schloss Belvedere sein, denn hier wurde österreichische Geschichte geschrieben. Oder viel mehr *unter*schrieben.

Noch allzu gut – und auch ungern – erinnere ich mich an meine Schulzeit, als unsere Geschichtslehrerin verzweifelt versucht hat, uns übercoolen Jungerwachsenen drei Wochen vor den Sommerferien die letzten Seiten des Geschichtsbuches näherzubringen. Die Interessen waren in zwei Lager gespalten. Wir freuten uns schon auf die bevorstehenden Ferien – und unsere Geschichtslehrerin sich darauf, uns den österreichischen Staatsvertrag vom 15. Mai 1955 näherzubringen. Also, ob sie sich wirklich freute, kann ich jetzt auch nicht mehr sagen, weil sie mehr leere als begeisterte Blicke erntete.

Noch unsympathischer wurde mir der Staatsvertrag, als mich meine Lehrerin aus meinem Tagtraum riss und fragte: »Und, Martin, wer steht denn da auf dem Balkon des Schlosses Belvedere?«

Ich hatte natürlich keine Ahnung, wollte mir aber auch keine Blöße geben, schaute ins vor mir liegende Geschichtsbuch und antwortete: »Viele Männer und ein Mann mit einem Buch.«

Wie das oft bei Lehrern ist, gibt sich dieser Schlag Mensch niemals mit nur einer Antwort zufrieden, also bohrte sie nach: »Ja, und der Mann mit dem Buch, weißt du zufällig, wer das ist und was er da hält?«

»John F. Kennedy mit der Bibel?«

Die Antwort war natürlich falsch. Das Einzige, was bei mir aus dieser Geschichtsstunde in meinem Kopf hängenblieb, war dieses eine Bild. Darauf sah ich einen glücklich dreinschauenden Mann.

Er stand mit vielen anderen auf einem Balkon und in der Hand hielt er stolz ein Stück Papier. Worum es sich dabei handelte, wurde mir erst viel später so richtig bewusst. Schon klar war mir allerdings, dass dieses Stück Papier etwas *Wichtiges* gewesen sein musste. Etwas sehr Wichtiges sogar.

Bambus macht frei

Es handelte sich dabei um den Österreichischen Staatsvertrag vom 15. Mai 1955. Gegenstand des Vertrages ist die Wiederherstellung eines unabhängigen und souveränen Österreichs. Bekannt wurde im Nachhinein der Satz: »Österreich ist frei!«. Dieser Satz stammte vom damaligen österreichischen Bundeskanzler Leopold Figl. Das war der Mann, der das Stück Papier auf dem Balkon von Schloss Belvedere stolz in die Luft hielt. Den bekannten Satz rief er aber nicht vom Balkon zum jubelnden Volk. Die Bevölkerung hätte ihn ohne Lautsprecher niemals gehört. Er hatte ihn schon bei der vorherigen Vertragsunterzeichnung im Marmorsaal des Schlosses Belvedere ausgesprochen.

Ich möchte mehr über den Ort erfahren, an dem der Österreichische Staatsvertrag unterzeichnet wurde, und treffe mich mit meinem Freund Christoph Krutzler. Wir haben vorab vereinbart, uns am unteren Belvedere zu treffen. Dort betreten wir das Areal über den Rennweg, um die Gegend des Schlosses samt umliegenden Parklandschaften gemeinsam zu erkunden.

Wie man es in Wien nicht anders gewohnt ist, schreiten wir durch gepflegte Lustgärten, passieren imposante Wasserspiele und lugen japanischen Gästen neugierig ins Bild.

»Schau mal, was da steht!«, sage ich zu Christoph und deute auf ein Schild mit der Aufschrift »Ausgang geöffnet«. Das ist doch eine schöne Einladung, denke ich mir, und wir folgen neugierig dem Wegweiser, der uns in den Botanischen Garten der Uni Wien lotst. Wir sind überwältigt und wähnen uns in einem entfernten Paradies – überraschend wenige Touristen haben sich hierher verirrt. Wir bewundern meterhohe Bambusgärten und inspizieren exotische Pflanzen.

Es beginnt langsam zu regnen und wir verlassen den Botanischen Garten in Richtung Rennweg. Weil wir Hunger und Lust auf etwas Lokales haben, machen wir uns auf die Suche nach einem Würstelstand. Wir werden am Rennweg fündig und freuen uns auf die Wienerische Variante des Fast Foods. Auch wenn wir zunächst ein wenig enttäuscht werden, weil uns der Betreiber mit dem Schild »Komme gleich!« fünfzehn Minuten hungrig im Regen stehen lässt.

Aber wir warten nicht allein. Ein älterer Mann gesellt sich zu uns. »Der Würstelstand ist besser als des Mägdonald! Das Warten zahlt sich aus!«, sagt er. Kurz darauf kommt der Besitzer des Würstelstands.

Ich möchte als komplett untouristisch glänzen, also bestelle ich voller Stolz mit leichtem Wiener Akzent: *»A Eitrige und an Bugl!«*

»Ah ja und a Sechzehna Blech!«, ergänzt Christoph souverän.

Die Antwort des Würstelstandbesitzers fällt nüchtern aus: *»Eh kloa. Wie immer!«*

»Was? Wie immer?«, fragen wir ungläubig, worauf der Standler meint: »Das höre ich jeden Tag hundert Mal, die Touristen wollen immer mit dem gleichen Satz glänzen.«

Der Standler scheint unsere beschämten Blicke wahrzunehmen. »Macht aber nichts, ich habe den Satz auch schon viel schlechter gehört«, sagt er lächelnd.

Wir bekommen unsere Würsteln, genießen sie und freuen uns des Lebens. Auch der ältere Mann bekommt sein *Burenhäutl* und grummelt kauend noch einmal: »Viel besser als des Mägdonald!«

Das Schloss Belvedere und der Botanische Garten

Der Prachtbau Schloss Belvedere wurde durch Johann Lucas von Hildebrandt für Prinz Eugen von Savoyen (1663–1736) erbaut. Der Garten des Belvedere wurde um 1700 von Prinz Eugen angelegt, der das Anwesen als Sommerresidenz nutzte. Er war einer der wichtigsten Feldherren der Habsburger und sicherte die österreichische Vorherrschaft in Südosteuropa. Bei seinem Gefolge war er äußerst beliebt, etwa weil er die Gärtner seiner Schlösser auch im Winter weiterbeschäftigte. Zudem war er als Bauherr des Schlosses Belvedere auch Kunstsammler und einer der wichtigsten Mäzene seiner Zeit.

Prinz Eugen war ein sehr belesener, fortschrittlich denkender und vor allem selbstbewusster Mann. So ließ er direkt neben seinem Schloss einen Tiergarten errichten. Das berühmteste Tier in diesem Garten war, so besagt es die Legende, ein Löwe. Der österreichische Schriftsteller Hugo von Hofmannsthal schrieb darüber:

»Der König von Frankreich, den er so oft besiegt hatte, verehrte ihm einen afrikanischen Löwen [...]. Endlich kamen drei Tage, wo der Löwe seinen Herrn nicht mehr sah, er verweigerte alles Fressen und lief unruhig im Käfig auf und nieder ... Gegen drei Uhr morgens stieß er ein solches Gebrüll aus, dass der Tierwärter hinauslief in die Menagerie, um nachzusehen. Da sah er Lichter in allen Zimmern des Schlosses, zugleich hörte er in der Kapelle das Sterbeglöcklein und so wusste er, dass sein Herr, der große Prinz Eugen, zu eben dieser Stunde gestorben war.«

Diese Geschichte ist heute in Wien noch weithin bekannt. Der Tiergarten findet sich, wenn man vom Unteren Belvedere in Richtung Oberes Belvedere geht, auf der linken Seite. Auch wenn sich dort heute, außer ein paar Nebelkrähen, keine Tiere mehr tummeln.

Das Untere und das Obere Belvedere, welches 23 Meter darüber liegt, bilden mit der verbindenden Parkanlage ein barockes Gesamtbild. Die zahlreichen Skulpturen im Garten stellen den Aufstieg aus der Unterwelt in den Olymp dar. Besonders hervorzuheben sind die beiden Kaskadenbrunnen (Großer Kaskadenbrunnen und Muschelbrunnen).

Beim **Oberen Belvedere** kann man im Zeitraum von März bis August die Blüte von 4.000 alpinen Pflanzenarten bewundern. Der Bestand der Pflanzen macht diesen Garten sehr speziell. So ist ab April die Rhododendronblüte beeindruckend, außerdem eine Sempervivum-Sammlung mit etwa 300 Sorten und eine Bonsai-Sammlung mit über 100 japanischen Bonsais. Er ist daüber hinaus der älteste Alpengarten der Welt, gegründet wurde er 1803 von Erzherzog Johann.

Die Anlage ist seit 1780 der Öffentlichkeit zugänglich und seit 2001 UNESCO-Weltkulturerbe. Das Schloss Belvedere beherbergt heute die österreichische **Galerie Belvedere**. Sie ist ein bedeutendes

Kunstmuseum, man findet hier Kunst aus mehreren Epochen, die vom Mittelalter über das Barock bis ins 21. Jahrhundert reichen. Ein Hauptmerkmal der Galerie im Belvedere ist die weltweit größte Sammlung an Werken von Gustav Klimt.

Der **Botanische Garten** der Universität Wien ist ein für die Öffentlichkeit frei zugänglicher wissenschaftlicher Garten. Gegründet wurde dieser Traumgarten im Jahr 1754 unter Kaiserin Maria Theresia. Im Garten gibt es etwa 12.000 Pflanzenarten aus sechs Kontinenten. Er verfügt über einen alten Baumbestand, und durch seine saftigen Wiesen wirkt er wie eine grüne Oase in der Stadt. Überdies dient er als wertvoller Lebensraum für viele heimische Tierarten wie beispielsweise 130 Bienenarten.

Am Würstelstand bestellen

Es wird schwer werden, den Standler zu überlisten – aber ein paar Tipps, was Sie am besten am Würstelstand bestellen sollten, möchte ich Ihnen mitgeben.

Die Klassiker sind:

- Ein Paar **Frankfurter**: Dieses wohl berühmteste Brühwürstel heißt nur in Wien »Frankfurter«. Andernorts heißt es Wiener Würstchen. Erfunden wurden die »Frankfurter« in Wien vom Frankfurter Metzger Johann Lahner (nicht Johann Lafer).
- Die **Käsekrainer** oder auch, wie von uns bestellt, eine ***Eitrige***: Sie wird in Wien gebraten. Einzigartig macht die Käsekrainer in Wien das Emmentaler *Käsefusserl* (leicht angebratener Käse auf der Wurst).
- **Debreziner**: Sie ist die scharfe Ungarin unter den Würsten, ihr Name kommt von der ostungarischen Stadt Debreczen. Ihre besonderen Kennzeichen sind einerseits ihre Farbe und ihr Geschmack. Sie ist rötlich und schmeckt ein wenig nach Paprika – eben typisch ungarisch. Die Debreziner gibt es auch scharf.

Im Sortiment eines guten Würstelstands werden Sie auch folgende Wurstsorten finden:

- **Waldviertler**: Eine extrem würzige Brühwurst, die sehr stark über Buchenholz geräuchert wurde. Das werden Sie schmecken.
- **Bratwurst**: Die Wurst kennt man auf der ganzen Welt und sie ist überall beliebt.
- **Burenwurst (Haße, Burenheidl)** oder auch **Klobasse**: Sie müsste eigentlich auf der Klassikerliste stehen, wird aber weit weniger bestellt. Sie ist eine grobe Brühwurst und hat in den letzten Jahren ein wenig an Popularität eingebüßt.
- **Bosna**: Diese Spezialität findet man nicht an allen Wiener Würstelständen. Bei dieser Wurst handelt es sich, ähnlich wie beim Hot Dog, um eine stark gewürzte Bratwurst mit Zwiebeln und Weißbrot. Es geht die Mär um, dass die Bosna (oder auch Bosner) ihren Ursprung in der bosnischen Küche findet. Tatsächlich kommt ihr Name von »**B**est **o**f **sna**ck« und sie findet ihren Ursprung in der Zeit, als amerikanische Besatzungsmächte in Deutschland waren und man versucht hatte, den Amerikanern eine interessante Alternative zum Hot Dog anzubieten. Falls Sie am Würstelstand mit Fachwissen glänzen wollen, dann werfen Sie gerne diese Variante ein. Damit fallen Sie eher auf als Christoph und ich.

Jetzt brauchen Sie noch dringend ein Brot und ein Getränk:

- **Bugl (Buckel)**: Hierbei handelt es sich um ein Brotendstück. Das Brot wird standardmäßig zu jeder Wurst gereicht.
- **Semmel**: Wird alternierend zum Brot angeboten.
- **Senf, Ketchup, Mayonnaise**: Für viele ein notwendiger Begleiter beim Verzehr einer Wurst am Würstelstand.
- **16er Blech**: Wenn Sie gerne ein Bier trinken, empfehle ich Ihnen dringend eine Dose des bekannten Wiener Ottakringer Bieres zu bestellen. Das Sechzehner bezieht sich auf den sechzehnten Wiener Gemeindebezirk Ottakring, in dem sich die berühmte Brauerei Ottakringer befindet. Daher heißt die Alu-Bierdose aus Ottakring am Stand 16er Blech.

★ Do it yourself ★

Würstelstand »Zum kleinen Sacher«

Der originelle Name bezieht sich auf das weltbekannte Wiener Hotel Sacher direkt hinter der Staatsoper. Der kleine Sacher ist längst eine Würstelstandinstitution am Verkehrsknoten Rennweg.

Fasanplatz 1, 1030 Wien • Straßenbahn: Linie 71 und Linie O bis Rennweg S; Bus: 77A bis Rennweg; S-Bahn: Linie S1, S2, S3 und S7 bis Rennweg • Mo–So 11–4 Uhr • www.kleines-sacher.at

Schloss Belvedere

Prinz Eugen-Straße 27, 1040 Wien • Straßenbahn: Linie D bis Schloss Belvedere, 18 und O bis Quartier Belvedere; Bus: 69A bis Quartier Belvedere • Mo–So 10–18 Uhr • Tel.: +43 1 79 55 71 34 • www.belvedere.at

Botanischer Garten

Der Garten kann über drei Eingänge betreten werden: Haupteingang Mechelgasse/Praetoriusgasse; Eingang Oberes Belvedere/Alpengarten; Eingang Jacquintor • Öffnungszeiten wetterabhängig, werden am Haupteingang (Mechelgasse/Praetoriusgasse) ausgehängt • Eintritt frei

Moritz-Schlick-Wohnhaus

In der Prinz-Eugen-Straße 68 gegenüber vom Schloss Belvedere wohnte von 1922 bis 1936 der Mitbegründer des Wiener Kreises, Philosoph Moritz Schlick (siehe auch die Episode »Uni Wien«, siehe Seite 196).

Wiener Hofburg

Die Wirkungsstätte der Habsburger

»Sissi!«
»Mei, Franzl!«
»Schau wie schön es ist. Unser Wien! So schön wie du, Sissi!«
»Mei, Franzl!«

So oder so ähnlich kennt man die Dialoge der bekannten Sissi-Filme mit Romy Schneider und Karl Heinz Böhm. Obwohl – zur »Sissi« mit Doppel-s wurde die Kaiserin Sisi erst durch die gleichnamigen »Sissi«-Film von Ernst Marischka.

Es gibt sicher Menschen, die der Geschichte der Kaiserin mehr abgewinnen können als ich. Ich finde viele ihrer Ideale bis zu einem gewissen Grad bewundernswert. Ich finde ihre Frisuren toll, ihre Authentizität und ihre Fähigkeit aufzufallen. Sie verehrte Heinrich Heine und liebte es, selbst zu dichten. Sisi war einzigartig am Hof der konservativen Habsburger.

Wie viele österreichische Legenden hatte sie es zu Lebzeiten in Wien nicht leicht. Sie wurde vom Hofstaat angefeindet und zog sich daher mehr und mehr vom höfischen Leben zurück. Ihr Mann, der Kaiser, versuchte ihr all das zu geben, was sie wollte, doch er scheiterte rigoros, weil die Kaiserin letztlich den Geschenken dann doch nichts abgewinnen konnte. Vieles hatte er für sie erbauen und anfertigen lassen, doch eines hatte er nicht für sie: Zeit.

Sisi war, um dem höfischen Alltag zu entfliehen, fortwährend unterwegs. Sie war die ewig Rastlose der Habsburger. Diese Getriebene verstarb am 10. September 1898 nach einem Attentat in Genf. Seitdem ist der Sisi-Kult ungebrochen.

Ich will wissen, wie es wirklich war, und frage mich einigermaßen skeptisch, ob mir ein Audioguide und das Sisi-Museum dabei helfen können.

Ich beschließe also, der Wiener Hofburg, dem alten Habsburgersitz und Touristenmagnet, einen Besuch abzustatten. Ich sage »Ja« zu vielen Touristen, aber ich sage auch »Ja« zu den unvergleichlichen Highlights der österreichischen Geschichte.

Mit dem Audioguide durch Hofburg und Touristenmassen

Ich betrete das Areal der Hofburg und schreite durch das äußere Burgtor (»Heldentor«) an der Ringstraße. Nach dem äußeren Burgtor erblicke ich die Neue Burg. Der Platz zwischen der Neuen Burg und dem Volksgarten ist der historische Heldenplatz. Die Verlängerung des Heldenplatzes mit den beiden Reiterdenkmälern in Richtung Burgtheater bildet den Ballhausplatz. Hier befindet sich das heutige Bundeskanzleramt.

»Heldentor«

Dieses herrschaftliche Tor nach Plänen von Luigi Cagnola wurde durch die Soldaten der kaiserlich-königlichen Armee errichtet und im Oktober 1824 von Kaiser Franz I. eröffnet. Es war als Denkmal für die Soldaten der Napoleonischen Kriege gedacht. Auf der zur Ringstraße zugewandten Seite befindet sich die Inschrift »FRANCISCUS I. IMPERATOR AUSTRIAE MDCCCXXIV« (Franz I., Kaiser von Österreich 1824). Auf der anderen Seite, die man vom Heldenplatz aus sieht, steht »IUSTITIA REGNORUM FUNDAMENTUM«. Das bedeutet »Die Gerechtigkeit ist das Fundament der Herrschaft«, es war der Wahlspruch von Kaiser Franz I.

Neue Burg

Die neue Burg ist ein Teil der Wiener Hofburg und wurde von Gottfried Semper und Karl Freiherr von Hasenauer für Kaiser Franz Joseph geplant und errichtet. Der Bau gestaltete sich, wie so oft, teurer als geplant. Der Grund war, dass die Fundamente bis zu 25 Meter tief gegraben werden mussten, da sich der Baugrund auf dem aufgelockerten Gebiet der ehemaligen Stadtgräben und der unterirdischen Verteidigungsanlagen befunden hat. Die Neue Hofburg ist nur ein Teil einer viel größer geplanten Idee. Diese Vision des Kaisers wurde schlicht »Kaiserforum« genannt. Ziel dieses Projekts war es, das stückhaft vorhandene Hofburgensemble zu einem großen Ganzen zu machen. Als Vorbild diente dem Architekten Gottfried Semper das Schloss Versailles, und es sollte den Höhepunkt der Ringstraße darstellen. Letztendlich wurden vom Kaiserforum die Neue Burg und die Hofmuseen verwirklicht. Die übrigen Pläne wurden nie vollendet.

Heldenplatz

Dieser Name findet seinen Ursprung in den beiden Reiterdenkmälern zu Ehren zweier großer Feldherren und Helden. Direkt vor der Neuen Burg posiert das große Prinz-Eugen-Reiterdenkmal (siehe dazu auch die Episode »Das Belvedere«, siehe Seite 52). Gegenüber steht das Reiterdenkmal des Erzherzogs Karl. Das Interessante an dem Denkmal des Erzherzogs ist, dass sich das Pferd im Aufspringen befindet und daher nur die beiden Hinterbeine den Sockel berühren. Bei Prinz Eugen hingegen konnte diese Perfektion nicht ganz erreicht werden. Hier berührt auch der Schweif des Pferdes den Sockel. Das Denkmal des Erzherzogs Karl wurde früher fertiggestellt, bei der Arbeit am Reiterdenkmal für Prinz Eugen war der Meister Anton Fernkorn, der sich für beide Denkmäler verantwortlich zeigte, nicht mehr bei bester Gesundheit. So wurde das Prinz-Eugen-Denkmal von seinen Schülern vollendet, die nicht die Perfektion des Denkmals für Erzherzog Karl erreichen konnten.

Ballhausplatz und Bundeskanzleramt

Im März 1938 spielte sich hier eine der schwärzesten Stunden Österreichs ab. Vom Balkon der Neuen Burg verkündete Adolf Hitler vor zigtausenden Menschen den Anschluss Österreichs an das Deutsche Reich. Das Theaterstück *Heldenplatz* von Thomas Bernhard beschäftigt sich mit diesem für die Welt und Österreich katastrophalen Ereignis.

Die Wiener Hofburg

Vom 13. Jahrhundert bis zum Ende des Ersten Weltkriegs 1918 war sie der Sitz der Habsburger und somit das Zentrum der Macht. Ab dem 18. Jahrhundert siedelten die Habsburger in den Sommermonaten nach Schönbrunn über. Heute dient die Hofburg als Amtssitz des Österreichischen Bundespräsidenten. Unterschiedliche Museen sind in der Hofburg untergebracht, wie etwa die Kaiserappartements und die Schatzkammer. Außerdem befinden sich in diesem weitläufigen Gebäudekomplex auch ein großer Teil der Österreichischen Nationalbibliothek, die Hofburgkapelle und die Augustinerkirche.

Ich verlasse den Heldenplatz und gehe in Richtung Michaelerplatz. Dort gelange ich in den inneren Burghof. Das ist der alte Trakt der Hofburg mitsamt der Amalienburg. In der Mitte dieses Platzes befindet sich ein Denkmal von Kaiser Franz I. Ich lasse mich von den Touristenmassen zum Eingang der Kaiserappartements spülen und entscheide mich dort, wie viele andere auch, für eine Tour durch die Silberkammer, das Sisi-Museum und die Kaiserappartements.

Ich zahle 12,50 Euro, bekomme einen Audioguide ausgehändigt und kann losgehen. Schon im ersten Raum muss ich lachen, weil sich vor jedem Exponat dasselbe illustre Bild zeigt. Etwa zehn Menschen stehen herum und lauschen höchst interessiert ihrem Guide. Wüsste ich es nicht besser, würde ich glauben, dass sie alle mit jemandem telefonieren.

Zunächst besuche ich die Silberkammer. Dieser Abschnitt der Hofburg beschert mir einen guten Einblick in die Welt und in den Alltag der Habsburger. Ich sehe Silberteller, vergoldetes Besteck, riesige Suppenschüsseln und verschiedenste Variationen von kaiserlichen Tellerservicen. Für jeden Anlass gab es ein eigenes Service.

Von besonderer Wichtigkeit war bis zum Ende des 19. Jahrhunderts das sogenannte Sanitärporzellan, erzählt mir der Audioguide.

Die Schlösser der Habsburger wurden erst relativ spät mit Wasserleitungen ausgestattet, daher waren die Sanitärgarnituren die einzige Möglichkeit zur täglichen Hygiene.

Ein besonderes Interesse an gesteigerter Hygiene am kaiserlichen Hof brachte Kaiserin Elisabeth mit. Sie legte viel Wert auf Körperpflege. Mit der Errichtung eines Badezimmers im Jahr 1876 setzte sie eine Verbesserung der hygienischen Verhältnisse durch. Ein 48 Quadratmeter großes Badezimmer ausgestattet mit Badewanne, WC und Waschtisch befand sich in den Privaträumlichkeiten der Kaiserin.

Kaiserlich-königlicher *Badewaschl* und eine Badewanne für die Kaiserin

Der Arbeitstag des Kaisers begann bereits frühmorgens und dauerte 16 Stunden. Jeden Tag wurde er um halb vier Uhr von seinem Leibkammerdiener geweckt. Dieser Mann, Herr Eugen Ketterl, wusste viele Geschichten über den beliebten Kaiser zu erzählen. Ordentlichkeit war ihm sehr wichtig, alles andere hätte der Kaiser auch nicht durchgehen lassen. Nur eine einzige Ausnahme gestattete er – und zwar beim *Badewaschl*. Vielleicht, weil ihn dieser Mann von einer anderen Seite zu sehen bekam – nämlich von der nackten Seite.

Einmal trug sich laut Leibkammerdiener Ketterl folgende Geschichte zu. Der *Badewaschl* (oder auch der *Bader* genannt) trat kurz nach halb vier mit einer aufklappbaren Kautschukwanne ins Zimmer des Kaisers. Er seifte die splitternackte Majestät von Kopf bis Fuß ein. Bislang passierten keine besonderen Vorkommnisse. Doch der *Badewaschl* war, entgegen dem gestrengen Leibkammerdiener, kein Morgenmensch. Also musste er immer lange wach bleiben, um den Kaiser in den Morgenstunden zu waschen. Doch auch das Wachbleiben fiel ihm schwer. So verbrachte er die Nächte nicht allein zu Hause, sondern in der Branntweinerbude. Dort konsumierte er das eine oder andere Achterl Wein. Und eines Morgens um halb vier war es dann so weit: Der *Badewaschl* war derart betrunken und schwankte so stark, dass er sich am eingeseiften Kaiser festhalten musste. Und dann geschah, was geschehen musste: Beide landeten in der Badewanne.

Apropos Wanne. Die Gattin des Kaisers war die Einzige, die über eine richtige Badewanne verfügte, in der sie, laut Überlieferungen, das »lange, kalte Wannenbad« schätzte. Auch diese Wanne kann man in den Kaiserappartements bestaunen.

Die Habsburger haben es sich einfach richtig gutgehen lassen. Die Ausstellung erscheint mir von Raum zu Raum imposanter zu werden. Vielleicht, denke ich mir, weil es damals noch keine Geschirrspülmaschinen gab. Da war es wahrscheinlich kein großer Fehler, mehr als nur ein Silberservice zu besitzen. Und jeden Teller, jeden Dessertlöffel, jedes Wasserglas ziert selbstverständlich das kaiserlich-königliche Emblem.

Erstaunlich ist die sogenannte Kaiserfaltung der Stoffserviette. Sie durfte früher nur in Anwesenheit des Kaisers verwendet werden. Heute wird sie für Repräsentationsaufgaben der Republik eingesetzt. Die Methode der Faltung wird nur von zwei Damen auf der ganzen Welt beherrscht. Wenn diese beiden beginnen, die Servietten für ein Staatsbankett zu falten, dann müssen alle anderen den Raum verlassen. Wenn die Serviette dann fertig gefaltet ist, wird jeder Hohlraum der Serviette mit einem Jour-Gebäck befüllt.

Ich entdecke auf dem Weg durch die Silberkammer noch einen gefalteten Schwan, ja sogar einen Tischbrunnen aus Servietten, und ziehe weiter in das bei den Touristen beliebte Sisi-Museum. Dort kann ich mich dem Kult um die rebellische und zu Lebzeiten unbeliebte Kaiserin Sisi vollends hingeben.

Hier gibt es wirklich interessante Dinge und absonderliche Sehenswürdigkeiten zu bestaunen. Ich bewundere die 63-teilige Reiseapotheke, eine Harfe aus ihrer Kindheit und eigenhändig bemalte Briefkuverts. Viele der anderen Besucher verfallen, je weiter sie in das Sisi-Museum eindringen, merklich mehr dem Kult – ich muss primär an den Besitzer des Museumshops denken, der sich bestimmt schon auf »seine Opfer« freut.

Nach diesem Sisi-Rundgang bin ich noch immer kein wirklicher Fan von ihr geworden. Nach der pompösen Silberkammer und dem eigentümlichen Sisi-Kult-Museum besuche ich die Kaiserappartements in der Hofburg. In diesen Privatgemächern im Rokokostil von Kaiser Franz Joseph und Co. wird es wirklich prunkvoll. Hier bekomme ich einen Eindruck, wie Sisi und Franzel gelebt haben. Die Ausstattung und Möblierung der Kaiserappartements stammen größtenteils aus der zweiten Hälfte des 19. Jahrhunderts. In jedem Raum, besser Saal, befindet sich ein schmucker Porzellanofen. Diese Öfen durften nur von den K.-u.-k.-Holzofenheizern bedient werden. Beheizt wurden die Öfen im 18. Jahrhundert mit Holz, und zwar ausschließlich von außen über den hinter den Räumen liegenden Heizgang, um die Räume nicht zu verschmutzen und selbstverständlich die kaiserliche Familie nicht zu stören. Im Jahr 1824 kam es zur Installation von Rohrleitungen, welche eine Beheizung der Öfen mit Heißluft ermöglichten.

Ich durchschreite große Konferenzzimmer mit noch größeren Lustern, und während ich verträumt durch diese mächtigen Räumlichkeiten wandle, bleibe ich in einem verhältnismäßig kleinen Zimmer stehen und lausche meinem Audioguide:

»Die Luster der Manufaktur Lobmeyr aus böhmischem Kristall waren bis zum Ende des 19. Jahrhunderts mit Kerzen bestückt. 1891 wurden sämtliche kaiserliche Appartements elektrifiziert. Sie befinden sich nun im Arbeitszimmer von Kaiser Franz Joseph. Von hier aus lenkte er die Geschicke des Habsburgerreiches und arbeitete an die 16 Stunden täglich.«

Ich schaue mich um und bin ein wenig verwundert. Das ist der erste Raum, den ich wirklich als bescheidenes »Zimmer« bezeichnen würde. Im Arbeitszimmer des Kaisers findet man nur das Allernotwendigste vor: einen Schreibtisch, einen Stuhl und einige Arbeitsutensilien. Am Schreibtisch thront ein großes Porträt der Kaiserin.

Ich gehe weiter in das Turnzimmer der Monarchin. Was das Arbeitszimmer für den Kaiser war, war das Turn- und Toilettezimmer für die Kaiserin, nämlich ihr Hauptaufenthaltsraum. Sisis Tag begann um 6 Uhr morgens mit dem täglichen prinzessinenhaften Frisierritual. Die Haarpracht der Kaiserin war legendär. Die Zeit während dieser mehrstündigen Haarpflegeprozedur nutzte die Kaiserin, um Sprachen zu erlernen. Im Laufe ihres Lebens erlernte sie auf diese Weise sieben Fremdsprachen. Auch die Turnübungen wurden hier täglich mit größter Präzision und Hingabe durchgeführt. Die Sprossenwand, das Reck sowie die Ringe sind heute noch erhalten.

Für ein intensives Work-out hatte die Kaiserin einen eigenen großen Turnsaal, in dem sie mit schweren Geräten trainieren konnte. Dieser große Saal ist heute nicht mehr erhalten.

Zufrieden verlasse ich nach einer Weile die Hofburg. In der Ausstellung gibt es wirklich viel zu sehen und ich habe einen gelungenen Einblick in das Leben der österreichischen Kaiserfamilie bekommen. Wenngleich mir das übertriebene Theater, das um Sisi gemacht wird, immer noch nicht nachvollziehbar erscheint.

★ Do it yourself ★

Die Wiener Hofburg

Die Wiener Hofburg – an ihr kommt man nicht vorbei. Am wenigsten kann Ihnen das passieren, wenn Sie den Ring, Wiens Prachtstraße Nummer eins (siehe auch die Episode »Die Wiener Ringstraße und ihre Hotels«, siehe Seite 68), entlangspazieren. Ganz egal, ob Sie von links, von rechts, von oben oder von unten daherkommen, die Hofburg wird Sie immer irgendwie erwischen. Und lassen Sie sich ruhig von ihr erwischen. Denn sie ist etwas ganz Besonderes und ein Besuch lohnt sich immer. In der Vorweihnachtszeit gibt es vor der Hofburg am malerischen Michaelerplatz zudem einen gemütlichen Christkindelmarkt mitten in der Wiener Altstadt.

Michaelerkuppel, 1010 Wien • U-Bahn: U3 bis Herrengasse; Straßenbahn: Linie 1, 2 und D bis Burgring; Bus: Linie 2A und 3A bis Hofburg • September–Juni: 9–17.30 Uhr; Juli–August: 9–18 Uhr • www.hofburg-wien.at

Das Schloss Schönbrunn

Im Sommer weilten die Habsburger ab dem Jahr 1740 im Schloss Schönbrunn, das bis ins Jahr 1918 ihr Sommersitz blieb. Die Habsburger schätzen Schönbrunn in der heißen Jahreszeit, weil die sanitären Bedingungen hier besser waren als in der Hofburg. Erst in den letzten

Lebensjahren des Kaisers Franz Joseph wohnte dieser ganzjährig in Schönbrunn, wo er 1916 im Alter von 86 Jahren schließlich verstarb.

Eine Besichtigung der Kaiserappartements im Schloss Schönbrunn ist im Zuge eines Besuches sehr zu empfehlen. Einen Ausflug an Wochenenden und an Feiertagen sollte man jedoch nur ins Auge fassen, wenn es nicht anders möglich ist. Sie werden sehen, dass der Kaiser auch hier, im Gegenteil zu den anderen Räumlichkeiten, auf eine prunkvolle Ausstattung verzichtete. Genau gleich verhält es sich mit dem Schlafzimmer des Kaisers. Er nächtigte in einem dezenten Bett.

Falls Sie Ende Mai in Wien weilen, besuchen Sie doch das Schloss Schönbrunn in den Abendstunden. Hier findet nämlich einmal im Jahr ein Open-Air-Konzert unter Sternenhimmel im Park des Schlosses statt. Die Wiener Philharmoniker gastieren unter freiem Himmel und gratis vor dem grandiosen Ambiente. Je früher sie kommen, umso wahrscheinlicher ist es, noch einen Sitzplatz zu ergattern. Falls Sie den Tag lieber zum Bummeln durch die Wienerstadt nutzen möchten, nehmen Sie sich einfach eine Decke und eine gute Flasche Wein mit und genießen Sie das Konzert auf den umliegenden Wiesen des Schlosses.

Im Winter lohnt sich ein Besuch des Christkindelmarktes vor dem Schloss.

Schönbrunner Schlossstraße 47, 1130 Wien • U-Bahn: U4 bis Schloss Schönbrunn; Straßenbahn: Linie 10 und 58 bis Schönbrunn; Bus: Linie 10A bis Schönbrunn • April–Juni & September–Oktober: 8.30–17.30 Uhr; Juli–August: 8.30–18.30 Uhr; November–März: 8.30–17 Uhr • www.schoenbrunn.at

Die Wiener Ringstraße und ihre Hotels

Prunk, Prunk und wieder Prunk

Als eines Tages mein Telefon läutet, bin ich doch ein wenig irritiert. Am anderen Ende ist meine Agentin.

»Hallo, Martin. Kannst du bitte heute um 18.30 Uhr im Hotel Imperial sein? Gib dem Portier Bescheid und er wird dir sagen, in welchem Zimmer der Dreh stattfindet.«

Ich drehe im Imperial? Na bumm, denke ich mir. Ich soll also in einem der geschichtsträchtigsten und bekanntesten Hotels der Stadt arbeiten, das sich zudem auch noch auf der edelsten Straße Wiens, der Ringstraße, befindet.

Der Abend naht und ich mache mich mit dem Fahrrad auf den Weg zum Fünfsternetempel am Ring. Bescheidenheit ist eine Tugend, die das Imperial nicht nötig hat. Schon von Weitem protzt es, und ich fühle mich mit meinem alten, klapprigen Fahrrad sehr winzig.

Ich begebe mich auf die Suche nach einem geeigneten Abstellplatz und betrete anschließend das Gebäude in kurzer Hose und T-Shirt – wahrscheinlich genau so, wie es der durchschnittliche Imperial-Gast eher selten tut. Ich gehe in die Lobby und schnurstracks zur Rezeption. »Grüß' Sie«, sage ich zum Portier, der gerade ein Telefonat beendet. »Mein Name ist Martin Buchgraber. Ich habe hier heute einen Dreh!«

Der Portier sieht mich ein wenig skeptisch von oben herab an, reagiert weder auf mich noch auf meinen Namen sonderlich interessiert und sagt nur gnädig: »Suite 105. Erster Stock rechts. Da vorne die Treppen hoch und dann sind Sie da.«

Als ich die Rezeption in Richtung Treppenaufgang verlasse, nimmt er wieder den Telefonhörer ans Ohr. »Sorry, Senator Kerry ...«, höre ich ihn noch sagen.

Ich schreite den Treppenaufgang unter einem Porträt von Kaiser Franz Joseph empor und entdecke schnell die Tür 105. Ich klopfe an und mir wird geöffnet. Vor mir offenbart sich ein üppig gestalteter Vorraum samt kleinem Extrazimmer, das, wie mir erst später gesagt wird, kein Seitenzimmer, sondern ein Schrankraum war. Wenn jetzt Sisi ums Eck kommt, wundert mich das nicht, denke ich mir.

Ich gehe nach rechts in einen riesigen Raum, der fast schon ein Saal ist. Er ist voller Menschen, die beim Dreh mitarbeiten. Ich sehe ein riesiges Himmelbett, einen mächtigen Biedermeierschrank und schwere imperiale Vorhänge. Über meinem Kopf schwebt ein mächtiger Luster. Ich werde ins Badezimmer gebeten, um mich dort umzukleiden. Auch dieser Raum ist mehr als ein Badezimmer – Marmor, wohin mein Blick auch fällt.

Das Imperial wird seinem Namen auf jeden Fall gerecht, denke ich bei mir – und hat seine Lage am Ring redlich verdient.

Ein Ring voller Schmuckstücke

Die Wiener Ringstraße ist, so wie die Champs Élysées in Paris, eine wahre Prachtstraße. Viele Gäste, die nach Wien kommen, beginnen hier ihren Stadtbesuch mit einem Spaziergang.

Prachtbauten wie das Burgtheater, das Rathaus, das Parlament oder die Staatsoper: Ganz egal, wo man als Besucher seinen Ringspaziergang beginnt, man wird immer einen gelungenen ersten Eindruck der Schönheiten Wiens bekommen.

Die Ringstraße führt um das historische Zentrum und wird durch ihre Kreisform von den Wienern oft nur mehr kurz »der Ring« genannt. Der Ring ist in neun Abschnitte aufgeteilt: Stubenring, Parkring, Schubertring, Kärntner Ring, Opernring, Burgring, Dr.-Karl-Renner-Ring, Universitätsring und Schottenring.

Ab dem 13. Jahrhundert umgab eine Mauer die Stadt. Nach der ersten Belagerung durch die Türken im Jahr 1529 und dem Dreißigjährigen Krieg von 1618 bis 1648 wurde die Wallanlage noch ausgebaut. Vor dem Wall wurde das sogenannte »Wiener Glacis« angelegt, eine Freifläche zwischen den Stadtmauern und der Vorstadt. Auf diesem Grünstreifen gab es ein Bauverbot und er durfte keinen die Verteidigung behindernden Bewuchs aufweisen. Der Streifen war ursprünglich 95 Meter breit und wurde später auf 450 Meter ausgeweitet. Nach der zweiten Türkenbelagerung 1683 verlor dieser Schutzstreifen an Bedeutung und galt als militärtechnisch veraltet. Daraufhin ließ Kaiser Joseph II. gegen Ende des 18. Jahrhunderts Fuß- und Fahrwege anlegen, Laternen aufbauen und etwa 3.000 Bäume für eine Allee pflanzen. Das Glacis diente als eine Art Open-Air-Werkstatt für Handwerker.

Wien wurde immer größer und nach der Revolution 1848 war die Stadtmauer der wachsenden Stadt im Weg. Es kam zu einer Eingemeindung des zweiten bis achten Bezirks und die Befestigungsanlagen stellten ein Verkehrshindernis dar. Kurz vor Weihnachten 1857 traf Kaiser Franz Joseph eine wichtige Entscheidung: »Auflassung der Umwallung und Fortifikationen der inneren Stadt, so wie der Gräben um disselbe«. Der Kaiser beendete diese Verfügung mit den Worten: »Es ist mein Wille!«

Es kam zur Schleifung der Stadtmauern. Der Kaiser ordnete an derselben Stelle den Bau eines Prachtboulevards an. Da der neue Boulevard zu Repräsentationszwecken genutzt werden sollte, wurde für Lastfuhrwerke eine parallel verlaufende Lastenstraße entworfen. Heute ist diese Lastenstraße auch als Zweierlinie bekannt. Bis zum Jahr 1980 verkehrten hier die Straßenbahnlinien E2, G2 und H2. Gegenwärtig fährt unter der Zweierlinie die U-Bahn-Linie 2.

Die durch die Schleifung frei gewordenen Grundstücke wurden teilweise an private Investoren verkauft. Wohlhabende Aristokraten begannen mit dem Bau herrschaftlicher Palais und Wohnhäuser. Mit dem Geld des Großbürgertums wurden wiederum staatliche Repräsentationsbauten finanziert.

Die neue Ringstraße wurde am 1. Mai 1865 feierlich von Kaiser Franz Joseph und seiner Gattin Kaiserin Elisabeth eröffnet.

Der Ring ist, wie viele andere Bauwerke Wiens, Teil des UNESCO-Weltkulturerbes. Die zahlreichen historischen Bauwerke auf der Ringstraße gehören zu den wichtigsten Sehenswürdigkeiten der Stadt. Da wären zum Beispiel das Kaiserlich-Königliche Hof-Operntheater, heute die Wiener Staatsoper, das Parlament im neoattischen Stil, das Rathaus im Stil der flämischen Gotik, das Burgtheater sowie das Universitätsgebäude (siehe auch die Episode »Uni Wien«, siehe Seite 196). Der einzige Sakralbau an der Ringstraße ist die Votivkirche (siehe dazu auch die Episode »Kriminalität und Wien«, siehe Seite 145), die als Dank von Kaiser Franz Joseph gestiftet wurde, nachdem ein Attentat auf ihn verhindert wurde. Nicht zu übersehen sind auch das Kunsthistorische sowie das Naturhistorische Museum (siehe auch die Episode »Die Wiener Museen«, siehe Seite 171). Als Abschluss oder Beginn der Ringstraße ließ Kaiser Franz Joseph 1910 die Urania errichten. Sie ist bis heute ein Bildungshaus der Wiener Volkshochschule und beherbergt eine Sternwarte.

Ein absolutes Highlight und unübersehbar sind die berühmten, geschichtsträchtigen und noblen Ringstraßenhotels. Diese Hotels haben einen Weltruf, den es zu verteidigen gilt.

Das heutige Fünfsternehotel **Imperial** wurde in den Jahren 1862 bis 1865 im italienischen Neo-Renaissance-Stil für Herzog Philipp von Württemberg erbaut. Der Herzog bewohnte das Palais nicht lange und verkaufte es bereits 1871 an einen Bankier. Zwei Jahre später, im Jahr 1873, wurde das Hotel im Rahmen der Wiener Weltausstellung unter Anwesenheit Kaisers Franz Joseph und Kaiserin Sisi feierlich eröffnet. Es avancierte schnell zu einem der beliebtesten Hotels der Stadt und durfte Gäste wie Otto von Bismarck, Richard Wagner und viele andere begrüßen. Richard Wagner komponierte im Imperial große Teile seiner Oper *Tannhäuser.* In der Zwischenkriegszeit wurden die beiden Obergeschosse aufgesetzt. Nach dem Krieg und während der Besatzungszeit nutzten die Russen das Hotel. Es trug wenige Schäden aus der Kriegszeit davon und erfreute sich unter seinen honorigen Gästen zunehmender Beliebtheit.

Im Jahr 1961 erhielt das Imperial die »Staatliche Auszeichnung«. Dieser Verdienst erlaubt es dem Hotel, das österreichische Bundeswappen im Geschäftsverkehr zu verwenden. Viele Staatsoberhäupter und wichtige Persönlichkeiten aus Wirtschaft und Kultur wie John F. Kennedy, Königin Elisabeth von England, Walt Disney, Alfred Hitchcock, Mick Jagger und Frank Sinatra verbrachten in diesem Hotel ihren Wienaufenthalt. Ein interessantes Detail, worauf das Haus sehr stolz ist, möchte ich Ihnen auch nicht vorenthalten: Wenn Sie das nächste Mal den *Earth Song* von Michael Jackson hören, denken Sie daran, dass er diesen Ohrwurm im Hotel Imperial geschrieben hat. Wenn Sie Lust aufs Imperial bekommen haben, dann sind Sie ab circa 400 Euro pro Nacht dabei. Mindestens genauso bekannt wie das Hotel Imperial ist das traditionsreiche **Café Imperial** mit seiner bekannten Imperial-Torte und seiner einmaligen Bedienung.

Während das Imperial bei seinen Gästen mit Tradition punktet, zieht das Hotel **Le Méridien** Gäste mit einem speziellen zeitgenössischen Look an. Ein neues Hotel an der Wiener Ringstraße gesellt sich seit Oktober 2015 zu den bekannten Hotels wie dem Bristol, dem Grand Hotel und anderen hinzu: das Ferdinand. Dieses Hotel hebt sich von den anderen Hotels dadurch ab, dass es hier von der teuren Luxus-Suite um 3.000 Euro bis zum günstigen 6- bis 8-Bettzimmer um 30 Euro alles gibt. Der Ideengeber für dieses neue, innovative Ringstraßenhotel war, laut Hausherr Florian Weitzer, eine Textpassage der österreichischen Bundeshymne, in der es heißt: »Volk, begnadet für das Schöne!« Und dieses »Schöne« spiegelt sich im neuen **Grand Ferdinand** wider.

Geheimnisse des Orients

Von einem ein Hotel, das sich zwar nicht am Ring befindet, aber nicht weit entfernt liegt, möchte ich noch gerne berichten. Das **Hotel Orient** – Wiens diskretestes Hotel.

Stellen wir uns einmal vor: Ein bekannter Wiener Theaterdirektor zeigt einem wichtigen Sponsor den ersten Bezirk von seiner schönsten Seite. Er zeigt ihm den Graben, den Stephansdom ... Sie besprechen wichtige zukünftige Projekte. Der Direktor erzählt seinem Mäzen von seiner neuesten Produktion und seinem äußerst talentierten Hauptdarsteller. Sie gehen an der Ruprechtskirche vorbei. Der Mäzen ist von Wien begeistert.

Dann sagt der Direktor geheimnisvoll: »Da links sehen sie das Hotel Orient!«

»Aha. Sehr schön«, meint der Gönner interessiert.

»Das Orient ist Wiens ältestes und elegantestes Stundenhotel.«

Da hat der Herr Direktor recht. Hier gibt es alles, wonach sich die

Liebenden für ein paar schöne Stunden sehnen. Diskretion ist wohl die Haupteigenschaft dieses Hauses und jeder Gast ist immer zum ersten Mal Gast, auch wenn er oder sie regelmäßig zu Besuch kommt. Äußerst beliebt ist dieses Hotel bei der diskreten Wiener Hautevolee aus der Welt der Wirtschaft, der Kunst und der Politik. Alle waren sie schon da und doch nicht. Jeder Gast schätzt die liebevoll verspielten Suiten wie die Kaisersuite mit großer Badewanne, Marmorkamin und Baldachin.

Aber zurück zum Direktor ... Er steht noch immer mit seinem Gast vor dem Orient und er möchte schon weitergehen, da kommt just in diesem Moment ein Mann aus dem Hotel. Das ist bis dahin nichts Ungewöhnliches. In diesem Fall ist es aber der Hauptdarsteller der neuen Produktion. Der Direktor stoppt sein Referat, sammelt sich und grüßt seinen Akteur. Dieser blickt den Direktor samt männlicher Begleitung neugierig an.

»Serwas. Was machst denn du da?«, fragt er.

Schließlich stellt der Herr Direktor selbigen dem Mäzen vor. Das ist dem Direktor etwas unangenehm, aber so sind sie halt, die Schauspieler: freiheitsliebend.

Der Schauspieler ist jedoch um keine Antwort verlegen und meint: »Keine Sorge, Herr Direktor. Ich habe hier meine Hochzeitsnacht verbracht.«

Die drei Herren lachen, man versteht sich. Der Direktor ist auch froh darüber, dass sein Mäzen nicht darüber verstimmt ist, dass soeben einer seiner Schauspieler aus dem Orient gekommen ist. Während sich die Herren weiter fröhlich unterhalten, kommt eine aparte Frau aus dem Orient. Der Mäzen schaut, die anderen schauen auch.

»Die hat wohl auch Hochzeitsnacht gefeiert!«, ruft der Direktor.

Die Männer lachen wieder. Bis auf den Mäzen. Er hat nämlich in der Frau, die aus dem Orient gegangen ist, seine Frau, die übrigens auch sehr kulturbegeistert sein soll, wiedererkannt. Der Mäzen läuft seiner Frau nach, die, wie Nachforschungen ergeben haben, lediglich ihren Mann mit einer Nacht im Orient überraschen wollte. Der Mäzen hat es ihr geglaubt und die Partnerschaft mit dem Theater ist, zum Wohlergehen des Direktors, dennoch zustandegekommen.

Geschichten wie diese passieren im Orient immer wieder.

★ Do it yourself ★

Die Wiener Ringstraße

Wer Prunk, Pracht und zudem auch noch sehr viel Kultur erleben möchte, der ist auf dem Ring genau richtig.

▌Mit der Straßenbahn: Es gibt zwei Möglichkeiten, den Ring mit der Straßenbahn kennenzulernen: Entweder man nimmt die sogenannte Ring-Tram (Tel.: +43 1 790 91 21; E-Mail: viennaringtram@wienerlinien.at) oder wählt die kostengünstigere Variante und steigt am Schwedenplatz in die Linie 2 in Richtung Ottakring. Bei der Oper steigt man in die Linie 1 oder D um und fährt weiter bis zum Schwedenplatz • U-Bahn: Linie U1, U2, U3, U4

Die Wiener Staatsoper

Dieses Haus ist eines der weltweit bekanntesten Opernhäuser und bietet bis zu 2.100 Zuschauern pro Vorstellung einmalige Aufführungen. Geplant wurde das Opernhaus von den Wiener Architekten August von Sicardsburg, der den Grundplan entwarf, und Eduard van der Nüll, der sich für die Innendekoration verantwortlich zeigte.

Die feierliche Eröffnung fand am 25. Mai 1869 mit einer Premiere von Mozarts *Don Giovanni* statt. Seither bietet das Haus ein sehr vielfältiges Programm mit Opern und Ballettwerken. Eines der berühmtesten Orchester der Welt sitzt im Orchestergraben, die Wiener Philharmoniker. Das freut wiederum die Gäste und die Sängerinnen und Sänger wie etwa Anna Netrebko und Placido Domingo.

Pro Saison werden an 300 Spieltagen über 50 verschiedene Werke aufgeführt. Ein jährlicher Höhepunkt ist der Wiener Opernball. Dann wird das Haus zum beliebtesten Tanzsaal Österreichs und zum Treffpunkt der Größen und Adabeis aus Politik, Kultur und Wirtschaft.

Karten für die Staatsoper sind rar. Aber keine Sorge, es gibt interessante Alternativen. In den warmen Monaten während der Saison (April, Mai, Juni und September) können Sie live Opern und Ballettaufführungen auf einer großen Leinwand am Herbert-von-Karajan-Platz gratis mitverfolgen. Eine andere Variante ist der Livestream aus der Staatsoper. Unter www.staatsoperlive.com können Sie ausgewählte Opern- und Ballettvorstellungen sehen.

▮ Opernring 2, 1010 Wien • Straßenbahn: Linie 1, 2, D bis Kärntner Ring/Oper; U-Bahn: U1, U2, U4 bis Karlsplatz • Karten(vor)verkauf: an den Kassen ab etwa zwei Monate vor dem Vorstellungstag, via Internet unter www.wiener-staatsoper.at und www.culturall.com, telefonisch (Kreditkarte notwendig): +43 1 513 1 513 [Mo–So 10–21 Uhr], Tageskasse [Tel.: +43 1 514 44 / 44 40] in der Operngasse 2 [Mo–Fr 8–18 Uhr, Sa, So & feiertags 9–12 Uhr]; Abendkasse ab einer Stunde vor Vorstellungsbeginn

Das Parlament

Seit 1883 tagen in diesem mächtigen Bau, der an einen antiken griechischen Tempel erinnert, die Politiker an der Ringstraße. Architekt war der Däne Theophil Hansen, der das Parlament als sein Lebenswerk betrachtete. Er war übrigens auch der Architekt des Wiener Musikvereins und der Akademie der Bildenden Künste.

Im Parlament tagt der Nationalrat (183 Abgeordnete) und der Bundesrat (61 Mitglieder). Treten Nationalrat und Bundesrat zusammen, dann spricht man von der Bundesversammlung. Viele für Österreich wichtige Entscheidungen wurden in diesem Haus bereits getroffen. Ende 1918 begründete die Nationalversammlung das allgemeine Wahlrecht für Frauen. Im Jahr 1920 wurde das Bundesverfassungsgesetz als die österreichische Verfassung im Parlament beschlossen.

▮ Dr.-Karl-Renner-Ring 3, 1010 Wien • Straßenbahn: Linie 1, 2, D bis Dr.-Karl-Renner-Ring; U-Bahn: U2 bis Volkstheater • Mo–Fr 8.30–18.30 Uhr, Sa 9.30–16.30 Uhr bzw. 9–16.30 Uhr in den Sommermonaten • Eintritt frei • www.parlament.gv.at

Das Burgtheater

Dieses Haus gilt als eine der wichtigsten Theaterbühnen im deutschsprachigen Raum. Bevor es 1888 an die neue Adresse übersiedelte, befand sich das alte Burgtheater am Michaelerplatz. Die Planung des im neobarocken Stil erbauten Theaters erfolgte durch Gottfried Semper und Karl Freiherr von Hasenauer. Gustav Klimt, Klimts Bruder und Franz Matsch, die auch an der Universität Wien tätig waren, zeigten sich für die Deckengemälde in den beiden Stiegenhäusern verantwortlich. Der Kaiser war von der Arbeit so begeistert, dass er den Künstlern das Goldene Verdienstkreuz verlieh.

Im Jahr 1945 brannte das Gebäude aufgrund eines Bombenangriffs völlig aus und wurde im Herbst 1955 wieder eröffnet. Der Wiener nennt sein Burgtheater meistens nur kurz und bündig »die

Burg«. Nach Anzahl von Mitarbeitern und Budget ist das Burgtheater das reichste und größte Repertoiretheater der Welt und bietet 1.340 Personen Platz. Im Jahr 2014 erschütterte ein Finanzskandal die Burg und es kam zu einem kompletten Austausch der kaufmännischen und künstlerischen Leitung.

▮ Universitätsring 2, 1010 Wien • Straßenbahn: Linie 1, 71, D bis Rathausplatz/Burgtheater • Karten(vor)verkauf: jeweils am 20. des Vormonats für den gesamten Monat und die ersten Tage des Folgemonats • Theaterkassen: Mo–Fr ab 8 Uhr, Sa, So und feiertags ab 9 Uhr • Telefonischer Kartenvorverkauf: +43 1 513 1 513 [Mo–So und feiertags ab 10 Uhr] • Karten im Internet: www.culturall.com • www.burgtheater.at

Ruprechtskirche

Die Ruprechtskirche ist Wiens älteste erhaltene Kirche. Sie wurde, wenn man der Legende Glauben schenkt, bereits im Jahr 740 erbaut. Eine erste urkundliche Erwähnung fand im Jahr 1200 statt. In der Ruprechtskirche befinden sich die ältesten Glasfenster Wiens.

▮ Ruprechtsplatz, 1010 Wien • U-Bahn: U4 bis Schwedenplatz; Straßenbahn: Linie 1 bis Salztorbrücke • Mo–Fr 10–12 Uhr, Do & Fr 15–17; November–Februar: jeden Fr 20–23 Uhr

Edel gebettet auf dem Ring

Das Imperial

Hier übernachtet alles, was Rang und Namen hat. Auch die Queen stieg schon im Imperial ab.

▮ Kärntner Ring 16, 1010 Wien • Straßenbahn: 1, 71, D bis Kärntner Ring/Oper; U-Bahn: U2, U4 bis Karlsplatz • Tel.: +43 1 50 11 00 • www.imperialvienna.com

Le Meridien

Modernes Hotel mit Flair in Laufweite zur Hofburg.

▮ Opernring 13, 1010 Wien • Straßenbahn: Linie 1, 71, D bis Burgring • Tel.: +43 1 58 89 00 • www.lemeridienvienna.com

Grand Ferdinand

Extravagantes österreichisches Fünf-Sterne-Hotel, das als einziges Ringstraßenhotel nicht im Besitz einer internationalen Hotelkette ist.

▮ Schubertring 10–12, 1010 Wien • U-Bahn: U1, U2 und U4 bis Karlsplatz; Straßenbahn: Linie 2 bis Schwarzenbergplatz • Tel.: +43 1 918 80 • www.grandferdinand.com

Hotel Orient

Falls Sie neugierig sind, können Sie natürlich auch Wiens edelstem Stundenhotel einen Besuch abstatten. Schicken Sie mir danach gerne Ihre Geschichte. Es bleibt garantiert anonym. Viel Spaß wünsche ich, so oder so.

Tiefer Graben 30, 1010 Wien • Bus: Linie 1A bis Herrengasse; Straßenbahn: Linie D bis Wiener Börse • Tel.: +43 0 1 533 73 07 • www.hotel-orient.at

airbnb

Private Vermieter vermieten ihr Zuhause oder Teile davon an private Gäste. Das ist eine Möglichkeit, die sich unter Wien-Gästen immer größerer Beliebtheit erfreut. Die Buchung der Zimmer wird über ein Computerreservierungssystem via Internet vorgenommen.

www.airbnb.at

Wenn Wiener feiern ...

... dann steht die U-Bahn

Als Steirer, der ich bin, mache ich mich an einem schönen Tag im April auf, um das bekannte Steirerfest zu besuchen. Alle, die irgendetwas mit der Steiermark zu tun haben oder hatten, kommen dorthin. Das sind vor allem Touristen, Szene-Wiener (von denen früher auch viele einmal richtige Steirer waren und jetzt natürlich richtige Wiener sind) und Aussteller, die aus der Steiermark kommen, um ihre Waren anzubieten.

Also, los geht's zum Rathausplatz! Schon von Weitem höre ich deftige Blasmusik und fröhliche Jodler. Heimatgefühle kommen in mir hoch. Mit mir haben sich viele Menschen auf den Weg gemacht. Alle, bis auf meine Wenigkeit, tragen steirische Tracht. Die manchen passt – manchen aber leider nicht (mehr).

Ich flaniere von einem Stand zum anderen und sehe mich mit meiner Kindheit und Jugend konfrontiert, während ich von Volksmusik und Volkstänzen begleitet werde. Man trifft sich am Rathausplatz, isst steirische Schmankerln und kostet sich kulinarisch durch.

Nachdem ich mich eine Weile habe treiben lassen, entscheide ich mich für einen Stand aus der Weststeiermark, um dort ein deftiges Brot zu holen. Der junge Mann in Lederhose hinter dem Tresen versucht gerade mit einer mir nicht bekannten Sprache einem japanischen Pärchen etwas klarzumachen: »*Se Silcha Wine, it's a typical styrian wine in a perfectly pink couleur! You know. Is typical. You try?*«

Die Japaner schauen interessiert, doch sein gut gemeinter Rat scheitert, die Japaner bestellen ein Glas Leitungswasser. Welches übrigens auch aus der Steiermark kommt, weil die Wiener seit 1910 Wasser aus dem steirischen Hochschwabgebiet beziehen.

Nun bin ich dran. Voller Vorfreude bestelle ich ein Speckbrot mit Knoblauch. Ich krame meine Dialekterinnerungen hervor und versuche die Bestellung auf Steirisch abzugeben. *»Seas Oldi. A Speickbrout mit an Knoufl!«* Arnold Schwarzenegger wäre stolz auf mich.

Der Standler sieht mich fragend und ziemlich inhaltsleer an. Ein wenig erinnert er mich an Andreas Gabalier, den steirischen Volksmusikanten mit Rock 'n' Roll-Ambitionen. Er stößt Luft aus, überdreht die Augen, wendet sich langsam um, greift einen Pappteller mit dem von mir gewünschten steirischen Produkt und reicht ihn mir.

»Bitte! D'Ehre!«

Ich bin ein wenig enttäuscht, keinen steirischen Dialekt vernommen zu haben und hake so steirisch und authentisch wie irgendwie möglich nach: *»Vou wou koummts eis iaa dein hea? Vou Staaiinz?«* (»Wo kommt ihr denn her, aus der Region um Stainz?«)

Er schaut mich noch fragender als vorher an und streicht sich die gegelten Haare nach hinten. Spätestens jetzt ähnelt er Andreas Gabalier, als wäre er sein eineiiger Zwilling. Er kratzt sich an der Nase, richtet sich die Sonnenbrille und ruft seinen Kollegen zur Hilfe.

»Seas Oldi. Kau i di hölfn? Wous gibts?«, fragt dieser höflich in feinstem Steirisch. Und ergänzt, dass die Gabalier-Kopie aus Brünn kommt – was definitiv nicht in der Steiermark liegt. Wie konnte ich auch erwarten, auf dem Steirerfest Menschen aus der Steiermark zu treffen. Am Ende geht's auch in Wien mehr um Schein als Sein. Mir ist das in diesem Moment egal. Ich genieße mein Speckbrot, trinke einen exquisiten weststeirischen Schilcher Wein und frage mich, was es denn sonst noch für Feste am Wiener Rathausplatz gibt.

Wiener Feste

Der Wiener weiß, wie man feiert. Und Feste und Partys gibt es in der Stadt reichlich. Einige finden am Wiener Rathausplatz statt, der sich zwischen Rathaus und Burgtheater befindet. Er ist für außerordentliche Events bestens geeignet. Vom Adventsmarkt bis zum Steirerfest finden hier zu jeder Jahreszeit gut organisierte und interessante Festivitäten statt.

Der Wiener Eistraum

Von Mitte Januar bis Anfang März entsteht am Wiener Rathausplatz ein riesiger Eisplatz, der zwischen 9 und 22 Uhr zum Eislaufen einlädt.

Gratis ist das Vergnügen zwar nicht, aber es zahlt sich aus. Es ist alles da, was Sie brauchen. Ein Schlittschuhverleih mit den freundlichsten Verleihern von ganz Wien. Für die ganz Kleinen gibt es Eispinguine, die bei den ersten Versuchen auf dem glatten Eis helfen. Für die Stärkung zwischendurch wird durch zahlreiche Labestationen gesorgt.

Das Steirerfest

Immer Mitte April, ein Muss für alle Freunde der grünen Mark und solche, die es noch werden wollen. Beim Steirerfest am Rathausplatz präsentiert sich das Bundesland Steiermark in Wien. Man erfährt hier mehr über die steirischen Brauchtumsaktionen wie das traditionelle Maibaumaufstellen, welches nach wie vor von Hand erledigt wird. Besonders beliebt sind die steirischen Köstlichkeiten und Weine bei den Gästen des Steirerfests. Sie müssen ja nicht zwingend auf Steirisch bestellen ...

1.-Mai-Fest

Wien ist eine sozialistisch regierte Stadt und immer am ersten Mai, dem Tag der Arbeit, treffen sich die Wiener Sozialdemokraten und deren Anhänger am Rathausplatz, um diesen zu feiern. Ganz streng genommen wird an diesem Tag, dem eigentlichen Staatsfeiertag, die Ausrufung der österreichischen Verfassung zelebriert, doch in Wien ist der erste Mai längst als der Tag der Arbeit bekannt, und am Rathausplatz findet der Aufmarsch der Sozialisten statt.

Im Laufe der letzten Jahrzehnte haben die Sozialdemokraten viele ihrer Anhänger an andere Parteien verloren und zugleich auch in der Stadtregierung ihre absolute Mehrheit abgeben müssen. Am ersten Mai jedes Jahres halten der rote Bürgermeister und andere wichtige sozialistische Politiker ihre Feiertagsreden vor den Bewohnern der Stadt. Die ersten Mai-Reden sind ein wichtiges Barometer für die Zukunft der Stadt und der österreichischen Bundespolitik. Beim letzten Fest zum ersten Mai 2016 wurde der damalige Bundeskanzler von der sozialistischen Anhängerschaft gnadenlos ausgepfiffen und musste kurz danach sein Amt als österreichischer Bundeskanzler räumen.

Eröffnung der Wiener Festwochen

Dieses Kulturfestival wird jährlich am Wiener Rathausplatz feierlich eröffnet. Bei dem fünf Wochen andauernden Festival werden

Theater-, Opern- und Tanzproduktionen aus allen Teilen der Welt präsentiert und auch produziert.

Jedes Jahr finden die Wiener Festwochen 5 Wochen von Mai bis Juni statt. Weitere Informationen finden Sie unter www.festwochen.at.

Wiener Life Ball

Jeder kennt dieses Megaevent. Bill Clinton, Sharon Stone, Elton John und viele andere internationale und nationale Künstler machen diesen Ball zugunsten der AIDS-Hilfe zu einem Ereignis für mehr Toleranz in der Stadt. Dieses Highlight ist aus Wiens Kultur- und Societyleben nicht mehr wegzudenken. Der Ball findet jedes Jahr im Mai statt. Außer im Jahr 2016, da fällt er aus. 2017 wird es wieder einen Life Ball geben. Weitere Informationen finden Sie unter www.lifeball.org.

Filmfestival und Sommerkino

Die Sommermonate (Juli bis Anfang August) stehen ganz im Zeichen des Films. Hier werden auf einer mächtigen Leinwand (23 x 13 Meter) vor dem Rathaus alte und neue Filmklassiker dargeboten. Beginn ist ab Einbruch der Dämmerung und der Eintritt ist gratis. Wenn Sie gerne wissen möchten, welcher Film während Ihres Wienaufenthalts gespielt wird, wählen Sie die Info-Telefonnummer +43 1 4000 8100. Im Zuge des Filmfestivals gibt es auch den beliebten Jazzfrühschoppen mit unterschiedlichen Jazzkünstlern.

Wiener Sicherheitsfest

Hier können Sie sehen, wie Sicherheit in Wien funktioniert. Das Sicherheitsfest findet am 25. und 26. Oktober (dem österreichischen Nationalfeiertag) am Rathausplatz statt.

Christkindlmarkt

Gegen Ende des Jahres, ab Mitte November bis zum 24. Dezember, findet der allseits bekannte Christkindlmarkt am Wiener Rathausplatz statt. Falls Sie es noch nie hierher geschafft haben, wird es höchste Zeit.

Silvester

Den Abschluss bildet der Silvesterpfad am Rathausplatz. Ab 14 Uhr werden Sie hier mit Veranstaltungen von Live-Acts bis hin zum klassischen Mitternachtswalzer bis in die Morgenstunden unterhalten.

★ Do it yourself ★

Veranstaltungskalender

- Einen aktuellen Veranstaltungskalender finden Sie unter www.wiener-rathausplatz.at.

Der Wiener Rathausplatz

- U-Bahn: U2 bis Rathaus; Straßenbahn: Linie 1,2, D bis Rathaus/Burgtheater

Facebook-Partys

Die jungen Wiener können aber auch feiern, wenn es offensichtlich nicht viel zu feiern gibt. Immer wieder gibt es Facebook-Partys, zu denen sich tausende Gäste anmelden, die dann auch wirklich kommen und für gute Stimmung und eine gehörige Abwechslung in der Wienerstadt sorgen. Vor allem, weil man nie wissen kann, wann die nächste Spontan-Party steigt.

So wie mein Kollege Joachim eines Nachts nach einer Theatervorstellung. Er, ein Jungvater, fuhr müde wie jeden Abend mit der U-Bahn nach Hause. Eigentlich wollte er am Schottentor aussteigen, schreckte aber hoch, als die Bahn bereits am Schottenring angekommen war. Nun gut, so etwas kann einem nach einem langen Tag durchaus passieren. Er wechselte das U-Bahn-Gleis, um die eine Station zurückzufahren, und bestieg schnell den Zug in die Gegenrichtung.

Und dann verstand er die Welt nicht mehr. Er konzentrierte sich, damit er nicht wieder die Station Schottentor versäumte. Doch ehe er sich versah, war es schon wieder passiert. Komplett verwirrt verließ er die U-Bahn an der Station »Rathaus«. Dort hörte er eine Durchsage: *»Aufgrund der Facebook-Rolltreppenparty bei der Station ›Schottentor‹ kann die U-Bahn aus Sicherheitsgründen nicht in der Station ›Schottentor‹ halten. Wir danken für Ihr Verständnis!«*

Die Rolltreppenparty im Herbst 2015, bei der mein Kollege unabsichtlich zum Opfer wurde, war ein prominentes Beispiel einer solchen Facebook-Party. Nachdem die Rolltreppe beim Schottentor über ein

Jahr lang außer Betrieb war, wurde ihre feierliche Wiederinbetriebnahme zum Anlass für eine ausgiebige Feier, zu der jeder kommen konnte. Und es kamen tatsächlich so viele Rolltreppengratulanten, dass die U-Bahn-Station »Schottenring« aus Sicherheitsgründen gesperrt werden musste.

Wie(n) im Film

Der dritte Mann

Mittlerweile uralt, aber noch immer der Klassiker unter den Wien-Filmen. Dieser Film spielt im Nachkriegs-Wien und trug zu einer steigenden internationalen Bekanntheit der Stadt bei. Hauptfigur dieses Kinohits ist der amerikanische Autor Holly Martins, der wegen eines Jobangebotes seines Freundes Harry Lime nach Wien zieht. Dort angekommen, wird er in kriminelle Machenschaften involviert.

In Erinnerung blieb mir die spektakuläre Verfolgungsjagd durch die Wiener Kanalisation und das berühmte, von Anton Karas gespielte *Harry-Lime-Thema* auf der Zither.

Originaltitel: The Third Man • Regie: Carol Reed • Hauptdarsteller: Joseph Cotten, Alida Valli, Orson Welles, Paul Hörbiger, Annie Rosar • Genre: Thriller

Hallo Dienstmann

Die Verwechslungskomödie um einen Wiener Dienstmann mit dem beliebten Volksschauspieler Hans Moser in seiner Paraderolle.

Hans Moser spielt einen echten Dienstmann, der einen für ein Maskenfest als Dienstmann kostümierten Musikprofessor (Paul Hörbiger) engagiert. Dies führt zu beträchtlichen Verwicklungen.

Originaltitel: Hallo Dienstmann • Regie: Franz Antel • Hauptdarsteller: Paul Hörbiger, Hans Moser, Waltraut Haas • Genre: Komödie

Vor Sonnenaufgang

Der Amerikaner Jesse (Ethan Hawke) macht auf einer Reise von Budapest einen Zwischenstopp in Wien. Hier macht er Bekanntschaft mit der Französin Celine (Julie Deply). Beide erleben eine unvergessliche Nacht in Wien.

Originaltitel: Before Sunrise • Regie: Richard Linklater • Hauptdarsteller: Ethan Hawke, Julie Delpy, Erni Mangold • Genre: Drama

Der Hauch des Todes

Auch, wenn er nicht zu meinen persönlichen Lieblings-Bond-Streifen gehört, so präsentiert dieser Streifen die schönsten Seiten Wiens auf wunderbare Weise. Drehorte waren etwa die Volksoper, der Wiener Prater oder die Gasometer in Wien Simmering.

Originaltitel: The Living Daylights • Regie: John Glen • Hauptdarsteller: Timothy Dalton, Desmond Llewelyn, Robert Brown • Genre: Agententhriller

Klimt

John Malkovich verkörpert in diesem Streifen den großen Meister Gustav Klimt, der auf seinem Sterbebett von seinem Schüler Schiele gezeichnet wird. Im Fieberwahn fantasiert der Meister über sein Leben, seine Begegnungen und sein Werk.

Originaltitel: Klimt • Regie: Raúl Ruiz • Hauptdarsteller: John Malkovich, Joachim Bißmeier, Annemarie Düringer • Genre: Drama

Das Dreimäderlhaus

Dieser Film aus dem Jahr 1958 handelt vom Komponisten Franz Schubert, der sich neu in Wien niedergelassen hat. Zu Schuberts Freunden zählen der Maler Moritz von Schwind sowie der Sänger Franz von Schober. Auf Inititative Schobers beginnt sich der Musikverleger Diabelli für Schuberts Werke zu begeistern, leider aber nicht für Schuberts Symphonien. Um den Künstler aufzuheitern, organisieren die Freunde einen Ausflug mit drei jungen Damen – das sind die Damen vom Dreimäderlhaus. Schubert verliebt sich, wie könnte es anders sein, in ein Mädl. Aus Liebe komponiert Schubert sein erstes Liebeslied und bittet seinen Freund Schober, es der Angebetenen vorzutragen. Zu allem Unglück verliebt sie sich in den Sänger und nicht in den Komponisten. Sie erfährt erst am Hochzeitstag von der Verwechslung. Schubert sitzt an diesem Tag an der Orgel.

Originaltitel: Das Dreimäderlhaus • Regie: Ernst Marischka • Hauptdarsteller: Johanna Matz, Karlheinz Böhm, Rudolf Schock, Helmut Lohner, Magda Schneider, Gustav Knuth • Genre: Romanverfilmung

Kottan ermittelt

In dieser Fernsehserie aus den späten 70er- und frühen 80er-Jahren wurde die Arbeit der Wiener Polizei als bitterböse Persiflage dargestellt. Sie spiegelt die legere Wiener Beamtenmentalität wider und gibt tiefe Einblicke in die Wiener Seele.

Hauptfigur der Geschichte ist der typische Wiener, Major Adolf Kottan. Dieser ermittelt für das Wiener Sicherheitsbüro. Inspektor Kottan ist (meistens) phlegmatisch und gerne gemein zu seinem übereifrigen Assistenten Schrammel. Schrammel möchte so gerne ein Vorzeigepolizist sein und versteht den Wiener Schmäh seines Chefs nicht. Den Beamten ist oft langweilig und diese Zeit nutzt der Major, um seiner Leidenschaft, der Musik, selbstverständlich während der Arbeitszeit nachzugehen. Kommt es dann zu einem Mordfall, dann muss der Kottan ran. Er löst die Fälle auf seine ureigene, typisch wienerische Art.

Originaltitel: Kottan ermittelt • Regie: Peter Patzak • Hauptdarsteller: Peter Vogel, Walter Davy, Curt A. Tichy, Kurt Weinzierl, Gusti Wolf, Bibiana Zeller • Genre: Satirische Kriminal - Fernsehserie

Mission: Impossible – Rouge Nation

Das ist der fünfte Teil des Kinoreihe Mission Impossible. Dieses Mal verschlägt es den Geheimagenten Ethan Hunt, gespielt von Tom Cruise, nach Wien. Als Original-Drehort diente unter anderem die Wiener Staatsoper, in der auch die Premiere des Filmstreifens stattgefunden hatte.

Originaltitel: Mission: Impossible – Rouge Nation • Regie: Christopher McQuarrie • Hauptdarsteller: Tom Cruise, Jeremy Renner, Simon Pegg, Rebecca Ferguson, Alec Baldwin, Tom Hollander • Genre: Actionthriller

Das Wiener Rathaus

Die Macht sei mit dir!

Das Rathaus – Wirkungsstätte des mächtigsten Mannes der Stadt, viele meinen sogar Österreichs. Zur Zeit der Errichtung verfügte das Wiener Rathaus über den größten Festsaal der Republik. Er ist stattliche 71 Meter lang, 20 Meter breit und hat eine Höhe von über 18 Metern. In diesem weiten Saal sorgen 16 Luster für gediegene Beleuchtung bei den großen Events, die hier regelmäßig stattfinden.

Vor vielen Jahren bin ich, gemeinsam mit meiner Frau, einmal in den Genuss gekommen, bei einer Festivität im Rathaus zu Gast zu sein, und ich habe ein Gefühl bekommen, wie es wohl sein muss, wenn wirklich große Geschäfte angebahnt werden.

Für unser Event – es ging um Kaffee – hatte mir ein Wiener Freund die Karten mit folgenden Worten übergeben: »Geh da hin. Vielleicht findest du da einen Sponsor für euer kleines Theater!«

Damals, ich war gerade frisch nach Wien gezogen, leitete ich mit meinem Kollegen das Theater am Alsergrund. Diese wunderbare, einzigartige Kleinkunstbühne war damals wie heute von öffentlichen Geldern und guten Geistern abhängig. Also machten wir uns auf den Weg ins Rathaus.

Neugierig schritten wir in Abendkleidung die Feststiegen direkt in den Festsaal empor. Ein erhebendes Gefühl. Drinnen angekommen erblickten wir unzählige fein gedeckte Tische, so weit unser Auge reichte.

»Bist du narrisch, das ist ja ein riesier Saal! Die Wiener müssen Geld wie Heu haben«, entwich es mir spontan.

Die Hostessen beim Einlass neben uns schauten mich ob meiner Reaktion nur leicht irritiert an. So einen großen Rathaussaal hatte ich tatsächlich in meinem Leben noch nie gesehen. Es war wie in einem Märchen. Ein traumafter, endlos weiter Saal mit einem beeindruckenden Gewölbe und zahlreichen Arkadenreihen tat sich vor unseren Augen auf.

Es herrschte reges Treiben. Auf der Bühne rezitierte ein bekannter Burgschauspieler Texte über Kaffee, während er an einem Glas Weißwein nippte. Danach spielte eine Band Songs über Kaffee. Es schien mir so, als ob hier jeder jeden kennt, weil man sich ohnedies jede Woche zu irgendeinem Networking-Event im Rathaus trifft. *Network* war das Schlagwort der Veranstaltung. Jeder redete übers Geschäft und alle waren bester Laune.

Wir nahmen an einem der zahlreich gedeckten Tische Platz. Das Essen war vorzüglich. Auch an unserem Tisch wurde fleißig Networking betrieben. Wir fühlten uns wie zwei Außerirdische im Paradies, tranken den besten Wein und bekamen das beste Essen.

Eine feine Dame kam schließlich zu uns an den Tisch. Uns wurde recht schnell klar, dass sie wohl die Veranstalterin des Abends war. Sie unterhielt sich bestens mit den anderen Gästen und kam danach zu uns.

»Guten Abend«, sagte meine Frau. »Danke, die Veranstaltung gefällt uns wirklich hervorragend. Das ist mein Mann, Martin Buchgraber. Er leitet das Theater am Alsergrund«, legte sie wie eine perfekte Networkerin vor. Darauf war ich nicht vorbereitet und entsprechend gehemmt im Nachlegen. Es wundert nicht, dass die Veranstalterin sich recht zügig verabschiedete und meinte, dass sie vielleicht später noch einmal vorbeikommen würde. Immerhin kamen wir danach mit der Tischgesellschaft ins Gespräch.

Und dann kam tatsächlich noch einmal die Gastgeberin zu uns. Im Schlepptau hatte sie einen älteren Mann, der ihr etwas widerwillig mitsamt seinem Glas Wein folgte.

»Das ist der Herr Buchbinder vom Theater Arsenal«, sagte sie zu ihm. »Vielleicht kannst du dem was Gutes tun. Na? Toitoitoi!«, verabschiedete sie sich und ließ den Mann mit dem Weinglas bei uns stehen. Ein sehr holpriges Gespräch entstand, welches ich nicht mehr widergeben kann (und das ist vermutlich gut so).

Drei Tage später kam ein Mitarbeiter von diesem Herrn zu uns ins Theater und versuchte, uns eine Gastrokaffeemaschine mit einem Output von 70 Tassen pro Minute zu verkaufen. Nachdem der Verkäufer den kleinen Barbereich des Theaters gesehen hatte, kamen wir beide zur Auffassung, dass die Maschine wohl besser ins Hotel Sacher oder ins Hotel Imperial passen würde.

Von dem Herrn mit dem Weinglas habe ich nie mehr etwas gehört. Vielleicht muss ich mich dann doch noch ein wenig in der »Freunderlwirtschaft« behaupten.

Networking ist alles

Wien ist flüssig. Wien hat Geld. Wien ist international. Wien ist alles. Wien ist der Wasserkopf Österreichs. Wien ist aber vor allem eines: anders. Und ja, ich gebe es gerne zu: Wien macht süchtig. Nach einer gewissen Zeit zumindest.

Dominiert wird die Stadt einerseits von unzähligen kulturellen Schönheiten und andererseits unzähligen politischen Lobbyisten, die die Stadt im Hintergrund regieren. In den anderen Bundesländern ist »Wien« daher für viele ein wahres Reizwort und erzeugt ein eigenartiges Gefühl im Bauch.

Wien ist Bundeshauptstadt und Landeshauptstadt zugleich und der Bürgermeister daneben auch noch Landeshauptmann. Die Hauptstadt ist Schmelztiegel der Kulturen und Mittelpunkt der österreichischen Politik – das Zentrum der Macht. Wien hat Prunkbauten ohne Ende. Und, wenn Sie durch die Stadt schlendern, werden Sie sehen, dass diese traumhaften Gebäude perfekt gepflegt sind. Und Wien hat Dinge, die man in den Bundesländern nicht hat. Vor allem mehr Geld und internationales Renommee. Das stößt vielen Nicht-Wienern auf.

Vielleicht liegt eines der Geheimnisse der Stadt aber auch darin, dass Wien »rot« ist. Die Politik achtet sorgsam darauf, dass es seinen Bürgerinnen und Bürgern gut geht. Wien ist von jeher sozialistisch geprägt, und das tut wiederum der Stadt gut. Es gibt genügend Spielplätze und gepflegte Parkanlagen. Da ist es vielleicht nicht verwunderlich, dass die Verteilungsgerechtigkeit aus Sicht der anderen Bundesländer zu wünschen übriglässt. Doch solche Formen der Kritik werden vom Wiener Bürgermeister nicht einmal ignoriert. Wien ist der Nabel Österreichs und die Republik die Nährmutter. Es hat in Österreich, wie der FC Bayern im Fußball, das *Mia-san-Mia-Gen* injiziert bekommen. Und dieses Selbstvertrauen nimmt von Tag zu Tag mehr zu.

Das ist natürlich extrem gut für die Stadt und für noch zu realisierende Projekte. Wenn man hier ein internationales Großprojekt startet, dann packt man es wirklich an. Ganz egal, ob es um den beliebten Life Ball, den Eurovision Song Contest oder um das neue Prestigeprojekt, die »Seestadt Aspern«, geht.

Über allem thront der sozialistische Bürgermeister, der erstmals seit der vorletzten Wahl nicht mehr absolut regiert (Kritiker meinen, er *herrscht*), sondern in einer Koalition mit den Grünen, die auch ein wenig mitregieren *dürfen*. Er ist aber nach wie vor populär und seine Sprüche sind kantig. Wenn er sich, nicht ohne Kalkül, zu aktuellen Themen in Österreich äußert, dann füllt er schnell die Titelseiten und belebt die sozialen Netzwerke. Was seiner Sympathiewerte aber nicht zwingend schadet – der Wiener Bürgermeister ist noch immer eine Macht in Österreich. Wenn er und seine Netzwerke dagegen sind, dass eine kritische Fernsehsatire ins Fernsehen kommt, weil sie sein Denkmal-Image vor den bevorstehenden Wahlen beschmutzen könnte, dann wird die Fernsehserie eben erst nach den Wien-Wahlen ausgestrahlt.

Auch das ist in der Hauptstadt Alltag, nicht nur beim Bürgermeister: eine gewisse »Freunderlwirtschaft« oder »Verhaberung«. Soll bedeuten, dass es manchmal einfach praktisch ist, wenn man jemanden kennt. Man hilft sich gerne im Wiener Freundeskreis.

Doch in den letzten Jahren passiert etwas in der Stadt – ein Umdenkprozess hat begonnen. Mein Gefühl sagt mir, dass sich, auch wenn es bestimmt nicht immer leicht war, durch die grüne Mitregierung einiges zum Positiveren gewandelt hat. Alteingesessene Strukturen brechen auf und machen Platz für neue, mutige und kreative Ideen. Ein Megaprojekt der letzten Jahre war die Mariahilferstraße – in Wien auch charmant »die Mahü« genannt. Sie ist *die* Wiener Einkaufsmeile. Jeden Tag kommen zehntausende Besucher hierher. Der Anspruch der rot-grünen Regierung war es, mehr Grünflächen, mehr Aktivzonen und weniger Autoverkehr in die Mahü zu bekommen. Nach langen, zähen Gesprächsrunden mit den Anrainern ist dies der Regierung gelungen – und die Mariahilferstraße ist heute als Einkaufsstraße beliebter als je zuvor.

Das Wiener Rathaus

Das Wiener Rathaus am Ring wurde in der Zeit zwischen 1872 und 1883 nach den Plänen von Friedrich Schmidt im neogotischen Stil errichtet. In seiner Bauweise erinnert es an die flämischen Rathäuser der Gotik. Es ist 152 Meter lang, 127 Meter breit und besitzt eine Gesamtfläche von 113.000 Quadratmeter. Hier befinden sich die Amtsräume des Wiener Bürgermeisters und die des Gemeinderates. Das Herzstück des Rathauses ist der Gemeinderatssitzungssaal sowie der Saal des Stadtsenates.

Ein markantes Merkmal des Rathauses ist der 103 Meter hohe Rathausturm, an dessen Spitze sich eine Ritterfigur mit Standarte befindet. Diese Figur, die auch Rathausmann genannt wird, wiegt 650 Kilogramm, ist 5,4 Meter groß und hat Schuhgröße 63. Bei starkem Wind kann der Rathausmann bis zu 25 Zentimeter schwanken. Gehalten wird er von einem 800 Kilogramm schweren Gegengewicht.

Er gilt als ein Symbol für die Stadt Wien und war ein Geschenk des Wiener Kunstschlossers Alexander Nehr. Auf Wunsch des Kaisers durfte der höchste Turm des Rathauses die Türme der nahegelegenen Votivkirche (Höhe 99 Meter) nicht überragen. Rein formell beugte sich der Architekt diesem Wunsch. Wäre da nicht der Rathausmann gewesen. Dadurch wurde die vom Kaiser auferlegte Grenze überschritten.

Heute gibt es den Rathausmann in kleinerer und vergoldeter Form für Persönlichkeiten, die außerordentliche Dienste für die Stadt erbringen. Die Vergabe des Goldenen Rathausmannes wird vom Wiener Bürgermeister entschieden. Für die Auswahl der Preisträger gibt es keine konkreten Kriterien. Prominente Preisträger waren etwa Helmut Qualtinger, Leon Askin, Billy Joel und Thomas Gottschalk.

Im Rathauspark vor dem Rathaus befindet sich eine Kopie des Originals. Der Rathauspark entstand auf dem Gelände des aufgelassenen kaiserlich-königlichen Parade- und Exerzierplatzes am Josefstädter Glacis. Die Wege sind im Stil eines englischen Parks angelegt, in beiden Teilen des Parks findet man zwei gleich aussehende Springbrunnen. Besonders stolz macht mich als geborener Steirer folgendes Detail: Seit dem 2. Dezember 1910, dem Tag der Inbetriebnahme der zweiten Wiener Hochquellwasserleitung, wurden die Brunnen mit Wasser aus dem steirischen Salzachtal betrieben. Man wollte damit der Wiener Bevölkerung das »neue Wasser« aus der Steiermark vor Augen führen.

Vor dem Rathaus befindet sich der allseits beliebte Rathausplatz, auf dem zu jeder Jahreszeit zahlreiche Festivitäten stattfinden. Hinter dem Rathaus liegt der Friedrich-Schmidt-Platz, benannt nach dem Architekten des Wiener Rathauses. Hier befindet sich auch das Stadtinformationszentrum, das dem Wienbesucher auf jede Frage eine Antwort gibt.

★ Do it yourself ★

Rathaus Wien

Gelegenheit, das Rathaus von innen zu sehen, bekommt man nicht nur bei einer persönlichen Einladung zu einem pompösen Fest. Es finden regelmäßig Führungen statt, die für Einzelpersonen sogar kostenlos sind. Auch für Gruppen (10–50 Personen) werden Führungen angeboten. Dazu muss mindestens vier Wochen vor dem gewünschten Termin eine Kontaktaufnahme per E-Mail unter stadtinformation@ma55.wien.gv.at erfolgen. Als Treffpunkt für die Führung dient das **Stadtinformationszentrum** im Rathaus.

Friedrich-Schmidt-Platz 1, 1010 Wien • U-Bahn: U2 bis Rathaus; Straßenbahn: Linien 1, 2, D und J bis Burgtheater/Rathaus • Mo–Fr 8–18 Uhr, Führungen: Mo, Mi & Fr 13 Uhr, außer an den Sitzungstagen von Landtag und Gemeinderat • Tel.: +43 1 525 50 • www.stadtinfo.wien.at

Theater am Alsergrund

Die wohl interessanteste Kleinkunstbühne Wiens für Nachwuchskabarettistinnen und Nachwuchskabarettisten mit charmantem Barbereich, tollem Personal und einzigartigem Kellerambiente. Hingehen, lachen und die Stars von morgen sehen und kennenlernen. Hier haben schon Alf Poier, Mike Supancic und Co begonnen.

Löblichgasse 5–9, 1090 Wien • U-Bahn: U6 bis Volksoper/Währingerstraße; Straßenbahn: Linie 5, 33, 37 und 38 bis Nußdorferstraße/Alserbachstraße; Bus: Linie 40A bis Volksoper/Währingerstraße • Tel.: +43 1 310 46 33 • www.alsergrund.com

Die Mariahilferstraße

Sie ist die größte und eine der bekanntesten Einkaufsstraßen von Wien. Von besonderer Bedeutung für den Wienbesucher ist die sogenannte Innere Mariahilferstraße. Sie erstreckt sich auf 1,8 Kilometern zwischen dem Museumsplatz bis zum Westbahnhof am Mariahilfergürtel. Hier, in der »Mahü«, finden Sie wirklich alles, was Ihr Shoppingherz begehrt – von der internationalen Modekette bis zum regionalen Anbieter.

U-Bahn: U3 bis Museumsquartier, Neubaugasse, Zieglergasse oder Westbahnhof, U6 bis Westbahnhof; Straßenbahn: Linie 5 bis Kaiserstraße; Bus: Linie 13A bis Neubaugasse

Melange oder Latte Macchiato

Das Wiener Kaffeehaus

Es ist 10 Uhr am Vormittag an einem nebeligen, tristen Tag in Wien. Mir fehlt es an frischer Inspiration für die nächste Buchepisode, also beschließe ich, an einen Ort zu gehen, der mir in solchen Situationen schon oft weitergeholfen hat: das Wiener Kaffeehaus.

Voller Vorfreude mache ich mich auf den Weg – ich freue ich mich darauf, einmal selbst die literarische Tradition der Wiener Kaffeehäuser zu pflegen. Ich betrete das Kaffeehaus und wähle einen gemütlichen Tisch im Eck, von dem aus ich das ganze Lokal überblicken kann. Ein perfekter Platz für meine »Sozialstudien«.

Lange darf ich nicht verweilen, recht unmittelbar nähert sich der Ober, um mir mitzuteilen, dass mein Platz ab 10.30 Uhr bereits reserviert ist.

»Wissen Sie«, erklärt er mir freundlich, »um 10.30 Uhr müssen sämtliche Stammtische von den ›Nicht-Stammkunden‹ geräumt werden. Jeden Tag zwischen 11 und 14 Uhr kommen die Stammgäste zu uns ins Kaffeehaus zum Mittagessen. Tut mir leid. Jetzt kommt die Frau Hofrat an diesen Tisch«, meint er und stellt ein kleines vergilbtes »Reserviert«-Schildchen auf meinen baldigen Ex-Ecktisch.

Das war es also mit dem schönen Eckplatz, denke ich mir und setze mich an einen nicht reservierten Platz, klappe meinen Laptop auf und warte auf die unstete Geliebte des Kaffeehausliteraten, die Inspiration. Der Ober geht weiter und macht die anderen »Nichtstammkunden« auf die Reservierungen aufmerksam.

Dann, um Punkt 11 Uhr, öffnet sich die Tür des Kaffeehauses und das Schauspiel beginnt: Der Aufmarsch der ergrauten Stammgäste steht bevor. Pensionierte Hofräte, Kommerzialräte, Geheimräte mit Gattin oder deren Witwen. Alle kommen sie zur Türe hereingeströmt. Man glaubt es kaum, binnen kürzester Zeit ist das Kaffeehaus vollständig gefüllt. Jeder der Gäste steuert zielsicher seinen Stammplatz an, teilweise sind diese sogar mit einem eigenen Namensschild versehen. Der Ober kennt all seine Gäste persönlich beim Namen und weist sie auf ihre Plätze. Wenig später erfüllt aufgeregtes Plaudern das Kaffeehaus.

Das gibt es auch nur in Wien, denke ich mir und beobachte die Pensionisten an meinem linken und rechten Tisch. Sie studieren eifrig die Menükarte und diskutieren die Speisen. Was werden sie heute wählen, lautet die bange Frage, die sie sich stellen. Dann wird lautstark über rückgradlose Politiker, über die aktuellen Preise im Kaffeehaus und die Zeit im Allgemeinen diskutiert. Der Ober serviert schnell, aber komplett unaufgeregt die ersten Suppen. Der Kaffeeduft, der zuvor noch in der Luft lag, weicht einem deftigen Rindsuppenaroma. Das große Löffeln beginnt, bevor anschließend die Hauptspeise kredenzt wird. Diese wird genauestens begutachtet und mit dem Arrangement des Vortags verglichen – ich muss lachen und denke mir, dass das wohl auch ein Teil der Wiener Mentalität ist. Man genießt das Leben in vollen Zügen, in dem man es laufend kritisiert.

Nach dem Essen folgt noch ein Kaffee oder ein Tee und ich lausche neugierig einigen Pensionisten, die am Tisch neben mir sitzen und über ihre Probleme des Alltags philosophieren. Der Ober kommt zu mir und ich gebe eine weitere Bestellung auf. Eine Bestellung – so nehme ich an –, die in einem Kaffeehaus nicht ganz so oft vorkommt: einen schwarzen Tee.

»Einen Darjeeling Second Flush«, sage ich. Okay, den »Second Flush« hätte ich mir vielleicht sparen können, aber manchmal will man's eben auch wissen.

»Woos, bitte?«, fragt der Ober mit starkem Wiener Dialekt.

»Einen Darjeeling Second Flush, bitte«, wiederhole ich meine Bestellung etwas lauter.

»An was? Ah, einen Fläsch – des is a Schwoaztee. Das ist ein normaler Schwoaztee«, verbessert mich der Ober lautstark und zieht von dannen.

Die älteren Damen am Tisch links von mir beäugen neidvoll das Essen der anderen und sind offensichtlich auf Diät. Sie gehören damit zu dem einen Prozent, die, wohl zu ihrem Leid, ein vegetarisches Essen im Kaffeehaus genießen (müssen). Während ich den Ausführungen der Damen lausche, ertönt es neben mir: »Bitte, der Herr, ihr Fläsch!« sagt der Ober und serviert mir gekonnt und mit viel Schwung meinen Schwarztee.

Ich verliere mich immer wieder in den Gesprächen der anderen Gäste, schlürfe genüsslich meinen »*Fläsch*« und lasse meine Gedanken durch das Kaffeehaus schweifen. Mittlerweile ist es 14 Uhr geworden. Die Zeit im Kaffeehaus ist wie im Flug vergangen.

»Darf ich kurz stören, der Herr«, sagt der Ober freundlich, aber bestimmt. »Sie dürfen noch sitzen bleiben. Ich darf nach Hause gehen. Das macht 4,20. Danke.«

Ich bezahle, lausche noch ein wenig dem Stimmengewirr und beschließe dann, nachdem ich meine Gedanken in meinen Laptop getippt habe, ebenfalls nach Hause zu gehen. Voller neuer Ideen und Inspiration für mein Buch.

Ein Ort mit langer Tradition

Ich genieße die Ausflüge ins Kaffeehaus. Sie sind für mich wie Reisen in eine andere Welt und helfen mir, Wien und den Wiener besser zu verstehen.

Es ist eigentlich kaum vorstellbar, aber bis zur Mitte des 18. Jahrhunderts hatten die Kaffeehäuser der Stadt keinen leichten Stand. Sie waren weit entfernt vom heutigen Charme und eher muffige, fast ausschließlich von Männern besuchte Souterrainlokale. Erst langsam setzte deren Siegeszug ein. Sie wurden Orte der Unterhaltung und des Gesprächs. Viele Gäste verbrachten ihren ganzen Tag dort, spielten Schach, Karten und Billard. Die Kaffeehäuser wurden zu einem wichtigen Treffpunkt für Künstler und Geschäftsleute. Frauen hatten es, wie fast überall, nicht so leicht. Sie mussten, wenn sie ein Kaffeehaus besuchen wollten, mit einem kleinen Salon vorliebnehmen, in dem sie ihren Kaffee konsumieren durften.

Heute ist das glücklicherweise anders. Das Wiener Kaffeehaus genießt Kultstatus. Nicht nur unter den Wienern, sondern auch bei seinen Gästen. Es ist ein Ort, an dem die Einwohner Wiens »sichtbar« werden. Sie kommen ins Kaffeehaus, um sich zu unterhalten, um ihre Lieblingszeitung zu lesen oder um einfach nur dazusitzen und die anderen zu beobachten.

Ein Teil der Wiener Kaffeehaustradition waren (und sind es auch noch heute) die bekannten Kaffeehausliteraten. Darunter versteht man Künstler, die literarische Werke, zumindest Teile davon, in einem Kaffeehaus schreiben. Das Kaffeehaus diente und dient den Autoren als Inspirationsquelle für Sozialstudien. So auch für Peter Altenberg, der sich, wie viele andere Literaten, viele Stunden täglich im Kaffeehaus aufhielt, um sich mit den anderen Literaten auszutauschen.

Das Fräulein und der Herr Ober

Ein anderes Original der Wiener Kaffeehauskultur, welches man seit Jahrhunderten schätzt, ist der Wiener Ober, ehemals Oberkellner genannt. Achten Sie darauf, dass man in Wien »Ober« und nicht »Kellner« sagt. Die Bezeichnung Ober stammt noch aus dem letzten Jahrhundert. Nur der Herr Ober durfte *kassieren,* der Kellner lediglich *servieren.* Deswegen kann es auch heute passieren, dass der Herr Ober über ein »Herr Kellner, zahlen bitte!« nicht unbedingt erfreut ist.

Der Idealfall vom Wiener Ober schaut genau so aus wie in meinem Stammkaffeehaus, dem »Schopenhauer«. Er ist höflich, unaufdringlich, aber dennoch höchst aufmerksam und liebt es, seine Gäste zu bedienen. Böse Zungen behaupten, dass der Katholizismus und der K.-u.-k.-Beamtenstaat tiefe Spuren in den Köpfen der Wiener hinterlassen haben. Sein Hauptaugenmerk soll, nach offizieller Vorgabe, auf dem »dienen« liegen.

Es muss jedoch nicht zwingend sein, dass der Wiener Ober immer freundlich ist – ganz im Gegenteil. Eine wichtige Eigenschaft des Wiener Obers ist auch seine »Grantigkeit«, also eine mit sich und allen anderen auf der Welt komplett unzufriedene Grundhaltung. Die trägt er dann an manchen Tagen ganz offen zur Schau, ganz egal, was die anderen davon halten. Aber auch diese Eigenschaft wird beim Wiener Ober durchaus geschätzt, weil es einfach gut zu Wien passt. Der Wiener Ober ist ein Original, egal ob höflich oder grantig. Die weibliche, wenngleich auch veraltete Bezeichnung für Ober ist »Fräulein«. Vermeiden Sie die Bezeichnung »Frau Oberin«.

Das angenehme am Wiener Kaffeehaus ist für mich, dass ein Besuch in selbigem gänzlich entschleunigend auf mich wirkt. Bin ich vor dem Besuch noch vom Alltag gestresst und genervt, so lasse ich dies beim Betreten des Etablissements auf der Straße zurück.

Das Wiener Kaffeehaus ist eigentlich immer großartig, ganz egal, ob viel Betrieb ist oder nicht. Falls Sie jemand sind, der gerne entspannte Beschaulichkeit vorzieht, dann empfehle ich Ihnen, vielen alteingesessenen Kaffeehäusern zwischen 11 und 14 Uhr fernzubleiben – da kommen nämlich, wie oben gelernt, die Stammgäste.

In allen Wiener Kaffeehäusern gibt es reichlich zu essen, und das meist bis etwa 20 Uhr (in manchen Fällen sogar bis 23 Uhr). Die Speisekarte variiert je nach Kaffeehaus. Probieren Sie es aus, es zahlt sich aus.

Das Wiener Kaffeehaus und seine Kaffeespezialitäten

Die Wiener Kaffeehauskultur ist weltberühmt – und wurde jüngst von der UNESCO in die Liste des immateriellen Weltkulturerbes aufgenommen. Eine große Auszeichnung für alle Kaffeehausbetreiber. 1685 eröffnete der Armenier Johannes Theodat das erste Kaffeehaus in Wien – der Beginn einer langen Tradition. Typisch für das Wiener Kaffeehaus sind die vielen unterschiedlichen Kaffeespezialitäten.

- **Kleiner Schwarzer**: Das ist ein schwarzer Kaffee. Er ist ein dünner und kräftig schmeckender Kaffee. Ein großer Schwarzer ist die doppelte Menge.
- **Kleiner Brauner**: Ist die Bezeichnung für einen kleinen Schwarzen, der mit Kaffeeobers (Kaffeesahne) kredenzt wird. Meistens wird der Obers separat in einem kleinen Kännchen auf dem Tablett serviert. So kann der Gast selbst das Mischungsverhältnis definieren. Ein großer Brauner ist daraus folgernd dann die doppelte Menge.
- **Doppelmokka**: Dabei handelt es sich um einen doppelt starken Kaffee in großer Mokkaschale.
- **Eine Schale Gold**: Nicht wegzudenken ist die Schale Gold. Sie ähnelt dem Braunen, wird aber mit mehr Obers goldbraun und ist ein wenig heller als der Braune.

- **Verlängerter**: Ist wiederum ein kleiner Schwarzer, der mit der doppelten Menge Wasser hergestellt wird.
- **Wiener Melange**: Dies ist ein Verlängerter mit heißer Milch zu gleichen Teilen. Meistens, wie beim Cappuccino, ist das Milchschaum.
- **Kaffee verkehrt**: Besteht aus viel Milch und wenig Kaffee. Dieser Milchkaffee wird in einer großen Schale mit aufgeschäumter Milch mit einem kleinen Kännchen Mokka serviert.
- **Einspänner**: Ist ein großer Schwarzer im Glas mit sehr viel Schlagobers. Der heiße Kaffee wird durch das kalte Schlagobers getrunken. Ein Einspänner war eine Kutsche im alten Wien. Das Getränk Einspänner bleibt aufgrund seiner dicken Schlagobershaube lange warm und wärmt so die frierende Hand des Kutschers durch das Glas.
- **Kaisermelange**: Trinken Sie den Kaffee, wie es der Kaiser (angeblich) gerne tat. Das ist ein großer Mokka mit Eidotter, Honig und Cognac (Weinbrand) vermischt.
- **Maria Theresia**: Sie können den Kaffee aber auch so genießen, wie es angeblich die Kaiserin Maria Theresia tat. Deren Lieblingskaffee war ein kleiner gestreckter Mokka, der mit zu gleichen Teilen Orangenlikör, Weinbrand und 2 Kaffeelöffel Rohrzucker veredelt wurde. Darüber kommt dann noch eine deftige Schlagobershaube mit buntem Streuselzucker. Serviert wird dieser Kaffee im Laufglas.
- **Glas Wasser**: Wiener Hochquellenleitungswasser ohne Zusatz im Achtelglas. Es wird ohne Mehrkosten serviert.
- **Kapuziner**: Das ist ein kleiner Mokka mit ein paar Tropfen Schlagobers, so nimmt der Kaffee die Farbe einer Kapuzinerkutte an.
- **Wiener Eiskaffee**: Das ist einer der bevorzugten Getränke an heißen Sommertagen. Dabei handelt es sich um einen großen kalten Mokka mit Vanilleeis, Schlagobers und Staubzucker.

Nicht zu vergessen und wichtiges Merkmal der Wiener Kaffeehaustradition ist die gut geführte **Kuchen- und Tortentheke**. Sie stellen die perfekte Begleitung zum Kaffee dar. Nehmen Sie sich die Zeit und suchen Sie sich die für Sie passende Torte aus.

- **Sachertorte**: Das Prachtexemplar unter den Wiener Mehlspeisen. Es ist eine Schokoladentorte mit Marillenmarmelade und Schokoladenglasur. Sensationeller Geschmack und ein Muss bei jedem Wienbesuch.
- **Apfelstrudel**: Der Wiener-Kaffeehaus-Klassiker und eine weithin bekannte Strudelart. Sehr gerne wird der Apfelstrudel warm und mit Vanillesauce oder Schlagobers serviert.
- **Esterhazyschnitte**: Diese Spezialität besteht aus einer hellgelben Buttercreme, die traditionellerweise zwischen fünf Biskuitböden geschichtet wird. Überzogen ist sie mit einer weißen Zuckerglasur und mit Krokant, kandierten Früchten und Schokolade. Deftig, süß und sensationell gut.
- **Punschkrapferl**: Wird immer gerne in den Wiener Kaffeehäusern gegessen. Das ist eine Mehlspeise aus lockerem Teig, Marmelade, einer kleinen Portion Rum und Cointreau und einer rosa Punschglasur. Ein Punschkrapferl wirkt oft beim ersten Anblick klein, aber man ist danach garantiert satt.

★ Do it yourself ★

Jeder wird in Wien sein persönliches Lieblingskaffeehaus finden. Dank einer jahrhundertlangen Tradition gibt es ein reichhaltiges Angebot. Dennoch sind einige es besonders wert, besucht zu werden. Ich möchte Ihnen eine kleine Hilfe geben, hier meine Top 5 der Wiener Kaffeehäuser.

Café Schopenhauer

Es ist für mich meine Neuentdeckung der letzten Jahre, ein altes Kaffeehaus mit einer beinahe 100-jährigen Geschichte, guten Preisen und qualitativ hochwertigen Produkten. Es wurde vor wenigen Jahren neu übernommen und verkörpert all das, was ein Kaffeehaus braucht. Ich kann mich noch gut erinnern, dass bei meinem ersten Schopenhauer-Besuch vor ein paar Jahren nicht viel Betrieb war. Das hat sich mittlerweile, dank engagierter Betreiber mit mutigen Ideen, geändert. So gibt es im Schopenhauer regelmäßig Lesungen, Filmvorführungen und Wienerlied-Abende.

▮ Staudgasse 1, 1180 Wien • U-Bahn: Linie U6 Station »Währinger Straße / Volksoper«, Straßenbahn: Linien 40 und 41 bis Währingerstraße • Mo–Fr 8.30–20 Uhr, Wochenende 8.30–19 Uhr • Tel.: +43 1 406 32 88 • www.cafeschopenhauer.at

Café Vindobona

Guter Kaffee, gutes Frühstück und guter Service in der ländlichen Vorstadt. Siehe dazu auch die Episode »Das Dorf in der Stadt« (siehe Seite 156).

▮ Wallensteinplatz 6, 1200 Wien • Straßenbahn: Linie 5, 31, 33 bis Wallensteinplatz; Bus: 5A bis Karl-Meißl-Straße, 5 B bis Wallensteinplatz; U-Bahn: Linie U4 bis Friedensbrücke, Linie U6 bis Jägerstraße • Tel.: +43 1 512 47 42 52 • www.cafevindobona.at

Das Café Central, das ehemalige Künstlercafé von Wien

War eines »der« Literatenkaffeehäuser, in denen sich Peter Altenberg, Adolf Loss, Anton Kuh, Hugo von Hofmannsthal und viele andere zum geistigen Austausch trafen. Heute ist das Central vor allem ein unter Touristen beliebtes Kaffeehaus im ersten Bezirk – aber durchaus einen Besuch wert.

▮ Herrengasse 14, 1010 Wien • U-Bahn: U2 bis Schottentor, U3 bis Herrengasse; Straßenbahn: Linie D, 1, 37, 38, 40, 41, 42, 71 bis Schottentor • Mo–Sa 7.30–22 Uhr, Sonn- und Feiertag 10–22 Uhr; die beliebte Klaviermusik gibt es täglich von 17–22 Uhr • Tel.: +43 1 533 37 63 24 • www.palaisevents.at

Kaffee Konditorei Monarchie

Wer die Stimmung der Monarchie sucht, der wird sie in diesem sympathischen Kaffeehaus finden, in dem man auch gutes Essen und einen großartigen Service genießen kann. Setzen Sie sich, falls der Gastgarten geöffnet ist, ins Freie. Hier können Sie den Blick auf das Schloss Schönbrunn mit der Gloriette genießen. Wie das im neunten Bezirk geht, obwohl Schönbrunn einige Kilometer entfernt ist? Lassen Sie sich überraschen …

▮ Nußdorfer Straße 69, 1090 Wien • U-Bahn: Linie U6 bis Nußdorfer Straße; Straßenbahn: Linie 37 und 38 bis Nußdorfer Straße / Latschkagasse • Mo–Sa 7–22 Uhr, Sonn- und Feiertag 8–22 Uhr • Tel.: +43 1 319 70 72 • www.kaffee-monarchie.at

Das Himmelblau

Ein beliebtes Kaffeehaus im schönen Kutschkermarktviertel. Hierher zieht es vor allem Jungfamilien zum vormittäglichen Kaffeeplausch in belebter Marktatmosphäre. Die Qualität ist gut, das Ambiente hat Wohlfühlflair und die Preise stimmen auch. Ein modernes Kaffeehaus mit Stil.

Kutschkergasse 36, 1180 Wien • Straßenbahn: Linie 40 und 41 bis Kutschkergasse • Mo–Fr 8–21 Uhr, Wochenende 8–18 Uhr; Reservierungen für Samstage nicht möglich • Tel.: +43 660 774 14 10 • www.himmelblau18.at

Neben den absolut erlebenswerten klassischen Wiener Kaffeehäusern gibt es auch neue, innovative Kaffeehäuser, die vor allem junges, studentisches Publikum anziehen, wie etwa die Coffee Pirates im neunten Bezirk.

Coffee Pirates

Im Lokal dominieren helles Holz und eine bunte Mischung aus diversen Flohmarkt-Utensilien. Die Produkte bei den Coffee Pirates kann man wirklich nur empfehlen. Der Kaffee wird direkt vor Ort geröstet und schmeckt hervorragend. Das Personal ist flink und sehr sympathisch – dieses Gesamtpaket kommt bei den Gästen an.

Spitalgasse 17, 1090 Wien • Straßenbahn: Linie 5 & 43 Station »Lange Gasse« • Mo–Fr 8–18 Uhr, Wochenende 9–15 Uhr (inkl. Brunch, keine Reservierung möglich) • nur Barzahlung • www.kaffeepiraten.at

Aber ganz egal ob das Schopenhauer, die Coffee Pirates oder eines der vielen anderen. Sie zeichnen sich alle auch dadurch aus, dass es ein geschmackvolles Sortiment an selbstgemachte Kuchen, Torten und Kaffeespezialitäten gibt. Sie werden es selbst erfahren, wie die Zeit im Wiener Kaffeehaus verfliegt.

Wohin die Wiener essen gehen

Vom gediegenen Beisl-Schmäh zum stets aufmerksamen Helikopter-Ober

»Servus Harry. Du, ich warte noch ein bissl mit meiner Bestellung. Ich treffe mich nämlich noch mit meinem Freund Michael, und dann bestellen wir gemeinsam!«, meine ich höflich.

»Was? Du hast Freunde?«, lautete die staubtrockene Antwort meines Stammbeislwirts.

Das Beisl – in Wien eine Institution wie der Würstelstand oder das Kaffeehaus. Im Zuge eines Besuchs der Stadt gehört eine Beisl-Visite auf jeden Fall unbedingt dazu. Für einen solchen Besuch kann ich Ihnen das **Gasthaus Lechner** im neunten Bezirk wärmstens ans Herz legen. Schon beim Eintreten in das Lokal merkt man an der dunklen Holzvertäfelung und an der urigen Schank, dass man sich in einem echten Beisl befindet.

Der Lechner bietet Wiener Küche in seiner ursprünglichen Form. Jeder Besuch ist einmalig und wird durch »Herrn Harry« versüßt. Der Harry ist die Variante Kellner, auf die man sich beim Beisl so richtig freuen darf, ja geradezu muss. Schneller Service, Fachwissen und stets allertrockenster Humor stehen auf der Speisekarte ganz oben. Als ich ihn einmal fragte, was er mir denn diesmal empfehlen kann, da fiel seine Antwort sehr salopp und ein wenig augenzwinkernd aus: »Bei uns schmeckt eh alles gleich! *Sis Wuascht.*«

Der Schmäh vom Harry imponiert mir seit jeher, daher fragte ich ihn, ob ich sein Beisl im Fettnäpfchenführer vorstellen dürfe. Diese Frage überraschte ihn dann aber doch, um eine Antwort war er aber nicht verlegen. »Na, bitte. Dann sollens nur kommen, die Touristen! Und wenns dann eine Apfelschorle bestellen wollen, dann geh ich in die Küche und bring ihnen eine *Erdäpfelschoin* (= Kartoffelschale).«

Also, wenn Sie zum Harry gehen, dann bestellen Sie doch bitte eine Apfelschorle. Falls Sie tatsächlich eine richtige Apfelschorle und keine Kartoffelschale möchten, dann bestellen Sie besser einen »gespritzten Apfelsaft«.

Altwiener Vanillerostbraten

Ein Klassiker der Wiener Beislküche ist der Altwiener Vanillerostbraten, den Sie auch gut und gerne beim Lechner in der Mittagszeit essen können.

Als ich Harry einstmals dazu befragt, was es denn mit der Vanille im Rostbraten auf sich hätte, klärte er mich auf, dass diese Speise mit Vanille genau so viel zu tun hat, wie die Wiener Küche mit niedrigem Cholesterinspiegel. Im Vanillerostbraten ist nämlich keine Vanille drin, sondern eine Extraportion Knoblauch. Der Knoblauch war damals, wie man meinte, die »Vanille des armen Mannes«.

Ebenfalls gut schmeckende Beislgerichte bekommen Sie im Vorstadtbeisl **Heidinger** im 15. Bezirk vor die Nase gesetzt. Der Heidinger ist noch ein richtiger Geheimtipp geblieben, weil sich in die Wiener Vorstadt selten ein Tourist verirrt. »Das ist gut so und das soll bitte auch so bleiben!«, meint einer, der es wissen muss. Clemens Maria Schreiner ist der aufstrebende österreichische Kabarettist. Er wohnt mit seiner Freundin Ricarda seit vielen Jahren im 15. Bezirk und genießt die unaufgeregte Ruhe in seinem Stammbeisl.

Wir treffen uns in der Gaststube vom Heidinger und ich fühle mich augenblicklich wohl. Das Interieur ist gemütlich, wie es sein soll, und die Speisekarte macht Lust, gleich alle Speisen auf einmal zu bestellen. Und das Essen hält, was die Speisekarte verspricht. Das Wiener Schnitzel ist groß, der Salat knackig und die Bedienung prompt. Man fühlt sich wohl und ein paar Gäste mehr erfreuen den Beislwirt garantiert, auch wenn das Clemens und Ricarda nicht so gerne hören.

Ein ganz eigener Speisenstil – die Wiener Küche

Wien ist, so glaube ich, die einzige Stadt der Welt, die einen eigenen Speisenstil prägt, die »Wiener Küche«. Sie kennen bestimmt den guten Tafelspitz, das unvergleichliche Wiener Schnitzel mit Preiselbeermarmelade und Erdäpfelsalat, das zünftige Fiakergulasch mit Spiegelei, den schmackhaften Altwiener Vanillerostbraten, die süße Sachertorte, den hervorragenden Apfelstrudel oder den kaiserlichen Kaiserschmarren. Wien und Essen, das passt einfach gut zusammen. Aber, warum ist das gerade in Wien so?

Die allseits bekannte »Wiener Küche« ist etwa gegen Ende des 18. Jahrhunderts während des Übergangs der höfischen zur bürgerlichen Gesellschaft entstanden. Die klassische Wiener Küche ist von den Einwirkungen ihrer Zuwanderer aus den Ländern der K.-u.-k. -Monarchie beeinflusst. Durch die Grenznähe der Wienerstadt zu Ungarn, Böhmen und auch Mähren finden sich viele Speisen aus diesen Ländern vereint auf Wiens Speisekarten wieder. Wie beispielsweise das Wiener Gulasch. Das Gulasch ist Anfang des 19. Jahrhunderts mit der Aufstellung des ungarischen Infanterie-Regiments in die Bundeshauptstadt gekommen und seither nicht mehr aus der Speisekarte wegzudenken. Nicht zu vergessen sind auch böhmische Knödel, die gerne zum Gulasch und zum Schweinsbraten serviert werden. Mehlspeisen wie Palatschinken und Golatschen kamen ebenfalls vor allem aus Böhmen in die Stadt.

Von Beisln und Heurigen

Eine Institution der klassischen Wiener Küche ist das bereits eingangs erwähnte **Beisl**.

Dieser Lokalitätstyp ist die Urform der bodenständigen und gemütlichen Wiener Küche. Es wird vermutet, dass der Begriff »Beisl« oder »Beisel« vermutlich vom Jiddischen »Bajiss« abstammt, was so viel wie »Haus« bedeutet. Die Grundausstattung eines Beisls ist immer annäherungsweise gleich. Man findet meistens eine dunkel gestrichene Holzvertäfelung, eine Schank und ein gut durchmischtes Publikum vor. Vom Arbeiter bis zur Universitätsprofessorin werden

Sie im Beisl alle Gesellschaftsschichten antreffen. Auf der Speisekarte entdecken Sie die traditionelle Wiener Küche wie Leberknödelsuppe, Gulasch, Wiener Schnitzel oder auch Palatschinken.

Ein ebenfalls beliebter Ort der Wiener Gemütlichkeit ist der schon lange nicht mehr wegzudenkende **Heurige**. Wenn Sie in Wien gerne, gut und üppig essen gehen wollen, dann müssen Sie dies auf jeden Fall auch bei einem Heurigen in Grinzing tun. Dieser Wiener Randbezirk ist bekannt für seine gemütlichen und guten Heurigen. Falls Sie sich an dieser Stelle wie einst meine Cousine Sarah aus Möchengladbach fragen, was denn bitte jetzt ein Heuriger sein soll, dann sei Ihnen geholfen.

Ein Heuriger (in Wien sagt man übrigens »Höhrigaah«) kann zweierlei sein. Einerseits ist damit der Jungwein aus eigener Produktion gemeint und andererseits ist es ein Lokalbetrieb, in dem unter anderem auch Jungwein ausgeschenkt wird. Besonders das Ambiente, ich spreche jetzt vom Lokal, ist bei den Wienern und seinen Besuchern stets beliebt. Im Sommer werden die Heurigenbesuche gerne im weitläufigen grünen Gastgarten verbracht, im Winter nimmt man in der oft noch durch einen großen Kachelofen beheizten Gaststube Platz. Wichtig für Sie, wenn Sie den Heurigen besuchen, ist folgende Besonderheit: Die Speisen können oftmals nicht bestellt werden, sondern werden am kalten und warmen Heurigenbuffet ausgesucht. Für die Getränke wiederum ist ein Ober zuständig.

Der Tafelspitz ist ein weiteres, sehr bekanntes Aushängeschild der Wiener Küche. Heute bekommt man den besten Tafelspitz wohl beim Plachutta. Das Restaurant **Plachutta** ist der Rindfleischkaiser Wiens. Alles, was aus Rindfleisch hergestellt werden kann, werden Sie dort bekommen. Wiener Schnitzel vom Kalb, Steak, Butterschnitzerl und natürlich den weltbekannten Tafelspitz.

Es war Kaiser Franz Joseph, der diesen einst zu seinem Leibgericht erkoren hat, und mittlerweile ist der Tafelspitz der Dauerrenner beim Plachutta. In diesem Gastronomieunternehmen ist zu jeder Tageszeit immer viel los. Andererseits, wenn Sie Wiens besten Tafelspitz versuchen möchten, dann müssen Sie einfach dorthin.

Der Legende nach wurde der Tafelspitz nicht beim Plachutta, sondern im Hotel Sacher erfunden. Die Liebe zum Tafelspitz wird

Kaiser Franz Joseph seit jeher angedichtet. Die Legende besagt, dass beim gemeinsamen Abendessen des K.-u.-k.- Militärs stets der Kaiser »Seine Majestät« den Platz an der Spitze der Tafel einnahm. Selbstverständlich wurde »er« als Erster bedient und »er« war klarerweise als Erster fertig. Nach der strengen Hofetikette durfte keiner mehr essen, nachdem der Kaiser das Besteck weggelegt hatte. Viele Tischgenossen hatten zu diesem Zeitpunkt allerdings noch gar kein Essen auf ihren Tellern serviert bekommen. Der Kaiser ließ seine Belegschaft also gerne mal hungrig zurück.

Im Hotel Sacher hatte Anna Sacher eine zündende Idee und ließ für die hungrig Übriggebliebenen ein Rindfleischgericht vorbereiten, das stundenlang vor sich hinköcheln konnte. So bekamen die, die beim Kaiser nichts bekommen hatten, im Sacher ihren Tafelspitz.

Der Wiener Tafelspitz

Ich möchte Ihnen gerne noch ein Rezept für dieses typische Wiener Gericht vorstellen, so wie es beim Plachutta gemacht wird. Die Mengenangaben beziehen sich auf 6 Personen.

Zutaten

ca. 2 kg	Tafelspitz (wird aus dem Schlögel/der (Hinter-)Keule des Rindes geschnitten)
300 g	Wurzelwerk (Karotten, gelbe Rüben und Sellerie zu gleichen Teilen)
1 Stück	Zwiebel in Schale halbiert
½ Stange	Lauch
10	Pfefferkörner schwarz
	Salz
	Liebstöckel
6 Scheiben	gesägte Markknochen
ca. 3 l	Wasser zum Kochen
	Schnittlauch zum Bestreuen

Dann kann es mit der **Zubereitung** losgehen. Die Gardauer beträgt etwa 2,5 Stunden.

1. Bräunen Sie die Zwiebel in einer Pfanne oder auf einer Alufolie auf der heißen Herdplatte an den Schnittflächen dunkel.
2. Waschen Sie das Wurzelwerk und den Lauch.
3. Waschen Sie das Fleisch und den Markknochen warm ab und lassen Sie beides abtropfen.
4. Bringen Sie das Wasser zum Kochen und legen Sie das Fleisch ein.
5. Lassen Sie das Fleisch schwachwallend kochen, schöpfen Sie Schaum und Trübstoffe ab.
6. Geben Sie die Pfefferkörner, Zwiebeln und Liebstöckel dazu.
7. Etwa eine Stunde vor Garende geben Sie das Wurzelgemüse und den Lauch bei.
8. Heben Sie das Fleisch aus der Suppe, würzen Sie es und seihen Sie es ab. Dann legen Sie die Markknochenscheiben in die Suppe und lassen die circa 5 Minuten am Siedepunkt ziehen.
9. Schneiden Sie das Fleisch gegen den Faserlauf in etwa fingerstarke Tranchen.
10. Wählen Sie eine Einlage Ihrer Wahl zur Suppe. Beliebt sind Nudeln oder Frittaten/Eierkuchen.
11. Als Hauptspeise wird das Fleisch mit Spinat, Bratkartoffeln und mit einer Schnittlauchsauce und Apfelkren gegessen.
12. Das Mark der Markknochenscheiben wird auf ein getoastetes Schwarzbrot aufgetragen und kann bei Bedarf noch leicht gesalzen werden.

In Wien gibt es für jede Geldbörse das richtige Essen. Ein Essen im Beisl und beim Heurigen ist gut und günstig. Wenn Sie sich für ein Mahl beim Plachutta entscheiden, dann befinden Sie sich bereits im gehobenen Preissegment. Überhaupt nicht mehr günstig, dafür umso exquisiter isst es sich beispielsweise im Lokal **Steirereck** im fantastischen Stadtpark. Das Steiereck empfehle ich Ihnen jetzt nicht nur, weil ich aus der Steiermark komme und es Steiereck heißt, sondern weil es regelmäßig zu einem der besten Lokale der Stadt gewählt wird. Im Steirereck passt wirklich alles, es gehört zu den Top-15-Restaurants – bitte festhalten – der Welt. Das Steirereck ist die perfekte Variante eines außergewöhnlich gelungenen Lokals. Ein top Service und perfektes Essen haben natürlich ihren Preis – aber wie oft geht man schon ins Steirereck?

Sehr interessant ist ebenso die **Meierei**, eine ehemalige Milchtrinkhalle. Dies ist die günstigere, etwas legerere Alternative zum Steiereck. Die Meierei befindet sich im selben Haus wie das Steirereck. Vor allem das Frühstück ist hier unbedingt zu empfehlen. In beiden Lokalen lege ich Ihnen eine Tischreservierung ans Herz.

Eine weitere exquisite Ess-Adresse ist das **Do&Co** direkt neben der Albertina. Hier bekommen Sie gutes, gehobenes Essen. Am besten bietet sich hier eine Kombination aus Museumsbesuch und Restaurantbesuch an. Nach der überdurchschnittlichen Geistesnahrung eines Albertina-Museumsbesuchs geht es weiter zu besonderen Speisen. Auf der Speisekarte finden Sie ausgewählte Klassiker der Wiener Küche, aber auch internationale Delikatessen, die das Herz des Gourmets höherschlagen lassen. Das Do&Co ist nicht billig, aber das, was man bekommt, ist sehr gut. Besonders empfehlen kann ich Ihnen einen Besuch im Sommer, dann müssen Sie auf jeden Fall einen Tisch auf der einzigartigen Terrasse reservieren. Es zahlt sich aus!

Falls Sie gerne einmal beim Essen richtig hoch hinaus möchten, dann besuchen Sie doch das **Lokal im Donauturm**. Hier bietet sich Ihnen die einzigartige Möglichkeit, in einem Wiener Wahrzeichen zu speisen. Im 22. Bezirk in der Donaustadt befindet sich der 252 Meter hohe Donauturm. Er löste 1964 den Stephansdom als höchstes Gebäude Österreichs ab. Im Restaurant und im Kaffeehaus bekommt man klassische österreichische Küche in 170 Metern Höhe kredenzt. Das besondere Highlight dieses Restaurants ist, dass es sich im Kreis dreht und Sie so in Ruhe ganz Wien von oben erkunden können.

Bestellen Sie einen Tisch für ein Abendessen im Donauturm, dann erleben Sie den Sonnenuntergang vom höchsten Gebäude Österreichs. Romantik pur ist Ihnen garantiert.

Speisen am Kult-Markt

Romantik der anderen Art werden sie beim **Neni am Naschmarkt** entdecken. Als ich vor langer Zeit, als damals noch frisch zugezogener Steirerbub, mit Freunden am Naschmarkt unterwegs war, da war mir nicht bewusst, dass es dort auch eine Vielzahl an wunderbaren Lokalen gibt. Ein Freund von mir, Jan, der selbst auch kein

Wiener ist, sondern aus Kottingbrunn stammt, hat uns das »Neni's« am Naschmarkt vorgestellt. Wir konnten uns den schönsten Tisch im oberen Teil des Lokals selbst aussuchen und ließen uns von der Kellnerin ausführlich beraten. Es folgte eine leckere Auswahl an orientalischen Speisen. Das Essen war gut und das Ambiente samt Personal sehr sympathisch.

Vor kurzem war ich wieder in der Gegend vom Neni's und wunderte mich, dass wohl ein wahrer Boom rund um das kleine Lokal eingesetzt hat. Alle Tische waren belegt, ich ergatterte gerade noch einen Platz im Außenbereich und freute mich, dass die Qualität der Speisen unter dem Boom mitnichten gelitten hat. Auch das Personal ist noch immer genauso freundlich wie damals – ein gutes Vorzeichen für weitere Besuche.

Nach einem gelungenen Restaurantbesuch lege ich Ihnen noch einen Besuch in der **Sky Bar** nahe. Hier bekommen Sie in den Nachtstunden einen ganz besonderen Blick über die Stadt geboten. Der Stephansdom ist zum Angreifen nahe, und während sich die Stadt zur Ruhe begibt, können Sie hier einen glanzvollen Abend perfekt abrunden.

★ Do it yourself ★

Gasthaus Lechner

Geöffnet hat das »Beisl« Lechner immer von Di–Sa von 10–24 Uhr und am So von 17–24 Uhr. Das beliebte und günstige Tagesmenü bekommen sie beim »Lechner« von 11.30–15 Uhr.

Wilhelm-Exner-Gasse 28, 1090 Wien • U-Bahn: U6 bis Volksoper/Währinger Straße; Straßenbahn: Linie 5, 33, 37, 38, 40, 41, 42 bis Währingerstraße/Spitalgasse; Bus: Linie 40A bis Nußdorferstraße/Alserbachstraße • Tel.: +43 1 317 83 18

Gasthaus Heidinger

Bei diesem gediegenen Beisl im 15. Wiener Gemeindebezirk können Sie von Mo–Fr von 11–22 Uhr und am Sa von 11.30–22 Uhr speisen.

Selzergasse 38, 1150 Wien • U-Bahn: U3 bis Schweglerstraße oder Johnstraße; Straßenbahn: Linie 49 bis Johnstraße oder Huglgasse • Tel.: +43 1 985 99 11 • www.heidingers.at

Feuerwehr Wagner

Ein absolutes Highlight unter Wiens Heurigen. Hier bekommen Sie alles – vom guten Essen bis zu gediegener, aber unaufdringlicher Heurigenatmosphäre. Geöffnet hat der Feuerwehr Wagner ganzjährig von 16–24 Uhr.

Grinzinger Straße 53, 1190 Wien • Straßenbahn: Linie 37 bis Hohe Warte, Linie 38 bis Grinzing; Bus: 38A bis Neugebauerweg • Tel.: +43 1 320 24 42 • www.feuerwehrwagner.at

Plachutta

Besuchen Sie den Rindfleischkaiser Wiens mit einem der nettesten Kellner der Stadt (Adriano). Geöffnet von Mo–So von 11.30–24 Uhr. Küchenschluss ist um 23.15 Uhr.

Wollzeile 38, 1010 Wien • U-Bahn: U3 bis Stubentor; Straßenbahn: 2 bis Station Stubentor; Bus: 3A bis Station Stubentor; 74A bis Station Stubentor • Tel.: +43 1 512 15 77 • www.plachutta.at

Steirereck

Das Lokal für Feinschmecker. Das Gourmetrestaurant Steirereck hat von Mo–Fr von 11.30–14.30 Uhr und ab 18.30 Uhr geöffnet, bis der letzte Gast satt und zufrieden ist. Die sich im selben Haus befindliche Meierei hat von Mo–Fr von 8–23 Uhr und am Wochenende von 9–19 Uhr geöffnet. Das Frühstück in der Meierei gibt es immer bis 12 Uhr. An Feiertagen haben das Steiereck und die Meierei geschlossen.

Am Heumarkt 2A, 1030 Wien • U-Bahn: Linie U3 bis Landstraßer Hauptstraße oder bis Stubentor; Linie U4 bis Stadtpark; Straßenbahn: Linie 2 bis Stubentor oder Weihburggasse • Tel.: Steirereck +43 1 713 31 68, Meierei: +43 1 713 31 68 - 10 • www.steirereck.at

Das Restaurant im Donauturm

Ein sich drehendes Restaurant mit atemberaubendem Blick über Wien – geöffnet von Mo–So von 11.30–15 Uhr und von 18–24 Uhr. Kaffeespezialitäten bekommt man im Kaffeehaus von Mo–So von 10–24 Uhr.

Donauturmstraße / Mispelweg 8, 1210 Wien • U-Bahn Linie U1 bis VIC/Kaisermühlen und anschließend mit dem Bus Linie 20B bis Donauturm • Tel.: +43 1 263 35 72 • www.donauturm.at

Do&Co Albertina

Hier wird Essen zu etwas Besonderem. Im Sommer speisen Sie direkt neben der bekannten Albertina auf einer traumhaften Terrasse mit Blick zum Burggarten.

Albertinaplatz 1, 1010 Wien • U-Bahn: Linie U1, U2, U4 bis Karlsplatz/Oper; Straßenbahn: Linie 1, 2, D, 62 und der Badner Bahn Station bis Staatsoper/Kärntner Ring; Bus: Linie 2A bis Albertina • Tel.: +43 1 532 96 69 • www.doco.com

SKY Cafe.Restaurant.Bar

Ein traumhafter Ausblick über die Wiener Altstadt inklusive Stephansdom bietet sich Ihnen. Den bekommen in der Sky Bar von Montag bis Samstag von 9.30–3 Uhr und am Sonntag von 18–2 Uhr.

Kärntner Straße 19, 1010 Wien • U-Bahn: Linie U1 oder U3 bis Stephansplatz; Bus: Linie 1A bis Stephansplatz • Tel.: +43 1 513 17 12 • www.skybox.at

Neni

Orientalische Weltküche mitten in Wien. Geöffnet hat das Neni von Mo–Sa von 8–23 Uhr, an Sonn- und Feiertagen geschlossen.

Naschmarkt 510, 1060 Wien • U-Bahn: Linie U4 bis Kettenbrückengasse; Bus: Linie 57A bis Getreidemarkt oder mit der Linie 59A bis Bärenmühldurchgang • Tel.: +43 1 585 20 20 • www.neni.at

Welche Gerichte man unbedingt probieren sollte

Wiener Schnitzel vom Kalb – der Klassiker schlechthin

Das ist der Klassiker der Wiener Küche schlechthin, ein dünnes, paniertes, ausgebackenes Schnitzel aus Kalbfleisch. Die billigere Variante, die in den meisten Beisln gerne serviert wird, ist das Schnitzel aus Schweinefleisch. Dieses darf aber offiziell jedoch nicht Wiener Schnitzel genannt werden. Die Bezeichnungen lauten dann oft »Schnitzel Wiener Art«. Zum Wiener Schnitzel, egal ob Kalb oder Schwein, wird gerne ein Kartoffelsalat gereicht.

Warmer Apfelstrudel mit einer Wiener Melange

Der Klassiker, denn man unbedingt in einem Wiener Kaffeehaus genießen muss. War immer gut, ist gut und wird immer gut sein!

Wiener Tafelspitz

Mit Tafelspitz ist das spitz zulaufende, zarte Schwanzstück vom Rind gemeint. Dieses Teil wird im Ganzen in Suppe gekocht und anschließend in Scheiben aufgeschnitten. Dazu wird Apfel oder Semmelkren gereicht. Als Beilage wird das Wurzelgemüse aus der Suppe sowie Kartoffeln, Röstkartoffeln oder Spinat serviert.

Wiener Backhuhn

Seit dem 18. Jahrhundert eine Leibspeise der Wiener. Es besteht aus vorbereiteten, gewürzten Teilstücken vom Huhn, die paniert und anschließend ausgebacken werden. Das Wiener Backhuhn wird mit frittierten Petersiliensträußchen, geachtelten Zitronenscheiben und Häuptelsalat oder Erdäpfelsalat serviert. Zur Zeit des Biedermeier war das Backhendl der Inbegriff der feinen Wiener Küche und somit der Aristokratie und dem gehobenen Bürgertum vorbehalten.

Für Vegetarier: Krautfleckerl oder Eiernockerln mit grünem Salat
Soll einer sagen, dass die Wiener Küche sich nur an Fleischliebhaber richtet. In jedem Beisl gibt es hervorragende vegetarische Gerichte. Die sogenannten Krautfleckerln sind eine Nudelspezialität der Wiener und der Böhmischen Küche.

Fiakergulasch
Wenn der Fiaker, der Kutscher, nach einer langen Fahrt Hunger hatte, dann kehrte er in sein Stammbeisl ein und bestellte seine Leibspeise – ein Fiakergulasch. Das ist die deftigere Abwandlung vom klassischen Gulasch. Hier werden zusätzlich gebratene Frankfurter Würstel, ein Spiegelei und eine fächerartig aufgeschnittene Gewürzgurke serviert. In manchen Lokalen gibt es noch einen Semmelknödel als Beilage. Sehr deftig und sehr gut.

Kaiserschmarren
Bei dieser Wiener Süßspeise, die aus Palatschinkenteig zubereitet wird, jubelt der Gaumen. Jeder in Österreich kennt den Kaiserschmarren und jeder mag ihn. Benannt wurde er nach Kaiser Franz Joseph I.

Sachertorte
Noch eine Spezialität der süßen Wiener Küche. Die wohl bekannteste Schokotorte der Welt mit Marillenmarmelade und Schokoglasur – gibt es in jedem guten Wiener Kaffeehaus oder im Café des Hotel Sacher.

Palatschinken
Der perfekte Abschluss eines guten Essens. Schmeckt am besten mit Preiselbeer- oder Marillenmarmelade.

Die Wiener Sagen

Wieso landet ein Hahn am Stephansdom?

»Das mit den Wiener Sagen, das musst Du Dir unbedingt anschauen. Das ist echt *ureleiwaund* und darüber wissen auch viel zu wenig Leute Bescheid. Wirklich urinteressant ...«

Richard schildert mir begeistert und mit weit geöffneten Augen seine Erlebnisse, er holt aus und beginnt, aufgeregt mit den Händen in der Luft zu gestikulieren. Seine Erzählungen haben mich so (»ur«) neugierig gemacht, dass ich mich sofort auf die Suche nach den Wiener Sagenfiguren machen möchte.

»Ah ja ... und das **Basiliskenhaus** in der Schönlaterngasse musst Du Dir auf jeden Fall auch ansehen ...voll ur...«, ruft mir Richard noch anregend nach.

Gesagt getan. Ich begebe mich in den ersten Bezirk in die **Schönlaterngasse**. Die Schönlaterngasse befindet sich unweit der Jesuitenkirche und der alten Universität Wien hinter dem eindrucksvollen Stephansdom. Und eindrucksvoll trifft es hier äußerst gut. In diesen alten Gassen fühlt man sich wie in einem schaurigen, mitreißenden Mittelalterfilm.

Angeblich wohnte in dieser mystischen Gasse ein Basilisk in einem Brunnen. Ich will mich selbst gerade fragen, da bekomme ich auch schon von einer Dame hinter mir die Antwort: »Viele von ihnen werden sich jetzt vermutlich fragen, was denn ein Basilisk genau ist. Nun, ein Basilisk ist ein Mischwesen, es hat den Kopf eines Hahns, den Unterkörper einer Schlange und am Kopf trägt es eine Krone. Sein Blick soll versteinern oder gar töten können und sein Atem ist tödlich giftig. Vorgefunden hat man diese Ungeheurer im Mittelalter in Brunnenschächten und in Kellern wie hier in der Schönlaterngasse. Eine Chance gegen diese Unwesen hatte man, wenn man ihm den Spiegel vorhielt. Und hier, an dieser Stelle der

Schönlaterngasse im ersten Bezirk, befindet sich das sogenannte Basiliskenhaus.«

Ohne, dass ich es gemerkt habe, hat sich hinter mir eine kleine Reisegruppe ebenfalls auf die Suche nach dem Basiliskenhaus begeben.

Das Basiliskenhaus in der Schönlaterngasse

Nach der Sage wohnte im Jahr 1212 ein Basilisk im Hausbrunnen. Am Morgen des 26. Juni 1212 vernahm man schreckliche Geräusche. Gestank stieg aus dem Brunnen empor. Die Mägde waren aufgebracht und so stieg der Geselle Heinrich den Brunnen hinunter. Nach nur kurzer Zeit hörte die Menge ein lautes Schreien und Lärmen. Schnell versammelte sich eine Schar von Wienern um den Brunnen. Geselle Heinrich wurde schnell nach oben gezogen. Er war ohnmächtig und schaute arg zugerichtet aus. Die Menge war ratlos. Der Bäckermeister sah sich schon seine sieben Sachen packen und mochte so schnell wie möglich weg von diesem furchteinflößenden Ort. Da trat plötzlich ein Studierter aus der Menge hervor und erklärte, dass es sich bei dem Ungeheuer um einen Basilisken handele. Dieser Basilisk kann nur besiegt werden, wenn man ihm den Spiegel vorhält. Die Menge trat zurück, denn keiner mochte dem Basilisken den Spiegel vorhalten. Der Geselle Hans kam nach vorne und erklärte, dass er dem Ungeheuer den Spiegel zeigen wolle und wenn er die Mutprobe bestand, dann mochte er die Tochter des Bäckermeisters zur Frau nehmen. Der Bäckermeister willigte ein und so kletterte Hans mit einem großen Spiegel den Brunnen hinunter. Die Menge vernahm einen lauten Schrei, und man hörte Hans rufen, dass der Basilisk tot sei. Die Menge jubelte. Hans kletterte aus dem Brunnen. Der andere Geselle Heinrich starb noch am selben Tag. Hans aber heiratete die hübsche Bäckerstochter.

So (oder so ähnlich) trug sich diese Sage zu. Genauer weiß man es nicht.

Wenn Sie nun den Ort der Sage in der Schönlaterngasse 7 gefunden haben, dann werden Sie ein Fresko entdecken. Dieses stellt die mutigen Heldentaten des jungen Hans dar. Der Originaltext entstand 1577, die Inschrift, die Sie dort lesen, wurde allerdings erst 1932 angefertigt.

Nach dieser Basilikenepisode mache ich mich auf dem Weg zum nicht weit entfernten **Stephansdom**. Ich gehe an alten Gründerzeithäusern vorbei, lasse Fiaker an mir vorüberziehen und stehe plötzlich direkt vor dem Dom, der komplett und richtig »Domkirche St. Stephan zu Wien« heißt. Ich betrachte dieses kirchliche Monstrum. Menschenmassen scharen sich vor dem Gotteshaus, unterhalten sich in den unterschiedlichsten Sprachen, lachen und machen Selfies. Beim genaueren Hinsehen sticht mir viel Imposantes ins Auge. Die Touristenmassen und meine Wenigkeit befinden sich auf dem ehemaligen Friedhof von St. Stephan. Diesen gab es bis ins 18. Jahrhundert. Heute bemerkt man davon, wenn man sich im geschäftigen Treiben am Stephansplatz befindet, absolut nichts mehr.

Der Stephansdom, ein Dom mit Geschichte

Der »Steffl«, wie die Wiener ihren gotischen Dom nennen, ist ein absolutes Muss bei jedem Wienbesuch. Benannt wurde der Dom nach dem Heiligen Stephanus (Stephanitag am 26.12.). Dieser wurde 40 v. Chr. vor den Toren Jerusalems zu Tode gesteinigt. Er galt als erster christlicher Märtyrer und ist bis heute Patron der Kutscher und Pferdeknechte.

Dieses mächtige Kirchenbauwerk, welches erstmal 1136 urkundlich erwähnt wurde, ist 107 Meter lang und 34 Meter breit. Teile des spätromanischen Vorgängerbaus aus den Jahren 1230 bis 1263 sind heute noch erhalten und bilden die Westfassade. Links und rechts davon befinden sich die beiden »Heidentürme« mit einer Höhe von 65 Metern.

Der Name »Heidenturm« kommt, so wird vermutet, von dem von ihrem Bau im 12. Jahrhundert verwendeten römischen, also heidnischen, Baumaterial. Andere spätere Deutungen, die vor allem aus der Türkenzeit kommen, vergleichen die beiden Türme mit Minaretten. Insgesamt besitzt der Stephansdom vier Türme. Der höchste Turm ist der Südturm mit 136,4 Metern. In der Zeit der österreich-ungarischen Monarchie durfte kein Turm höher sein als der Südturm des Stephansdoms. Deswegen musste beispielsweise der Turm des Mariä-Empfängnis-Doms in Linz um zwei Meter niedriger gebaut werden.

Der vierte Turm ist der Nordturm, der jedoch niemals fertiggestellt wurde. Bis zum Brand 1945 befand sich die sogenannte »Halbpummerin« im Nordturm. Das war die größte Glocke bis zum Guss der »Pummerin« im Jahr 1711. Die Halbpummerin war während der zweiten Türkenbelagerung 1683 die einzige Glocke der Stadt, die bei Gefahr geläutet werden durfte. Sie wurde 1945 zerstört, Überreste wurden für den Guss der »Pummerin« mitverwendet.

Die Pummerin kennt in Österreich jedes Kind. Warum? Für Kinder ab etwa fünf Jahren gibt es meistens einen Tag, an dem sie länger aufbleiben dürfen – und das ist zum Jahrewechsel. In Wien sagt man »Süüwestah«, also Silvester. Da ertönt in Österreich die Pummerin vom Stephansdom zu den Klängen des »Donauwalzers« im Radio. Sie läutet mit ihrem eindringlichen Klang fünf Minuten das neue Jahr ein.

Gegossen wurde sie in den 1950er-Jahren in Oberösterreich, seit 1957 hängt sie im Nordturm. Sie gilt als ein wichtiges Symbol für den Wiederaufbau Österreichs. Ihr Beiname wurde lang vor den heute gängigen Castingshows kreiert – sie wird gerne auch die »Stimme Österreichs« genannt.

Die Pummerin ist die größte Glocke Österreichs und eine der größten Mitteleuropas. Ihr Gewicht beträgt ohne Klöppel über 20 Tonnen, ihr Durchmesser über 3 Meter. Sie ertönt nur zu bestimmten Anlässen wie zu Silvester, Ostersonntag und am Nationalfeiertag am 26.10.

Einen Besuch der **Pummerin im Nordturm** halte ich im Zuge einer Stephansdomsvisite für dringend notwendig. Schon die Fahrt mit dem antik anmutenden Aufzug hinauf in den Nordturm wird für mich zum unvergleichlichen Erlebnis. Ich fühle mich wie in einem Agentenfilm, nicht wissend, ob und wie ich jemals oben ankommen werde. Die Tiefenentspanntheit des Liftfahrers gibt mir Hoffnung.

Ich verlasse den Aufzug glücklich und bin von dem wunderbaren Blick über Wien und das Umland begeistert. Dann entdecke ich sie. Die österreichische Nationalglocke, die Pummerin. Auf der anderen Seite des Nordturms befindet sich der fertige Südturm. Er ist ein architektonisches Meisterwerk seiner Zeit. In diesem Turm befinden sich insgesamt 13 Glocken, wovon elf das Hauptgeläut des Stephansdoms bilden.

Viele spannende Sagen ranken sich um das mächtige Kirchengebäude von St. Stephan. »Die Sage vom Nordturm des Stephansdoms. Warum der niemals gebaut wurde. Die musst du dir auf jeden Fall anschauen. Echt ursuper Martin. Voll ure«, hatte Richard mir mitgegeben. Und er hatte Recht.

Mehr als ein Jahrhundert hatte sich bereits die Arbeit am Bau der Stephanskirche hingezogen. Nun aber war das stolze Werk fast vollendet. Der schlanke Südturm ragte in seiner ganzen Schönheit himmelwärts, sogar das Langhaus war fertiggestellt. Es fehlte nur mehr der Nordturm, für dessen Bau der eifrige Werkmeister Hans Puchsbaum verpflichtet wurde. Er war ein geschickter und tüchtiger Handwerker und seinem Meister stets treu ergeben.

Der für den Bau verantwortliche Meister hatte eine schöne Tochter namens Maria. Diese Tochter wurde von Puchsbaum innig verehrt, sodass er eines Tages bei seinem Meister um Marias Hand anhielt. Der Meister war nicht glücklich über die Liebe der beiden, ließ sich aber nichts anmerken. Er sprach zu Puchsbaum: »Mein lieber Hans, ich gebe dir meine Tochter zur Frau, wenn du es fertigbringst, den zweiten Turm innerhalb eines Jahres zu vollenden, auf dass er genauso hoch wird wie der bereits bestehende Südturm.«

Puchsbaum war voller Verzweiflung, denn kein Sterblicher wäre in der Lage gewesen, den Turm innerhalb eines Jahres fertigzustellen. Als er eines Abends wieder am Fuße des Turms stand und verzweifelt darüber nachdachte, wie er die Arbeit beschleunigen und sein Versprechen einhalten könne, stand mit einem Male ein sonderbar aussehender Mann in grüner Kleidung neben ihm und blickte ihn lachend an.

»Wer bist du und was willst du?« fragte Puchsbaum erschrocken.

»Wer ich bin«, entgegnete der Fremde, »ist rasch gesagt. Man nennt mich den Höllenfürsten, andere nennen mich Teufel, und was ich will, soll dir von Nutzen sein; ich will dir helfen.«

Abwehrend streckte Puchsbaum seine Hände aus und rief: »Du Schrecklicher, heb dich hinweg von mir; ich will mit dir nichts zu schaffen haben!«

Der Satan aber setzte grinsend fort: »Wenn ich imstande bin, dir zu helfen, den Turm in weit kürzerer Zeit fertigzustellen, als du versprochen hast, und wenn du dadurch die Hand deiner Geliebten erringst, willst du auch dann auf meine Hilfe verzichten?«

Puchsbaum begann zu schwanken; die Versuchung war zu groß. »Und was verlangst du für deine Hilfe?« fragte er schließlich den Teufel.

»Nicht viel«, entgegnete dieser. »Du darfst nur während der ganzen Zeit des Baues weder den Namen Gottes noch der Jungfrau Maria noch sonst eines Heiligen aussprechen.«

Diese Bedingungen einzuhalten, schien Puchsbaum weder schwer noch gefährlich, und er zögerte nicht länger: Der Pakt mit dem Teufel wurde geschlossen.

Von dem Tag an wuchs der Nordturm von St. Stephan in Windeseile in die Höhe. Es gab keine Hindernisse und Verzögerungen mehr. Nicht nur der Magistrat und alle Zuschauer wunderten sich, auch der Meister selbst war auf das Höchste erstaunt, mit welcher Schnelligkeit die Arbeit vorwärts ging. Fröhlich dachte Hans Puchsbaum, dass es nun sicher gelingen werde, den Bau weit vor der gesetzten Frist zu vollenden, und freudigen Herzens dachte er an seine Maria, deren Hand ihm nun gewiss schien. Er hatte im Drang der Arbeit in den letzten Tagen seine Geliebte gar nicht mehr gesehen und war um so freudiger überrascht, als er sie eines Tages von der Höhe des Turmes aus, wo er den Fortschritt der Arbeit überwachte, unten am Fuße des Domes auf dem Platz erblickte. Er rief aus übervollem Herzen hinunter, sich vorbeugend, dass sie ihn wirklich sehen musste: »Maria!«

Und schon war ein fataler Fehler passiert. Er hatte »Maria« noch nicht zu Ende gerufen, da brach höllisches Gelächter los und der Teufel persönlich erschien neben Puchsbaum. Der Höllenfürst packte Puchsbaum und schleuderte ihn mit unheimlicher Kraft in die Tiefe in Richtung Stephansplatz. Ein hohles Hohngelächter gellte, und für einen Moment soll die riesenhafte Gestalt eines grüngekleideten Mannes mit grinsender Fratze über den Trümmern des zusammengestürzten Bauwerkes geschwebt haben. Der Leichnam des Handwerkers wurde nicht gefunden und noch am selben Tag wurden die Bauarbeiten eingestellt und nie mehr weitergeführt.

So blieb der Nordturm des Stephansdoms bis heute unvollendet. Das erzählt zumindest die Sage. Andere Stimmen meinen, dass der Stadt einfach das Geld ausgegangen war und der Bau des Nordturms aus diesem Grunde nicht vollendet werden konnte.

Eine weitere spannende Sage dreht sich um die **Zügenglocke**. Diese beim Volke gefürchtete Glocke erklang, wenn jemand in den letzten Zügen lag. Sie hängt ebenso im Nordturm. Die Sage handelt von einem Mann, der sich auf sein Wissen und seine Aufgeklärtheit sehr viel einbildete. Oft hatte er zu seinen Angehörigen gesagt, dass man ihm ja nicht das »Zügenglöcklein« im St. Stephansdom läuten lasse, wenn er sterbe. Er brauche kein »Vater unser«. Kurz darauf lag der Mann tatsächlich im Sterben. Als die Familie ihm dennoch das Sterbeglöcklein läuten lassen wollte, fiel zum Entsetzen der Läutenden bei der ersten Bewegung die eherne Zunge der Glocke herab.

Auch die Legende vom **13. Glockenschlag** ist spannend, sie erzählt von einer fröhlichen Gesellschaft junger Musiker, die sich von einer alten Hexe wahrsagen ließ. Der Kapellmeister König Ferdinands I., Arnold de Bruck, befragte neugierig die Wahrsagerin, wann er sterben werde. Die Antwort lautete: »Wenn die Uhr auf der Stephanskirche dreizehn schlägt.«

Nun, dreizehn Uhr kannte damals niemand und so lachten alle und meinten, dass der gute Arnold dann wohl ewig leben werde. Als Arnold de Bruck später im Jahr an einem schönen Tagen den Stephansturm bestieg, um die wahrhaft herrliche Aussicht über die Wienerstadt zu bewundern, lehnte er sich, eben als die Uhr die Mittagsstunde schlug, zu weit vor. Er stürzte vom Turm hinab. Noch vorher war sein Degen an der Glocke angekommen und hatte folglich den »dreizehnten Schlag« getan. Aufgeklärt wurde der Tatbestand durch einen Wächter, der Arnold de Bruck damals auf den Turm begleitet hatte.

Heute besteht, dank eines großen Zaunes, nicht mehr die Gefahr, dass man sich zu weit nach vorne beugt und dadurch einen dreizehnten Glockenschlag erzeugt.

Ich genieße noch kurz den herrlichen, leicht windigen Ausblick und fahre mit dem skurril anmutenden Fahrstuhl wieder hinunter. Unten angekommen, schaue ich noch schnell, wie ich es immer tue, beim Hansl vorbei.

Der **Hansl**, oder auch »der Fenstergucker« genannt, schaut unter der sechseckigen Domkanzel selbstbewusst heraus. Die Domkanzel im Stephansdom ist leicht zu finden, sie befindet sich in der Mitte des Langhauses. Viele sehen im Hansl den Erbauer der Kanzel Anton Pilgram, der sich selbst ein Denkmal setzten wollte. Die Wiener haben eine ganz besondere Beziehung zu ihrem Hansl. Die Legende erzählt, dass man dreimal um ihn herumgehen und jedes Mal fragen soll: »Hansl, was machst du jetzt?« Wenn man dann zweimal keine Antwort bekommt, dann sagt er beim dritten Mal: »Nichts.«

Ich versuche es auch – und wie immer sagt der Hansl nicht »Nichts«, sondern absolut nichts.

Ich verabschiede mich vom Hansl, versuche den Touristenströmen auszuweichen und schlendere langsam in Richtung Ausgang. Draußen angekommen gehe ich um diese gigantische Kirche herum, mein Blick schweift nach oben zu einem ehernen Hahn auf dem Chordach. Auch zum Wetterhahn, wie könnte es anders sein, gibt es natürlich eine Sage. Es ist die Geschichte vom **Wetterhahn** von St. Stephan, er gilt als Wächter gegen den Teufel.

Die Sage spielt im fünfzehnten Jahrhundert. Kaiser Maximilian I. regierte die Stadt. Er beauftragte den jungen Ritter von Schlezer, eine geheime Botschaft in die Türkei zu bringen. Die Gattin des Ritters machte sich große Sorgen, die der Freiherr entkräftete. Er gab zur Antwort, dass er durch ein silbernes Kreuz, welches er auf der Brust trug, geschützt würde.

Der Ritter machte sich also auf den Weg und überbrachte die Botschaft nach Konstantinopel. Alles ging soweit gut. Auf Heimweg allerdings wurde der Ritter samt Begleitung unglücklicherweise von Räubern gefangengenommen. Ritter von Schlezer fiel in Gefangenschaft und verlor all sein Hab und Gut. Fünf lange Jahre vergingen.

Die Gattin des Ritters im fernen Wien wähnte ihren Mann schon längst tot und wollte eine neue Ehe eingehen. Um diese Zeit hatte Herr von Schlezer in Gefangenschaft einen beunruhigenden Traum. Er sah im Traum, wie seine Frau eine neue Ehe im Wiener Stephansdom eingehen wollte. Da hörte er eine Stimme, welche ihm zurief, dass es noch möglich wäre, die Hochzeit nicht stattfinden zu lassen. Schweißgebadet wachte er auf und rief, dass er alles unternehmen wolle, um noch am nächsten Tag nach Wien zu kommen. Er gebe sogar dem Teufel seine Seele.

Kaum hatte er diesem Satz gesprochen, da stand der Leibhaftige schon vor ihm und bot ihm an, ihn nach Wien zu bringen. Er verlangte vom Ritter von Schlezer, dass sich dieser ihm im Gegenzug mit Haut und Haar verschreibe. Das war für den Ritter in Ordnung, denn dieser wollte nur heim nach Wien. Schnell zauberte der Teufel einen Hahn herbei, der beide geschwind nach Wien bringen sollte. Der Ritter willigte in den Handel ein, aber nur dann, wenn er auf Weg nach Hause nicht aufwachen würde.

Herr von Schlezer und der Teufel hockten sich auf das Federvieh, der Ritter umklammerte fest sein silbernes Kreuz und schlief ein. Als der Morgen graute, waren sie schon über Wien. Der Stephansdom war bereits in Sichtweite, da überfiel den Hahn ein Schwächeanfall. Seine Flügel erlahmten und er stieß ein lautes »Kikeriki« aus. Der Ritter erwachte aus seinem Schlaf.

Der Leibhaftige wurde wild und schleuderte die beiden mit einem lauten Schrei in die Donau. Fischer zogen den erschöpften Ritter samt Hahn aus dem Fluss. Die Hochzeit konnte noch verhindert werden und Herr von Schlezer fiel seiner Frau, die ebenso glücklich wie überrascht war, um den Hals. Wie der Verlobte von Frau von Schlezer reagierte, wurde nicht überliefert.

Zum Dank ließ der Ritter ein eisernes Abbild des Hahns anfertigen und auf dem Dachfirst der Stephanskirche anbringen. Können Sie den Hahn am Chordach sehen?

Das Wiener »ur«

Das mit dem »ur« ist eine urtypische Wiener Bezeichnung. Immer wenn für den Wiener etwas wirklich außerordentlich besonders ist, dann setzt er ein »ur« vor das passende Eigenschaftswort. »Ur« ist eigentlich fast alles, kann auch alles sein und wird vor allem von der jüngeren Generation verwendet. Der ältere Wiener und die Wiener, die intellektuell wirken wollen, verwenden es in ihrem Sprachgebrauch nicht. Für Gäste der Stadt wird es oft schwierig, wenn das »ur« mit einem wienerischen Dialekt-Ausdruck verbunden wird. Wie es beispielsweise Richard eingangs mit dem **»urleiwaund«** getan hat. Damit meint er, dass die Sagen »sehr interessant« sind.

Woher das »ur« ursprünglich kommt, darüber gibt es viele Meinungen. Eine davon ist die Urbedeutung des Präfixes »ur« als »woraus« oder »hinaus«. So wie es auch eine Verwendung der Steigerung (Beispiel uralt oder Urenkel) seit langem gibt.

★ Do it yourself ★

Der Wiener Stephansdom

Durchstreifen Sie den Wiener Stephansdom mit seinem unfertigen Nordturm. Nehmen Sie dazu den Fahrstuhl. Diesen finden Sie auf der linken inneren Seite des Doms. Schon die Fahrt ist wie eine Reise in die Vergangenheit. Oben angekommen inspizieren Sie die bekannteste Glocke Österreichs, die Pummerin, und die Zügenglocke. Nehmen Sie sich genügend Zeit für einen Besuch dieses österreichischen Nationalheiligtums.

Stephansplatz 3, 1010 Wien • U-Bahn: U1 und U3 bis Stephansplatz; Bus: Linie 1A bis Stephansplatz • Mo–Sa 6–22 Uhr, sonn- & feiertags 7–22 Uhr; an Werktagen finden bis zu acht Gottesdienste und an Sonn- und Feiertagen bis zu 11 Gottesdienste pro Tag statt; die Pummerin kann täglich 9–17.30 Uhr besucht werden • Erwachsene: 5,50 Euro, Kinder (6–14 Jahre): 2 Euro • Domführungen: +43 1 515 52 30 54 • www.stephanskirche.at • Informationen zu Gottesdiensten: www.dompfarre.info

Der Basilisk der Schönlaterngasse

Begeben Sie sich auf die spannende Entdeckungsreise zu einer der bekanntesten Wiener Sagenfiguren.

Schönlaterngasse 7, 1010 Wien • U-Bahn: Linie U1 und U3 bis Stephansplatz oder U3 bis Stubentor; Bus: Linie 1A bis Stephansplatz; Linie 3A bis Stubentor

Wien und der Tod

Das Leben nach dem Leben

»Wer möchte nicht gerne wissen, wie seine Zukunft aussieht?«

Doch wer hat darauf schon die passende Antwort? Ich vermute einmal: keiner. Was man jedoch machen kann: Man versucht, sein Leben und vor allem das Leben nach dem Tod ein wenig zu planen. Das machen viele Wiener so.

Ich versuche jetzt einmal »die wienerische ideale Lebensvariante« zu umreißen. Bitte stellen Sie sich folgendes Szenario vor: Man hat eine eigene (Gemeindebau) Wohnung oder ein kleines Haus mit kleinem Garten. Man übt einen Beruf aus, der einem Freude bereitet. Außerdem hat man gesunde Kinder, eine kuschelige Katze, zumindest einen neugierigen Goldfisch oder einen kleinen lustigen Kanarienvogel.

Ganz überperfekt weitergeträumt ist die Wohnung oder das Haus nicht nur ein normales Haus, sondern eine hübsche Villa aus der Jahrhundertwende am Stadtrand. Noch besser: Die Villa hat einen Swimmingpool und befindet sich in den Wiener Bezirken Hietzing oder Grinzing. Im Carport oder in der Garage vor der denkmalgeschützten Villa posiert ein schicker allradbetriebener SUV, daneben ein alltagsdienlicher Porsche für schnelle Einkäufe am Wochenende oder Ausflüge auf den Golfplatz.

Klingt doch perfekt, oder? Wenn man dann irgendwann, trotz zahlreicher Hilfsmittel, älter wird, wünscht man sich, dass die Kinder die elterliche Villa einmal weiterbewohnen, die Katze füttern und den Garten pflegen werden. Ganz sicher kann man sich da ja nie sein, demzufolge muss man selbst schauen, wo man bleibt. Also macht man ein Testament, regelt die Erbfolge und organisiert sein Leben danach. Und gerade in diesem Bereich sind die Wiener Weltspitze, auch immer schon gewesen. Was macht nun der bessere Wiener anders als die anderen Wiener?

Man organisiert sich ein schönes Grab. Noch besser: eine Gruft. Am besten ist natürlich eine gediegene Gruft am Grinzinger oder am Hietzinger Friedhof. Ewige Ruhe in bester Lage und Gesellschaft ist garantiert. Ein Großteil des »Who is Who« der besseren Wiener Gesellschaft liegt am Grinzinger oder am Hietzinger Friedhof begraben.

Die Wiener Friedhöfe

Ich war neugierig und machte mich auf den Weg zu den Hotspots der verstorbenen Wiener Hautevolee. Also habe ich mich mit meinem Freund Michael getroffen und gemeinsam wir haben einen Ausflug nach Grinzing unternommen.

Beinahe jeder, der etwas auf sich hält, wohnt in Grinzing. Und auch jeder, der jemals etwas auf sich hielt, wurde am Grinzinger Friedhof begraben. Der Rest der berühmten Töchter und Söhne der Stadt liegen auf dem Zentralfriedhof Wien oder auf dem Hietzinger Friedhof.

Während der Fahrt mit der Straßenbahnlinie 38 (»38er Wagen«) überlegen Michael und ich, welche Gräber wir gerne besichtigen würden. Wir folgen nach dem Ausstieg an der Station »An den langen Lüssen« voller Demut dem Schild »Grinzinger Friedhof« und gehen einen kleinen Hügel empor. Beim Erreichen des Eingangsbereiches entdecken wir auf der linken Seite eine kleine Blumenhandlung, bei der man auch an Feiertagen Blumen kaufen kann. Das Besondere an dieser Blumenhandlung ist, dass es an dem Tag unseres Besuches keine Verkäufer gibt. Man wirft das Geld einfach in eine Spendenbox und wählt dann das passende Gesteck. Man ist schließlich in Grinzing und vertraut auf die Ehrlichkeit seiner Besucher.

»Schau mal, was da ist!«, meint Michael. Auf der rechten Eingangsseite befindet sich, wie übrigens auf jedem Wiener Friedhof, ein Friedhofsplan. Der hilft uns enorm weiter, wir orientieren uns und finden das Grab von **Thomas Bernhard**. Es befindet sich ein wenig abseits der üppigen Familiengruften. Bernhard wurde im Grab seiner Tante bestattet. Wir mögen beide Thomas Bernhard und verehren seine Arbeiten. Thomas Bernhard hatte eine zwiegespaltene Beziehung zu Wien. Einerseits schätzte er seine Tante und die Zusammenarbeit mit Claus Peymann am Wiener Burgtheater. Andererseits verabscheute er das Wiener Beamtentum, deren Politiker und den Umgang des Wieners mit seiner Vergangenheit, insbesondere der NS-Zeit.

Unweit von Thomas Bernhards Grab entdecke ich die letzte Ruhestätte von **Horst Martin Flossmann**. Er war ein legendärer Conférencier und Direktor des Kabarett Simpl in der Wollzeile. Ich verweile einige Minuten vor diesem Grab und denke daran, dass ich heute beinahe jeden Abend auf derselben Bühne stehe wie einst er. Da sehe ich Michael winken und ich gehen zu ihm.

»Schau einmal, wer da ist. Der Herr Zeitungsmogul!«, höre ich Michael sagen.

Wir stehen vor dem Grab von **Hans Dichand**. Dichand war der ehemalige Herausgeber der *Kronen Zeitung*, der bis heute populärsten österreichischen Tageszeitung. Herr Dichand war vor allem dafür bekannt, dass er in seinen Kolumnen oft sehr polarisierende Meinungen vertrat und sich dadurch meinungsbildend in die österreichische Innenpolitik einmischte. Das Imperium der *Kronen Zeitung* wurde nach Hans Dichands Tod von seinem Sohn übernommen. Dichands Schwiegertochter leitet heute eine U-Bahn-Gratiszeitung.

Ganz in der Gegend der letzten Ruhestätte des Zeitungsmoguls entdecken wir das Grab von **Peter Alexander**. Er war einer der beliebtesten Entertainer des letzten Jahrhunderts und Liebling aller Wiener. Seine Villa war nur einen Steinwurf vom Friedhof entfernt. Wir gehen weiter über den Friedhof und erblicken das Grab von **Gustav Mahler**, **Alma Mahler-Werfel** und zahlreichen weiteren bekannten Persönlichkeiten, die durch herausragende Leistungen in Kultur, Sport oder Wirtschaft große Bekanntheit erlangt haben. Ein Totenkult der Perfektion.

Wo Mozart und Co zu finden sind

Grinzing ist ein Teil des 19. Wiener Gemeindebezirks Döbling und unter anderem auch für seine zahlreichen Heurigen bekannt. Döbling ist einer von Wiens Nobelbezirken am Rande der Stadt wie auch Hietzing und Währing. In diesen Bezirken sind die Grundstücke teurer als in der restlichen Stadt, selbst der Liter Milch kostet dort mehr, schmeckt aber auch, zumindest für viele, die dort wohnen, natürlich ein wenig besser.

Wer liegt wo am Grinzinger Friedhof

- **Carlo Abarth**, Rennfahrer, Konstrukteur, Gruppe 6, Reihe 2
- **Raoul Maria Aslan**, Schauspieler, Gruppe MA, Reihe 24A
- **Thomas Bernhard**, Schriftsteller, Gruppe 21, Reihe 6
- **Hans Dichand**, Herausgeber, Gruppe 6, Reihe 1, Nr. 9
- **Heimito Doderer**, Schriftsteller, Gruppe 10, Reihe 2
- **Heinrich Ferstel**, Architekt, Gruppe MA, Reihe 46
- **Horst Martin Flossmann**, Kabarettist, Simpl Direktor, Gruppe 8, Reihe 3
- **Lambert Hofer**, Kostümverleiher, Gruppe MA, Reihe 51A
- **Josef Klaus**, Bundeskanzler, Gruppe 19, Reihe 29
- **Ida Krottendorf**, Schauspielerin, Gruppe 4, Reihe 73
- **Gustav Mahler**, Komponist, Operndirektor, Gruppe 6, Reihe 7
- **Alma Mahler-Werfel**, Schriftstellerin, Gruppe 6, Reihe 6
- **Peter Alexander Neumayer**, Schauspieler, Sänger, Entertainer, Gruppe 7, Reihe 1
- **Walter Palmers, Textilunternehmer**, Gruppe 22, Reihe 10
- **Paula Wessely und Attila Hörbiger**, Schauspieler, Gruppe 6, Reihe 3

Ich habe öfter das Gefühl, dass es zwischen den Bezirken Döbling und Hietzing einen Wettkampf gibt, welcher der trendigere Bezirk ist. Für mich gewinnt immer Hietzing, weil dieser Bezirk auf mich moderner wirkt als das eher konservative, teils leicht verstaubte Döbling.

Was beide Bezirke in dieser Episode verbindet, ist der Tod. Denn eine weitere beliebte Promi-Ruhestätte ist der **Friedhof in Hietzing**. Ein Besuch bietet sich vor allem an, wenn Sie dem Schloss Schönbrunn oder dem Tierpark einen Besuch abstatten. Der Hietzinger Friedhof wird im Westen von der Maxingstraße und im Süden von der Elisabethallee begrenzt. Der Haupteingang liegt in der Maxingstraße.

Wer liegt wo am Hietzinger Friedhof

Auch hier befinden sich für Friedhofstouristen viele Gräber bekannter Persönlichkeiten wie etwa Alban Berg, Heinz Conrads, Franz Grillparzer, Otto Wagner und viele andere. Einer der bekanntesten Verstorbenen des Friedhofs ist zweifelsfrei Gustav Klimt. Er war wohl der bedeutendste österreichische Maler und bekannteste Vertreter des Wiener Jugendstils.

- **Alban Maria Berg**, Komponist, Gruppe 49, Nummer 24 F
- **Heinz Conrads**, Schauspieler, Gruppe 16, Nummer 35 E
- **Franz Grillparzer**, Schriftsteller, Gruppe 13, Nummer 107
- **Gustav Klimt**, Maler, Gruppe 5, Nummer 194
- **Koloman Moser**, Maler, Gruppe 16, Nummer 14D
- **Katharina Schratt**, Schauspielerin, Gruppe 19, Nummer 108
- **Otto Wagner**, Architekt, Gruppe 13, Nummer 131

Allerdings befindet sich der größte und am prominentesten belegene Friedhof Wiens weder in Döbling noch in Hietzing, sondern in Simmering. Es ist der **Zentralfriedhof**, nebenbei mit 250 Hektar der zweitgrößte Friedhof Europas, siebtgrößter der Welt. Hier gibt es eine Reihe prominenter Ehrengräber.

Mittlerweile ist der Friedhof (vor allem seine prominenten Verstorbenen) zu einer wichtigen Sehenswürdigkeit der Stadt aufgestiegen. Eröffnet wurde der Zentralfriedhof erst im Jahr 1874. Obwohl er Zentralfriedhof heißt, so liegt er ganz und gar nicht zentral, sondern am südöstlichen Stadtrand Wiens. Der Friedhof steht allen Konfessionen offen, so gibt es einen buddhistischen, evangelischen, islamischen, jüdischen, orthodoxen und mormonischen Teil. Nehmen Sie sich ruhig die Zeit und werfen Sie einen Blick auf die unterschiedlichen Friedhöfe am Zentralfriedhof. Der buddhistische Friedhof wurde erst 2005 angelegt.

Das wichtigste Hauptaugenmerk vieler Besucher des Zentralfriedhofes sind die Ehrengräber der Stadt Wien. Diese Ehrengräber wurden von der Stadt angelegt, um den Friedhof für die Bevölkerung attraktiver zu machen. So wurden bereits vor Anlegung des Friedhofes berühmte Verstorbene wie Ludwig van Beethoven, Franz Schubert und Wolfgang A. Mozart von anderen kleineren Friedhöfen zum Zentralfriedhof überführt und dort in Ehrengräbern bestattet. Mittlerweile ist ein Besuch der Ehrengräber fixer Bestandteil vieler Wienbesucher. Beliebte Fotomotive sind die Gräber von Curd Jürgens, Hans Moser, Johann Strauß, Bruno Kreisky, Theo Lingen und vielen andere. Ein recht neues Lieblingsmotiv ist der Grabstein des Sängers und Komponisten Udo Jürgens. Dieser zeigt einen in ein weißes Trauertuch gehüllten Marmorflügel mit den Zeilen: »Ihr seid das Notenblatt, das für mich alles war, ich lass' Euch alles, ich lass' Euch alles da!«

Eine interessante Besonderheit am Wiener Zentralfriedhof ist die friedhofseigene Autobuslinie 106. Sie verkehrt im Halbstundentakt.

Wer liegt wo am Zentralfriedhof

- **Peter Altenberg**, Schriftsteller, Gruppe 0, Reihe 1, Nr. 84
- **HC Artmann**, Literat, Krematorium, Abt. 1, Ring 1, Gr. 2, Nr. 3
- **Leon Askin**, Schauspieler, Gruppe 33 G, Nummer 34
- **Ludwig van Beethoven**, Komponist, Gruppe 32 A, Nr. 29
- **Max »Maxi« Böhm**, Schauspieler, Gruppe 33 G, Nr. 68
- **Hans Hölzel »Falco«,** Musiker, Gruppe 40, Nr. 64
- **Carl Ritter von Ghega**, Ingenieur, Gruppe 32 A, Nr. 24
- **Paul Hörbiger**, Schauspieler, Gruppe 32 C, Nr. 52
- **Alfred Hrdlicka**, Bildhauer, Gruppe 31 B, Reihe 13, Nr. 20
- **Udo Jürgens** (vormals »Bockelmann«), Sänger, Gruppe 33 G, Nr. 1A
- **Adolf Loos**, Architekt, Gruppe 0, Reihe 1, Nr. 105
- **Hans Moser** (eigentlich »Jean Julier«), Schauspieler, Gruppe 32 C, Nr. 27
- **Wolfgang Amadeus Mozart**, Komponist, Gruppe 32 A, Nr. 55
- **Helmut Qualtinger**, Schauspieler, Gruppe 33 G, Nr. 73
- **Bruno Kreisky**, Politiker, Gruppe 32 C, Nr. 21 B
- **Gert Voss**, Schauspieler, Gruppe 33 G, Nr. 66

Das Grab von Wolfgang Amadeus Mozart

Auch Wolfgang Amadeus Mozart, berühmter Sohn der Stadt, ruht am Zentralfriedhof. Obwohl das mit dem »Sohn der Stadt« nicht ganz stimmt. Geboren wurde das Musikgenie in Salzburg, aber gelebt hat er dann (zumindest) zeitweise hier in Wien. Zu Lebzeiten hat es das Wunderkind nicht immer leicht gehabt. Dafür nahm die Verehrung nach seinem Tode überdimensional zu. Auch das ist typisch für Wien, mit dem Tod tritt oft die unendliche, abgöttische Bewunderung ein. Ein Schicksal, dem sich nicht nur Mozart fügen musste.

Als Mozart am 5.12.1791 im ersten Bezirk in seinem Haus in der Rauhensteingasse 8 verstorben war, bekam er eine Totenmesse in der Cruzifixkapelle im Wiener Stephansdom. Anschließend wurde er in einem sogenannten »allgemeinen einfachen Grab« der Stadt Wien am Friedhof St. Marx begraben. Wirklich arm, wie man das heute oft hört, war Mozart aktuellen Nachforschungen zufolge nicht.

Mozarts Witwe, Constanze Mozart, besuchte das Grab erst siebzehn Jahre nach dessen Tod – warum erst so spät, ist unklar. Klar ist, dass die Berühmtheit Mozarts nach dessen Tod zunahm und viele daran interessiert waren, sein Grab aufzusuchen. Was leichter klingt, als es damals war, da es weder Kreuze noch Grabsteine gab. So wurden die Friedhofsgärtner des St. Marxer Friedhofs befragt. Derjenige, der den Leichnam Mozarts im Dezember 1791 beerdigt hatte, war nicht mehr unter den Lebenden, dafür glaubte ein Kollege damals gesehen zu haben, wo der andere Kollege das Genie seinerzeit beerdigte. Und genau an dieser Stelle wurde dann Jahrzehnte später das Mozartgrab, besser eine erste Gedenkstätte, errichtet. Das war 1855.

1859 wurde diese zu einer »richtigen« Gedenkstätte umgebaut – sicher, ob das Grab allerdings wirklich an der richtigen Stelle war, war sich damals keiner mehr. Später ließ die Stadt Wien das Grabmal am St. Marxer Friedhof abtragen und am Wiener Zentralfriedhof neu aufbauen. Danach war die Grabstelle am St. Marxer Friedhof leer, sodass fleißige Friedhofsgärtner alte Grabmonumente zusammentragen mussten, um eine Gedenkstelle dort zu errichten, wo das (alte) Mozart Grab war.

Auf diese Weise besteht heute noch für jeden die Möglichkeit, sich auf ganz private Suche nach Mozarts Grab zu machen.

Wie Sie sehen, hat der Tod in Wien eine lange Tradition, er ist gelebte Geschichte. Der Zentralfriedhof, der Grinzinger Friedhof, der Hietzinger Friedhof – das sind Friedhöfe, die mittlerweile zu Pilgerstätten für Touristen geworden sind.

Ein Friedhof hat es mittlerweile zumindest auf der Geheim-Tippliste jedes Wienbesuchs geschafft. Das ist der **Friedhof der Namenlosen**.

Zugegeben ist die Anreise zum Friedhof der Namenlosen nach Simmering an der Grenze zu Niederösterreich nicht ganz einfach. Sie haben mehrere Möglichkeiten, zum Friedhof zu gelangen. Mit den öffentlichen Verkehrsmitteln, mit dem Privatauto oder – wenn Sie ganz sportlich sind – mit dem Fahrrad.

Bei guten Verkehrsbedingungen ist man mit dem Pkw nach circa 25 Minuten am Ziel. Mit den Öffentlichen Verkehrsmitteln oder mit dem Rad dauert die Anreise etwa doppelt so lang. Falls Sie mit den öffentlichen anreisen, dann legen Sie den letzten Teil des Weges durch den relativ charmebefreiten Alberner Hafen (etwa 10 Minuten) zu Fuß zurück. Einen Parkplatz für den Pkw findet man direkt vor dem Friedhof.

Auf dem Friedhof der Namenlosen sind Menschen begraben, die im Zeitraum von 1840 bis 1940 im Hafenbereich von der Donau angeschwemmt wurden oder die freiwillig aus dem Leben gegangen sind und von ihren Angehörigen kein Begräbnis bekommen haben. Von den meisten wusste man weder Namen noch die Todesursache. Bei vielen anderen wurde die Identität nachträglich geklärt. Durch einen Wasserstrudel in der Donau, dort wo heute der alte Friedhof ist, wurden immer wieder Wasserleichen angeschwemmt. Sie wurden in der Gegend, wo sie angeschwemmt wurden, von Fischern begraben.

Der Friedhof der Namenlosen

Der Friedhof der Namenlosen ist zweigeteilt. Der erste Teil existiert heute nicht mehr. Lediglich ein Gedenkkreuz erinnert an die 478 Toten, die in diesem Bereich zwischen Auferstehungskapelle und Hafeneinfahrt ihre letzte Ruhe fanden. Die erste Bestattung einer unbekannten Leiche fand 1840 statt, die letzte im Jahr 1900. In diesem

Zeitraum wurde der Friedhof immer wieder überschwemmt. Etwa 60 Meter entfernt wurde um 1900 schließlich der heutige Friedhof der Namenlosen angelegt. Dieser Teil bot mehr Sicherheit vor Überschwemmungen. In der Zeit von 1900 bis 1940 wurden auf dem Friedhof 132 Leichen begraben.

Im Jahr 1935 wurde im heutigen Eingangsbereich des Friedhofs eine Auferstehungskapelle errichtet. Dieser Bereich versprüht eine interessante Aura. Es ist sehr ruhig. Man hört nur das Rascheln der Blätter von den Bäumen und das beruhigende Rauschen der Donau. Sonst ist am Friedhof nicht viel los. Man denkt an die zahlreichen Toten und deren Schicksale und betrachtet die vielen Grabkreuze, auf denen oft nur »Namenlos« oder »Unbekannt« steht. Auf einem anderen Grabkreuz steht »Wilhelm Töhn, ertrunken im 11.Lebensjahr durch fremde Hand«.

Gepflegt wird diese heimliche Sehenswürdigkeit bereits seit Generationen von der Familie Fuchs. Die Familie hat es sich seit über 60 Jahren zur Aufgabe gemacht, jedes einzelne Grab des Friedhofs zu pflegen und aus diesem Kleinod ein wahres Schmuckkästchen zu machen, welches immer mehr Besucher in seinen Bann zieht. Die Kreuze aus Birkenholz wurden durch Gusskreuze ersetzt, die von der städtischen Bestattung nicht mehr benötigt wurden.

Ich halte kurz inne und realisiere, dass auch hier jedes Grab seine eigene Geschichte hat, auch wenn die Namen unbekannt sind. Ich finde es eine sehr gute Idee, dass dieser Friedhof der Namenlosen heute noch existiert und erhalten wird.

★ Do it yourself ★

Friedhof Grinzing

Ein Besuch dieses Friedhofs ist in Verbindung mit einem Heurigenbesuch in Grinzing immer eine Reise wert.

An den langen Lüssen 33, 1190 Wien • Straßenbahn: Linie 38 bis An den langen Lüssen • April–September: 7–19 Uhr , Wintermonate: 8–17 Uhr • Tel.: +43 1 320 31 92 • www.friedhoefewien.at

Friedhof Hietzing

Wenn Sie in Hietzing in der Gegend des Schlosses Schönbrunn sind, dann können Sie das Grab von Meister Klimt bestaunen.

Maxingstraße 15, 1130 Wien • Bus: Linie 56A bis Montecuccoliplatz, 58A bis Montecuccoliplatz • April–September: 7–19 Uhr, Wintermonate: 8–17 Uhr • Tel.: +43 1 534 69 - 28220 • www.friedhoefewien.at

St. Marxer Friedhof

Der Friedhof, auf dem Mozart ursprünglich seine erste Ruhestätte fand. Wobei es im Nachhinein eher eine Unruhestätte war.

Leberstraße 6–8, 1030 Wien • Straßenbahn: Linie 71 bis St. Marxer Friedhof; Bus: Linie 74A bis St. Marxer Friedhof • April–September: 6.30–20 Uhr, Oktober–März: 6.30–18.30 Uhr

Friedhof der Namenlosen

Ein interessantes, beinahe vergessenes Wiener Friedhofs-Kleinod am Rande der Stadt, welches durch private Initiative erhalten wird. Die Umgebung des Friedhofs ist ebenso eine kleine Erkundungsrundreise wert. Hier kann man wunderbare Spaziergänge donauabwärts unternehmen und immer tiefer in die einzigartige Natur eintauchen. Nur wenige ortsunkundige Menschen verirren sich hierher.

Der Friedhof ist immer frei zugängig. Die Auferstehungskapelle und die Totenkammer können nach Terminvereinbarung besichtigt werden.

Alberner Hafenzufahrtsstraße, 1110 Wien • Bus: Linie 76A bis Albener Hafenzufahrtsstraße • Tel.: +43 660 600 30 23 oder +43 664 623 56 64 • www.friedhof-der-namenlosen.at

Das Wiener Bestattungsmuseum

Etwas gruselig, aber zugleich auch sehr interessant. Da den Wienern gerne ein besonderes Verhältnis zum Tod nachgesagt wird, gibt es seit ein paar Jahren auch ein Bestattungsmuseum in der Stadt. Der Begriff »*A scheene Leich*« ist oft mehr als nur ein besonders schönes Begräbnis. Das ist für viele Wiener auch der Ausdruck einer Lebenseinstellung. Im Wiener Bestattungsmuseum findet man etwa 250 Originalgegenstände aus den Archiven der Bestattung wie ein originaler Fourgon (eine Kutsche für den Leichentransport). Aber man sieht im Museum auch eigenartige Objekte der Vergangenheit wie etwa ein Herzstichmesser, um etwa zu vermeiden, dass man lebendig begraben wird. Auch ein Klappsarg aus der Zeit Mozarts wird präsentiert. Sie können aber auch den beliebtesten Wiener Bestattungstrauerliedern wie *Time to say Goodbye* oder *Ave Maria* lauschen.

Simmeringer Hauptstraße 234, Tor 2, Untergeschoss der Aufbahrungshalle, 1110 Wien • Straßenbahn: Linien 6 und 71 bis Tor 2; Bus: Linie 71A, 373, 572 bis Tor 3 • Mo–Fr 9–16.30 Uhr • Tel.: +43 1 760 67 • www.bestattungsmuseum.at

Zentralfriedhof Wien

Das ist der zweifellos bekannteste und größte Friedhof Österreichs. Sänger Wolfgang Ambros machte ihn, die »Totenstadt der Wiener«, mit seinem Hit *Es lebe der Zentralfriedhof* über Österreichs Grenzen bekannt.

Ein nettes Detail am Zentralfriedhof ist die friedhofseigene Autobusrundlinie. Die Linie 106 fährt täglich im Halbstundentakt von 9–15.30 Uhr und erspart lange Wegstrecken auf dem großen Friedhofsareal. Samstags auch um 16 und 16.30 Uhr. Am 1. November, Allerheiligen, verkehrt der Bus am Zentralfriedhof nicht. Der Bus ist mit Tickets der Wiener Linien benutzbar.

Simmeringer Hauptstraße 234, 2. Tor (Haupteingang), 1110 Wien • Straßenbahn: Linien 6 und 71 bis Tor 2; Bus: Linie 71A, 373, 572 bis Tor 3 • April–September: 7–19 Uhr, Wintermonate: 8–17 Uhr • Tel.: +43 1 760 67 oder +43 1 534 69 – 28405 • www.friedhoefewien.at

Der Wiener Friedhofsführer

Ein interessantes Buch, falls Sie gerne tiefer in die Materie eintauchen möchten. Es wird ein kulturgeschichtlicher Streifzug durch das Wiener Bestattungswesen gezeigt. Des Weiteren wird auch erklärt, warum die Friedhöfe im 18. Jahrhundert rund um Kirchen (Kirchhöfe wie beim Stephansplatz) aufgelassen wurden. Dies hatte sowohl platztechnische wie auch sanitäre Gründe. Sie erfahren in dem Buch mithilfe eines Registerteils schnell, wo die berühmten verstorbenen Töchter und Söhne der Stadt ruhen.

Wiener Friedhofsführer. Genaue Beschreibung sämtlicher Begräbnisstätten nebst einer Geschichte des Wiener Bestattungswesens • 5. Auflage • ISBN 3-85439-335-0 • Wien, 2004

Das Geheimnis von Mayerling

Kaiserliches Drama in unendlich vielen Akten

»Liebe Mutter,
Verzeih mir was ich gethan.
Ich konnte der Liebe nicht widerstehen.
In Übereinstimmung mit ihm will ich neben ihm im Friedhof von Alland begraben sein.
Ich bin glücklicher im Tod als im Leben.«

Zugegeben, das sind jetzt nicht unbedingt die motivierendsten Zeilen, um eine neue Episode zu beginnen. Das waren nämlich die letzten Zeilen einer unglücklich Verliebten an ihre Frau Mama. Genauer gesagt waren dies die letzten Zeilen der Baronesse Mary Vetsera, die gemeinsam mit dem österreichischen Thronfolger Kronprinz Rudolf den Freitod wählte und die K.-u.-k.-Monarchie in eine gigantische Krise stürzte. Dieses Drama fand in der Nacht vom 29. Auf den 30. Jänner im Jagdschloss des Kronprinzen im Wienerwald statt.

»Wer war denn nun diese Mary Vetsera? Und was ist da eigentlich wirklich im Jagdschloss Mayerling im Wienerwald passiert?«, frage ich mich und möchte gerne mehr über die junge Dame erfahren.

Viel weiß ich nicht über die Baronesse, außer, dass sie sich jung und aus Liebe zum Kronprinzen im Jagdschloss Mayerling umbrachte. Der Kronprinz, das war Kronprinz Rudolf und Sohn Kaiserin Sisis und Kaiser Franz Josephs. Erst im Sommer 2015 wurden die Abschiedsbriefe der damals 17-jährigen Mary Vetsera in einem Safe einer Wiener Privatbank entdeckt.

Soviel zu den beiden Hauptfiguren der Tragödie von Mayerling. Ich beschließe einen Ausflug dorthin zu machen, wo sich diese wegweisende Tragödie für die österreichische Monarchie abgespielt hat. Mayerling gilt heute als einer der dramatischsten Orte Österreichs.

QUITTUNG

Buchhandlung Rombach GmbH
Bertoldstr. 10 D-79098 Freiburg
Tel: 0761-4500-2400 Fax: 0761-4500-2499
Mail: service@rombach.de

08.05.17/0388 18:55 Kasse: 67 EUR

Artikel	Mg.	Preis	MwSt.	Summe
Buchgraber/Fettnäpfchenführer Wien				
WGR 1015 978-3-943176-95-7				
	1	11,95	7,00%	11,95
TOTAL			0,78	11,95
Nettoentgelt:			EUR 11,17	
GEGEBEN Bar				50,00
RÜCKGELD				38,05

Vielen Dank für Ihren Einkauf!
Besuchen Sie uns im Internet
www.rombach.de
Steuernr.06413/43184 USt.ID DE142100961
Dieser Beleg ist bisphenolfrei.
Bitte lichtgeschützt aufbewahren!

Q U I T T U N G

Buchhandlung Rombach GmbH
Bertoldstr. 10 D-79098 Freiburg
Tel: 0761-4500-2400 Fax: 0761-4500-2499
Mail: service@rombach.de

02.06.17/0212 13:43 Kasse: 52 EUR

Artikel	Mg.	Preis	MwSt.	Summe
Unnützes Wissen Wien				
WGR 1015 978-3-95451-875-3				
	1	12,95	7,00%	12,95

TOTAL	0,85	12,95
Nettoentgelt:	EUR 12,10	
GEGEBEN Bar		23,00
RÜCKGELD		10,05

Vielen Dank für Ihren Einkauf!
Besuchen Sie uns im Internet
www.rombach.de
Steuernr 06413/43184 USt.ID DE142100961
Dieser Beleg ist bisphenolfrei.
Bitte lichtgeschützt aufbewahren!

Etwa 100.000 Besucher kommen pro Jahr hierher, um mehr über dieses Drama zu erfahren.

Ich treffe mich mit meinem Freund, dem Theaterdirektor Michael Auernigg. Er wohnt mit seiner Frau Conny und Sohn Tobias in einem kleinen Haus im Wienerwald ganz in der Nähe von Mayerling. Gemeinsam fahren wir zum ehemaligen Jagdschloss des Kronprinzen Rudolf inmitten des prächtigen Wienerwalds.

Der Wienerwald

Der Wienerwald ist einer der beliebtesten Naherholungsgebiete der Stadt und der östlichste Ausläufer der Nordalpen in Wien und Niederösterreich. Er ist ein größtenteils bewaldetes Gebirge und bietet auf 45 Kilometern Länge und 30 Kilometern Breite reichlich Platz für Freizeitaktivitäten aller Art. Der Wienerwald ist außerdem ein wichtiger Lebensraum für zahlreiche Tier- und Pflanzenarten.

Schon bei der Anfahrt erkenne ich von Weitem ein neues, vom Bundesland Niederösterreich finanziertes Besucherzentrum mit riesigem Parkplatz. Dieses neuartige Zentrum wurde 2014 zum 125-jährigen Jubiläum der »Affäre Mayerling« feierlich durch den niederösterreichischen Landeshauptmann eröffnet. Dahinter strahlt idyllisch eingebettet zwischen grünen Wiesen das Schloss Mayerling, heute ein Karmelkloster, in voller Pracht.

Nachdem wir die Eintrittskarte gekauft haben, gehen wir den leicht ansteigenden Hügel zum ehemaligen Jagdschloss der kaiserlichen Familie, einem heutigen Kloster, empor.

»Was ist hier jetzt eigentlich genau passiert?«, möchte ich von Michael wissen.

Die Affäre Mayerling

Marie, Spitzname Mary, Alexandrine Freiin von Vetsera war eine österreichische Adelige und wurde vor allem dadurch bekannt, dass sie die Geliebte des österreichischen Kronprinzen Rudolf von Österreich-Ungarn war. Mary Vetsera schwärmte in ihrer Jugend, wie viele Mädchen zur damaligen Zeit, für den jungen Kronprinzen. Sie verehrte ihn und sammelte Berichte und Bilder aus der Klatschpresse. Wirklich kennengelernt hat sie Rudolf dann bei einem Pferderennen 1888. Im November des gleichen Jahres kam es zu einem ersten Treffen der beiden. Unterstützt wurde dieses erste und auch die weiteren »geheimen« Treffen von Rudolfs legendärem Leibfiaker Josef Bratfisch und Gräfin Larisch, einer Cousine des Kronprinzen.

Josef Bratfisch

Er war der Leibfiaker, heute würde man Privatchauffeur sagen, des Kronprinzen und zugleich auch einer seiner engsten Vertrauten. Zum Leibfiaker wurde er von Rudolf angeblich ernannt, weil er ein besonders begnadeter Kunstpfeifer und Wienerlied-Sänger war. Sein Spitzname, den ihm Rudolf ob Bratfischs Köperfülle verliehen hatte, war »Nockerl«.

»Und, wie war denn dieser Kronprinz Rudolf?«, frage ich Michael. Er offenbart sich als ein profunder Kenner der Monarchie und der Tragödie von Mayerling. Er beginnt augenblicklich mit seinen Ausführungen.

Kronprinz Rudolph, später wurde er mit »f« geschrieben, von Österreich und Ungarn war der einzige Sohn von Kaiserin Sisi und Kaiser Franz Joseph I. Laut überlieferten Angaben soll der Kronprinz ein sehr sensibler und feinsinniger Geist gewesen sein. Auf Wunsch des Vaters hatte er allerdings eine harte militärische Ausbildung zu durchstehen. Nach Auffassung des Kaisers sollte er ein guter Soldat, ein begeisterter Jäger und ein braver Katholik werden. Er musste als Kind oft stundenlang in der Kälte exerzieren, in manchen Nächten wurde er von seinem Erzieher mit Schüssen geweckt.

Später wurde diese unmögliche Erziehung auf Anweisung von seiner Mutter Sisi beendet. Rudolf verehrte seine Mutter, die aber aufgrund ihrer Reiseleidenschaft viel zu wenig Zeit für ihren Sohn hatte.

Rudolfs Interessen galten der Naturwissenschaft und der Ornithologie. Je älter er wurde, umso stärker geriet er mit seinem Vater in Konflikt. Auch deswegen, weil er mit den Deutschliberalen und den aufständischen Ungarn sympathisierte. Er lernte den Herausgeber des *Neuen Wiener Tagblatts* kennen und nutzte diese Medium, um die Politik seines Vaters zu kritisieren. So verfasste er regelmäßig anonyme Artikel gegen die Politik des Kaisers und veröffentlichte diese anschließend im Tagblatt.

Der Prinz hatte immer wieder Liebesaffären, die von seinem Vater nicht geduldet wurden. So musste er 1881, auf Druck des Kaisers, die Tochter des belgischen Königs Leopold II, Prinzessin Stephanie, heiraten. Sie hatten eine gemeinsame Tochter, Erzherzogin Elisabeth Marie. Rudolf hatte, wie viele Mitglieder der Armee zur damaligen Zeit, Syphilis und litt daher zunehmend unter starken Stimmungsschwankungen. Seiner Affinität zu Liebesaffären ist er aber auch neben seiner Ehe zu Prinzessin Stephanie treu geblieben. Eine langjährige Geliebte war Mizzi Kaspar, die auch von der Krankheit des Prinzen wusste. Nach Auskunft einiger Historiker war sie seine wirkliche große Liebe.

Vermutlich begünstigt durch seine Stimmungsschwankungen beschäftigte Rudolf sich schon länger mit dem Freitod. Er wollte sich gemeinsam mit Mizzi Kaspar umbringen, was sie allerdings zu verhindern versuchte. Er verbachte die letzte Nacht, bevor er nach Mayerling fuhr, mit ihr. Die junge Mary Vetsera, blind vor Liebe zum Kronprinzen, war indes bereit, mit ihm gemeinsamen in den Tod zu gehen. Am Tag darauf, dem 28. Jänner 1889, brach der Kronprinz und Thronfolger nach Mayerling auf, um sich mit Mary Vetsera zu treffen.

Unzählige mystische Geschichten ranken sich seitdem rund um das, was in der darauffolgenden Nacht in Mayerling geschah. Kronprinz Rudolf und Mary Vetsera sperrten sich im Zimmer im oberen Stockwerk ein und gingen freiwillig aus ihrem Leben. Zunächst erschoss der Prinz die Gräfin, bahrte sie am Bett auf und faltete ihre Hände. Dann, einige Stunden später, richtete sich der Kronprinz selbst. Die Bediensteten hörten wohl die Schüsse.

Zunächst traute sich keiner der Angestellten ins Zimmer, weil man »gehört« hatte, dass der Prinz nicht alleine war. Irgendwann fand sich dann doch ein Mutiger, der die grausame Entdeckung machte.

»Und was haben die Bediensteten dann getan?«, möchte ich von Michael wissen.

Michael bringt es auf den Punkt und meint, dass schnell klar war, dass sie beide tot waren. Mary Vetsera lag auf dem Bett und der Prinz, so gut das eben ging, saß daneben. Die erste Vermutung der Bediensteten lag nicht unbedingt auf der Hand. Man vermutete einen Tod durch Zyankali. Dass der Tod durch Rudolfs Revolver herbeigeschossen wurde und dass auch die Bediensteten in der Nacht zwei Schüsse gehört hatten, kam erst viel später ans Tageslicht. Ein Bote wurde mit der traurigen Botschaft nach Wien zum Kaiser geschickt.

Die Monarchie inklusive Kaiser Franz Joseph und Sisi waren geschockt und ratlos. Man wollte (und durfte) nicht an einen freiwilligen Tod mit einer Geliebten denken. Zunächst wurde angenommen – um den Schein zu wahren –, dass die Liebschaft erst den Prinzen und dann sich selbst umgebracht hatte. Diese Theorie stellte sich allerdings schnell als haltlos heraus. Dann wurde die These aufgestellt, dass der Prinz einen Schlaganfall, Herzinfarkt oder Ähnliches erlitten hatte. Kurzum: Die Monarchie samt Kaiser und Kaiserin war überfordert, es wurde versucht, das Volk mit kreativen Geschichten von der Wahrheit abzulenken.

Obgleich man bei Hof mit dem regimeuntreuen Thronfolger schon länger nicht mehr zurechtgekommen war, hatte mit so einer Reaktion dennoch niemand gerechnet.

»Wie ist es nach dieser Unglücksnacht in Mayerling weitergegangen? «

Die Geliebte des Prinzen wurde in der folgenden Nacht über den Hinterausgang heimlich aus dem Jagdschloss gebracht. Die Fahrt in der Kutsche zum Friedhof war alles andere als pietätvoll. Um kein Aufsehen zu erregen, wurde für den Transport kein Leichenwagen bestellt. Die Verstorbene Mary Vetsera musste wie eine Lebende angekleidet werden.

Sie wurde im Fond der Kutsche halb liegend zwischen zwei Verwandte gesetzt und zum Friedhof gefahren. Zu allem Überdruß steckte man der toten Mary Vetsera einen Besenstiel an den Rücken, damit sie nicht in sich zusammensackte. Dann wurde sie geschwind und ohne jegliches Aufsehen am Friedhof Heiligenkreuz in einem Armengrab still und heimlich begraben.

Der Thronfolger hingegen wurde am 5. Februar mit allen kaiserlichen Ehren in der Kaisergruft in Wien feierlich beigesetzt.

Kaiser Franz Joseph beschloss, an dem Ort der Tragödie eine neue Kirche und ein Karmelitinnenkloster errichten zu lassen. Er formulierte dies folgendermaßen:

»Nach dem namenlosen Unglücke, welches mich durch das Hinscheiden meines innigstgeliebten Sohnes, des Kronprinzen Erzherzog Rudolf getroffen, habe ich den Entschluß gefasst, an dessen Sterbestelle ein Kloster erbauen zu lassen und dasselbe dem Orden der Karmelittinen zu widmen.«

Noch im Jahr des Todes seines Sohnes ließ Kaiser Franz Joseph das Schloss in ein neoklassizistisches Karmelitinnenkloster umbauen. Genau an der Stelle, an der die historische Bluttat verübt wurde, steht heute eine kleine Kirche.

Michael und ich gehen durch die noch vorhandenen Räumlichkeiten und besichtigen die kleine Kirche und einige Ausstellungsräume, den »Höhepunkt« bildet der Prunksarg. Der Orden der Karmelitinnen bewohnt das Schloss bis heute.

Als Abschluss wollen Michael und ich nun noch den Ort aufsuchen, an dem die unglückliche Mary Vetsera begraben wurde. Wir machen uns vom Schloss Mayerling auf ins etwa 3 Kilometer benachbarte Heiligenkreuz, einem schönen, malerischen Ort im Wienerwald. Dort angelangt suchen wir uns einen Parkplatz und gehen zum Friedhof.

Dort angekommen entdecken wir schnell, dank zahlreicher Hinweistafeln, die Gruft der Mary Vetsera. Ihre Totenruhe wurde mehrmals gestört. Unter anderem durch russische Soldaten im Frühjahr 1945, die auf der Suche nach wertvollen Grabbeigaben waren. Zuletzt wurde die Ruhe Ende der 80er-Jahre gestört, als sich ein Linzer Möbelfabrikant einbildete, dass er *CSI: Monarchie* spielen müsse. Er war der Meinung, dass er die Gebeine der Mary Vetsera einer gerichtsmedizinischen Untersuchung zukommen lassen müsste, darum holte er die sterblichen Überreste aus der Gruft und ließ diese untersuchen.

Im Herbst 1993 wurden die Überreste, ohne neue Erkenntnisse, erneut beigesetzt. Die Gruft wurde mit Erde befüllt, um einer neuerlichen Grabschändung vorzubeugen.

Unser Ausflug neigt sich dem Ende zu. Ich bringe meinen Freund Michael, den ich mittlerweile nur noch als »den einzig wahren Monarchieexperten« anspreche, wieder nach Hause zu seiner Familie und begebe mich wieder in Richtung Wien. Auf dem Nachhauseweg im Auto höre ich das Lied *Im grünen Wald von Mayerling.*

›Wie passend ...‹, denke ich mir.

Im grünen Wald von Mayerling

»Im grünen Wald von Mayerling
Ein schöner Traum zu Ende ging –
Zwei Herzen liebten sich so sehr
Und schlugen plötzlich nimmermehr!
Das Schicksal hat mit rascher Hand
Zerrissen dort der Liebe Band –
Im grünen Wald von Mayerling
Ein schöner Traum zu Ende ging!

Das letzte Liad fürn Kronprinz Rudolf
Hat die Schrammln ihm gspült –
Bei diesem Lied hat er sich
Einmal noch glücklich gefühlt!

Sein Leibfiaker, der Bratfisch
Hot so guat zu ihm gredt:
"Hoheit, kränkn's Ihna net –
Hoheit, kränkn's Ihna net!
Das dumme Heaz mocht eben Soargen
Ob oid oder weich!
Die Lieb bringt Freid
Doch oft auch Leid –
De is überall gleich!
I mecht nur sogn –
I bin so frei! –
Es geht im Lebn
Ois vorbei!

Füas letzte Liad
Hobn wia noch Zeit
A Ewigkeit!"

Im grünen Wald von Mayerling
Ein schöner Traum zu Ende ging –
Zwei Herzen liebten sich so sehr
Und schlugen plötzlich nimmermehr!
Das Schicksal hat mit rascher Hand
Zerrissen dort der Liebe Band –
Im grünen Wald von Mayerling
Ein schöner Traum zu Ende ging!«

Dieses populäre Wienerlied finden Sie auf dem Tonträger *Heurige und gestrige Lieder* von André Heller und Helmut Qualtinger.

★ Do it yourself ★

Karmel St. Josef Mayerling, das ehemalige Jagdschloss des Kronprinzen Rudolf

In diesem Kloster lebt der Orden der sogenannten unbeschuhten Karmelitinnen. Sie sind der weibliche Zweig der Ordensgemeinschaft des Teresianischen Karmels, einem Reformzweig der Karmeliten. Nach dem Tod Rudolfs wurde das Schloss in ein Kloster umgebaut und den Karmeliten übergeben. Diese sollten für das Seelenheil des verstorbenen Thronfolgers beten. Beim Shop im Eingangsbereich können Sie einige interessante Artikel entdecken. Für absolut empfehlenswert befinde ich den Mayerling-Führer. Dieses kleine Heftlein kostet 2 Euro und gibt interessante Einblicke in die Geschichte des heutigen Klosters.

Mayerling 3, 2534 Alland • Bus: Linie 459 bis Mayerling Altes Jagdschloss; Pkw: Abfahrt Mayerling auf der A21 der Wienerwald-Autobahn, die Autofahrt dauert etwa 30 Minuten • 1.4.–31.10.: Mo–So 9–17 Uhr, 1.11.–31.03. Sa, So & Feiertage 9–17 Uhr, Di & Fr 10.30–13 Uhr; letzter Einlass jeweils eine halbe Stunde vor der Schließung • 5,70 Euro (regulär), 3,00 Euro (ermäßigt) • Tel.: +43 2258 22 75 • www.karmel-mayerling.org

Friedhof Heiligenkreuz

Auf dem geschichtsträchtigen Grabstein der jung verstorbenen Gräfin steht eine passende Metapher für ihr kurzes Leben: »Wie eine Blume sprosst der Mensch auf und wird gebrochen.« (Hiob 14,2) Der Dorffriedhof wirkt mit alten hohen Bäumen und respekteinflößenden Mauern geheimnisvoll.

Friedhofstraße, 2532 Heiligenkreuz im Wienerwald • Pkw: Vom Marktplatz kommend in die Friedhofstraße einbiegen und den alleeartigen Weg bis zum Friedhof fahren

Klostergasthof Heiligenkreuz

Gutes Wirtshaus im Herzen des Wienerwalds.

Markgraf-Leopold Platz 4, 2532 Heiligenkreuz • Bus: Linie 365 vom Bahnhof Mödling bis Heiligenkreuz Stift / Badner Tor; Pkw: Über die Autobahn A21 und bei der Abfahrt Heiligenkreuz die Autobahn verlassen. Im Ortskern von Heiligenkreuz gibt es einen großen Besucherparkplatz oder vor dem Parkplatz vor dem Stift. • Mo–So 9–22 Uhr, warme Küche 11–21 Uhr • Tel.: +43 2258 87 03 - 138 • www.klostergasthof-heiligenkreuz.at

Zistersienserabtei Stift Heiligenkreuz

Eine Möglichkeit, das geschichtsträchtige Stift von innen zu besichtigen, erhält man, wenn man an einer Führung teilnimmt. Führungen durch das Kloster können täglich absolviert werden.

Falls Interesse besteht, am Karfreitag oder am Heiligen Abend eine Führung zu genießen, dann kann diese von 7.30 bis 15 Uhr absolviert werden.

Stift Heiligenkreuz im Wienerwald, 2532 Heiligenkreuz • Bus: Linie 365 vom Bahnhof Mödling bis Heiligenkreuz Stift / Badner Tor; Pkw: Über die Autobahn A21 und bei der Abfahrt Heiligenkreuz die Autobahn verlassen. Im Ortskern von Heiligenkreuz gibt es einen großen Besucherparkplatz oder vor dem Parkplatz vor dem Stift • Tel.: +43 2258 87 03 • E-Mail: visit@stift-heiligenkreuz.at • www.stift-heiligenkreuz.at

Kriminalität und Wien

Ja eh...

Ich wollte mehr über die Wiener Verbrechensaufklärung wissen und habe das Wiener Kriminalmuseum im zweiten Bezirk Leopoldstadt besucht. Dieses Museum beschäftigt sich mit der Wiener Kriminalgeschichte der letzten 300 Jahre. Meine Frau hat mich dabei begleitet – wir wollten sehen, wie CSI auf Wienerisch funktioniert.

»Aber seh' ich dort eh keine Leichen?«, war ihre erste Frage.

»Nein. Vielleicht. Kann ich mir eigentlich nicht vorstellen. Höchstens ein paar Fotos, aber ich glaube eher nicht. Es wird sicher interessant!«, meinte ich aufmunternd.

»Ja, eh«, war ihre leicht verhaltene Antwort.

Also machten wir uns auf den Weg zum Kriminalmuseum, einem Geheimtipp unter den Wiener Museen.

»Eh« in Wien

Dieses typische Wiener und ostösterreichische Sprachspezifikum hat überhaupt nichts mit der Abkürzung »eigenhändig« oder »ehrenhalber« zu tun. »Eh« wird sprachlich multifunktional angewandt und passt beinahe zu jedem Satz. Es wird auch dann gerne gewählt, wenn der Wiener das berühmte Haar in der Suppe sucht, es aber (noch nicht) gefunden hat. Bespiele für »eh« gibt es genügend, wie etwa:

- *»Ja mir geht es eh gut ...«* (Ganz perfekt ist es nicht, aber ich nehme den aktuellen Gemütszustand als in Ordnung hin)
- *»Er hat sich je eh schon bei dir gemeldet.«* (Also, was willst du noch).
- *»Das wissen wir eh alle!«* (Also warum müssen wir das noch einmal erklären).

»Eh« kann aber auch oft beschwichtigend verwendet werden, wenn gesagt wird: *»Das ist ja eh nicht so schlimm«* – (Also so schlimm ist es auch wieder nicht.)

Im Grunde umschreibt »eh« das Wiener Gemüt sehr gut. Man möchte seinem Gegenüber nicht zu Nahe treten und umschreibt dies mit einem kurzen Wörtchen.

Schon der Weg zum Kriminalmuseum ist ein kleiner Kriminalfall für sich. Zunächst muss man das pittoreske Häuschen erst einmal unter den vielen ähnlichen Verdächtigen finden, denn große, bunte Hinweisschilder wie bei den anderen Museen sucht man vergebens. Und selbst, als wir vor dem Haus angekommen sind, sind wir uns noch immer nicht ganz sicher, ob wir jetzt wirklich da sind. Obwohl auf dem kleinen gelben Haus »Kriminalmuseum« steht. Das Kriminalmuseum befindet sich in einem der ältesten Häuser der Leopoldstadt, im sogenannten »Seifensiederhaus«.

»Weißt Du, warum das Seifensiederhaus heißt?«, möchte meine Frau wissen.

Das Seifensiederhaus in der Leopoldstadt

Der Name rührt daher, dass das Haus im Jahr 1794 von einem Seifensieder gekauft wurde. Seine erste urkundliche Erwähnung erhielt das Seifensiederhaus 1685 – erreichtet wurde es nachweislich lange vorher.

Anfangs hieß die Große Sperlgasse Herrengasse oder auch Hauptgasse. Diese befand sich innerhalb des jüdischen Ghettos Wiens. Zu dieser Zeit war im späteren Seifensiederhaus das Haus des Kantors beziehungsweise das Gemeindehaus der selbstverwalteten Judenstadt. 1670 wurde das Ghetto aufgelöst und die Juden mussten den Distrikt verlassen. Während der zweiten Türkenbelagerung (1683) trug das Haus, welches sich damals vor der Stadtmauer befand, schwere Schäden davon. Zwei Jahre später wurde es wieder renoviert. Das Gemeindehaus ging in den Besitz verschiedener bürgerlicher Gewerbetreibender über. 1796 kam es zu einem größeren Umbau. Es war im Lauf der der Zeit Seifensiederei, Ölerei, Tischlerei und ab dem 19. Jahrhundert eine Fleischhauerei. 1960 schloss die Fleischhauerei nach hundertjähriger Geschichte ihre Pforten. Das Haus wurde zunehmend lediglich als Lagerhaus genutzt. Es gab sogar den Plan eines Händlers, Teile des Hauses abzutragen und anschließend umzubauen. Diese Idee wurde niemals realisiert. 1988 wurde das mittlerweile äußerst desolate Seifensiederhaus von Frau Dr. Seyrl-Norman erworben. Im Zuge einer zwei Jahre dauernden Renovierung wurden Unmengen von Müll entsorgt und das Mauerwerk saniert. Die Renovierung wurde ausschließlich durch private Hand finanziert. Die Eröffnung des Wiener Kriminalmuseums erfolgte 1991.

Nach kurzer Spurensuche entdecken wir den Eingang, öffnen die alte, knorrige Eingangstür und betreten das dunkle, kühle Foyer.

Hinter dem Schalter begrüßt – wobei »begrüßt« eigentlich zu höflich formuliert ist – uns eine Dame, die getrost in einem *Tatort* eine hervorragende Hauptverdächtige abgegeben könnte. Sehr geschäftig versucht sie das Kreuzworträtsel einer U-Bahn-Zeitung zu lösen und zeigt uns, dass sie eigentlich nicht gerne gestört werden möchte. Ich kaufe einen Kurzführer, der mir hoffentlich Antworten auf meine Fragen gibt, von der Dame habe ich ja offensichtlich nicht viel zu erwarten.

Als ich unseren Eintritt mit einem 50-Euro-Schein bezahlen möchte, ist es mit der zurückhaltenden Höflichkeit der Dame endgültig vorbei. Sie erstarrt hinter der Kasse: »Ja eh. Wenn es sein muss ...«, meint sie genervt, ohne nennenswert von ihrer Zeitung aufzublicken.

Wir gehen leicht eingeschüchtert mit der gelösten Eintrittskarte am Wiener Original vorbei und betreten das Kriminalmuseum mit seinen furchteinflößenden Räumlichkeiten voller Vorfreude.

In den nachfolgenden, mit Buchstaben betitelten Räumen finden meine Frau und ich Ausstellungsstücke zu allen möglichen Themen im großen Feld der Kriminalität. Es beginnt mit dem Sicherheits- und Justizwesen im alten Wien und z. B. einer spannenden Idee zur Lösung eines kniffligen Kriminalfalls. Damals hat man sterbliche Überreste einer Mädchenleiche zusammengetragen, den Körper der Ermordeten zusammengesetzt und am Hohen Markt ausgestellt – in der

Hoffnung, dadurch Hinweise zu ihrer Identität zu bekommen. Eine innovative Idee, die bei meiner Frau auf weniger Begeisterung stößt.

Weiter geht's ins 18. und 19. Jahrhundert. Wir entdecken Folterwerkzeuge samt dazu passenden Foltermethoden, Informationen zur Gründung des Institutes für Gerichtsmedizin (1804) und die Umwandlung von Stadtguardia und Rumorwache zur K.-u.-k.-Militärpolizeiwache. Immerhin an den schönen, historischen Uniformen kann sich nun auch meine Frau erfreuen.

Allerdings nur bis zum nächsten Raum, dort dreht sich alles um Hinrichtungen potentieller Täter und Verdächtiger. Die Stimmung ist wieder dort, wo sie vorher war – im Keller.

Aber es wird besser: Es folgen Exponate und Informationen zum Attentat auf den jungen Kaiser Franz Joseph, das vom Grafen O' Donell vereitelt wurde, der den Dolchstoß eines ungarischen Schneidergesellen abwehren konnte.

Auch der Brand des Ringtheaters im Jahr 1881 wird näher untersucht, damals standen Gerichtsmediziner vor der großen Aufgabe, etwa 400 Leichen identifizieren zu müssen. Im Zuge dieser fordernden Arbeit entstanden die Grundlagen der weltberühmten Schule der Wiener Kriminalistik.

Mit dem Beginn der Fotografie wird das Museum dann schon etwas anstrengender. Man sieht von nun an fast nur noch Bilder von zerstückelten Leichen. Ganz egal, ob man will oder nicht. Man entkommt ihnen nur kaum. Meine Frau hält sich bei fast jedem Bild die Hände vor die Augen.

Morde, Morde und wieder Morde begleiten uns von nun an. Wir sehen Illustrationen der Ermordung der Familie Eisert, der Mädchenmorde des Hugo Schenk oder des gruseligen Raubmords in Rudolfsheim. Noch dazu befinden wir uns in den Kellerräumen des Kriminalmuseums und werden von jeder Seite, nach der wir uns wenden, von Bildern mit entstellten Leichen und Mordwerkzeugen konfrontiert. Es fühlt sich absolut gruselig an.

Zum Schluss erwähnenswert ist Raum S, dieser behandelt die Todesstrafe in Österreich.

»Wie lang gab es denn die Todesstrafe in Österreich?«, möchte meine Frau wissen.

»Bis ins Jahr 1950!«, lese ich von einem Schild ab, welches vor einem Würgegalgen angebracht ist.

Beachtung verdient die Schautafel, die sich im Raum befindet. Sie dokumentiert, dass in den letzten 40 Jahren der Monarchie 13 Personen, 20 in den 4 Jahren des Ständestaates, über 1.000 zur Zeit der NS-Herrschaft und in den ersten vier Jahren der Zweiten Republik 31 Menschen erhängt wurden.

Das ist der letzte Raum gewesen. Ein wenig blass um die Nase verlassen wir das Museum über einen schönen Pawlatschenhof.

Der Pawlatschenhof

Pawlatsche ist ein Begriff, der aus dem Tschechischen in die österreichische Umgangssprache übernommen wurde. Das tschechische Wort *pavlac* bezeichnet einen offenen Hauseingang. In Wien wird dieser Begriff oft für die umlaufenden Laubengänge in Innenhöfen verwendet. Bei den sogenannten Pawlatschenhäusern erfolgt der Zugang zu den Wohnungen nur über die Pawlatschen um den Pawlatschenhof. Zu den Pawlatschen gelangt man meist über eine Wendeltreppe. Der Vorteil der Pawlatschen liegt eindeutig in der besseren Nutzung der Wohnung, da Treppenhäuser entfallen. Seit dem Brand des Ringtheaters 1881 wurden Pawlatschen in Wien verboten.

Wir gehen die große Sperlgasse hinunter, weg von der dunklen Seite Wiens in Richtung Karmelitermarkt und hin zu einer schönen gemütlichen Seite der Stadt. Am Karmelitermarkt im zweiten Bezirk (siehe auch die Episode »Wiener Marktverhalten«) gönnen wir uns eine kleine Stärkung. Die haben wir uns auch wirklich verdient.

Das böse Wien

Gibt es im schönen, gepflegten Wien überhaupt so etwas wie Kriminalität?

Selbstverständlich gibt es die. Wien ist auch eine Stadt der Strizzis (= extrem unseriöser Zeitgenosse), der Gangster und der Ganoven. Wie in jeder europäischen Großstadt passiert in Wien natürlich immer wieder einmal etwas. Keine Sorge, die Wahrscheinlichkeit, dass

Sie in den Pferdeapfel eines Fiakerpferdes steigen, ist bedeutend höher, als einer Straftat zum Opfer zu fallen.

Grundsätzlich ist zu sagen, dass der Wiener Verbrechen gerne hat. Allerdings nur dann, wenn das Verbrechen im Fernsehen beim *Tatort* oder *Kottan* passiert.

Kottan ermittelt

Kottan war eine erfolgreiche satirische Kriminalfernsehserie, die in den Jahren 1976 bis 1983 in Österreich entstand. In dieser Serie wurde die Arbeit der Wiener Polizei als bitterböse Persiflage dargestellt. Sie spiegelt die legere Wiener Beamtenmentalität wider und gibt tiefe Einblicke in die Wiener Seele.

Hauptfigur der Geschichte ist der typische Wiener, Major Adolf Kottan. Dieser ermittelt für das Wiener Sicherheitsbüro. Inspektor Kottan ist (meistens) phlegmatisch und gerne gemein zu seinem übereifrigen Assistenten Schrammel. Schrammel möchte jedoch gerne ein Vorzeigepolizist sein und versteht den Wiener Schmäh seines Chefs nicht. Den Beamten ist oft langweilig und diese Zeit nutzt Major Kottan, um seiner Leidenschaft, der Musik nachzugehen, selbstverständlich während der Arbeitszeit. Kommt es dann zu einem Mordfall, dann muss auch der Kottan ran. Er löst die Fälle auf seine ureigene wienerische Art.

Zur Einstimmung auf das dunkle Wien empfehle ich Ihnen die DVD *Kottan ermittelt,* Folge 1–3.

Inspektor Kottan spielt in diesen Folgen der Wiener Volksschauspieler Peter Vogel. Er verkörpert einen äußerst unsympathischen Polizisten. Den »klassischen Wiener Grantler«, der unhöflich zu seinen Zeitgenossen ist, seine Sekretärin schlecht behandelt und mächtig ausländerfeindlich ist.

Die gute Nachricht vorab: Die Kriminalität in Wien sinkt! Die Tendenz der Straftaten in Österreichs Hauptstadt ist, laut Auskunft der Wiener Polizei, ständig rückläufig. Ganz im Unterschied zu anderen europäischen Großstädten wie Berlin oder Frankfurt. Sie können also beruhigt und sorglos auch in den Nachtstunden mit Ihrem Partner durch die Stadt flanieren. Im Vergleich zu Restösterreich sind die

Zahlen naturgemäß ein wenig höher. Dies lässt sich laut Polizei auf die wachsende Bevölkerungszahl und die hohe Anzahl an Pendlern zurückführen. Etwa jedes dritte Verbrechen in Wien wird von der Polizei aufgeklärt.

Laut Kriminalitätsstatistiken des Innenministeriums werden jährlich durchschnittlich circa 9.400 Anzeigen pro Wiener Gemeindebezirk vorgenommen. Die Spitzenbezirke mit den meisten Anzeigen sind die Bezirke Favoriten und die Innere Stadt. Die Innere Stadt zieht, ob ihrer Touristenströme, Taschendiebe magisch an. Die geringste Anzahl an Delikten wird in den Bezirken Wieden, Alsergrund und Währing beanstandet.

Dennoch möchte ich an dieser Stelle gerne festhalten, dass sich die Wiener und deren Gäste in ihrer Stadt rund um die Uhr sicher fühlen dürfen. Die Kriminalität ist in Wien keine präsente Sorge. Auch, wenn man das manchmal gerne vermittelt bekommt. Vor allem dann, und ich rate es Ihnen dringend zu unterlassen, wenn man eine der sogenannten U-Bahn-Zeitungen in die Hände bekommt. Beinahe jeder Kunde der Wiener Linien wird fast gezwungen, eine Headline dieser reißerischen Blätter irgendwann zu lesen. In meinen Augen ist dies fast eine Belästigung der Privatsphäre, weil diese Schmierblätter überall in den U-Bahn-Stationen und in der U-Bahn herumliegen. Manchmal kommt es mir geradezu so vor, als ob es die tägliche Herzblutaufgabe dieser Blätter ist, die Bevölkerung in Angst und Schrecken zu versetzen. Man glaubt beim Lesen, dass Kriminalität an jedem Straßeneck omnipräsent ist. Meistens ist von afrikanischen Drogendealern, organisierten rumänischen Bettlerbanden und ungarischen Einbrecherbanden die Rede. Qualitätsjournalismus schaut aus meiner Sicht anders aus.

Mein dringender Tipp lautet also: »Meiden Sie die gratis U-Bahn Zeitungen. Sie werden sich in Wien, auf der Welt und in Ihrer Haut bedeutend sicherer und wohler fühlen!«

Auch die (Lokal-)Politik trägt zur Panikmache vor Kriminalität gerne ihren Teil bei. In den meisten Fällen ist dies eine rechte, angeblich volksnahe Partei, die der Bevölkerung dauernd zu erklären versucht, wie schlecht es ihnen doch geht und wie gefährlich das Leben ist. An dieser Stelle sei (erneut) erwähnt, dass Wien regelmäßig zur lebenswertesten Stadt der Welt gewählt wird. Nein, es geht den

Wienern nicht schlecht, es geht ihnen sogar sehr gut. Auch, wenn es der Wiener nicht immer gleich offen zur Schau trägt.

Unterwegs in den Straßen von Wien

Grundsätzlich sei gesagt, dass Sie in Wien zu jeder Tages- und Nachtzeit sicher sind. Treten Sie, wie überall auf der Welt, nicht protzig auf. Achten Sie auf touristisch beliebten Plätzen, wie beispielsweise in Schönbrunn, der Kärntnerstraße oder am Stephansplatz, auf Ihre Geldbörse, Ihre Spiegelreflexkamera oder Ihr Smartphone. Hier kann es durchaus vorkommen, dass, wie man in Wien sagt, »*Taschlziaga*« (= Taschendiebe) unterwegs sind. Die haben es wirklich nur auf Ihre Wertgegenstände abgesehen. Werfen Sie bitte nicht mit Ihrem Geld in windigen Wettbüros, dubiosen Handyshops oder in den Nachtstunden in der U-Bahn-Station herum. Grundsätzlich macht man so etwas für gewöhnlich auch nicht in seiner Heimat. Wenn Sie diese Regeln beachten, dann wird Ihnen Wien in bester Erinnerung bleiben. Falls Ihnen dennoch, was Ihnen keiner wünscht, etwas gestohlen wird, dann gehen Sie bitte umgehend in das nächste Wachzimmer und melden Sie den Verlust oder wählen Sie die Notrufnummer.

Notrufnummern
Feuerwehr: 122
Polizei: 133
Rettung: 144

★ Do it yourself ★

Das Wiener Kriminalmuseum
Hochspannendes Museum mit Wiener Originalen und gruseligen Verbrechensgeschichten von damals bis heute.

Große Sperlgasse 24, 1020 Wien • U-Bahn: U2 bis Taborstraße; U4 bis Schottenring, anschließend mit Straßenbahn Linie 2 bis Taborstraße/Karmeliterplatz; Bus: Linie 5A bis Tandelmarktgasse • Do–So und Feiertage 10–17 Uhr • Tel.: +43 664 300 56 77 • www.kriminalmuseum.at

Die besten Souvenirs der anderen Art

Das Goldene Wiener Herz – der wirklich andere Souvenirshop

Hier ist der Name Programm. Die ansprechenden Porzellanbecher sind mit den für Wien typischen Motiven gestaltet und in Echtgold verziert. Es werden die klassischen Wienbilder aufgegriffen und neu interpretiert. Die Manufaktur produziert Porzellanbecher mit unterschiedlichen Serien, wie etwa die Serie »Jugendstil in Vienna«, die sich mit sechs verschiedenen Details bekannter Jugendstilbauwerke, wie etwa der Secession, beschäftigt. Eine andere Serie ist »Couples in Vienna«. Diese Portraitserie hat, wie könnte es anders sein, Kaiserin Elisabeth »Sisi« und Kaiser Franz Joseph als Motiv. Auf der jeweiligen Verpackung sind Geschichten und Fotos zum Motiv zu finden.

Ein beliebter Verkaufsschlager sind Gläser, die die alte Wiener Heurigentradition aufgreifen. Es sind kleine, bauchige Achtelgläser ohne Stil, deren Rand mit einem grünen Rebenmuster verziert ist. Ähnlich verhält es sich bei den Gläsern vom Goldenen Wienerherz – hier sind diese Weinrebenmuster in Echtgold umgesetzt. Heute findet man immer weniger dieser Achtelgläser beim Heurigen.

Das Goldene Wiener Herz • Kirchberggasse 17, 1070 Wien • U-Bahn: U2 bis Volkstheater; Straßenbahn: Linie 49 bis Stiftgasse • Di–Fr 13–19 Uhr, Sa 11–17 Uhr • www.dgwh.at

Gräfin vom Raimundhof • Mariahilfer Straße 45 (Raimundhofpassage) • U-Bahn: U3 bis Neubaugasse • Mo–Do 11–18 Uhr, Fr 10–19 Uhr, Sa 10–17 Uhr • www.graefinvomraimundhof.at

Wall • Westbahnstraße 5a, 1070 Wien • Straßenbahn: Linie 49 bis Dr.-Karl-Renner-Ring; Bus: Linie 48A bis Dr.-Karl-Renner-Ring • Mo–Fr 11–19 Uhr, Sa 11–17 Uhr • www.kaufhauswall.com

Eine Flasche Gemischter Satz – der perfekte Wiener Wein

Die Besonderheit unter den Wiener Weinen. Seit 2011 gibt es eine eigene Bezeichnung für den *Wiener Gemischten Satz*, womit auch die Bezeichnung und die Qualitätsmerkmale in einer Verordnung festgelegt sind. Diese besagt, dass in einem Weingarten mindestens drei verschiedene Rebsorten angebaut werden müssen. Der größte Sortenanteil darf nicht höher als 50 % sein. Der Wiener Gemischte Satz ist immer ein Weißwein und besteht aus bis zu 20 unterschiedlichen Rebsorten. Unter anderen werden verwendet: Grüner Veltliner, Riesling, Weißburgunder, Grauburgunder, Chardonnay, Neuburger, Gewürztraminer, Rosenmuskateller, Jubiläumsrebe und Österreichisch Weiß.

Feuerwehrwagner • Grinzinger Straße 53, 1190 Wien • Bus: Linie 38A bis Neugebauerweg • Mo–So 16–0 Uhr • Tel.: +43 1 320 24 42 • www.feuerwehrwagner.at

Die berühmte Sachertorte im Holzkisterl aus einem der großartigsten Hotels der Welt

Das weltberühmte Original im Holzkisterl aus dem weltberühmten Hotel Sacher. Eine Übernachtung im Hotel Sacher kann teuer werden, aber ein Mitbringsel im Form einer original Sachertorte passt immer. Die Sachertorte ist ein süßer Gruß aus Wien, der immer gut ankommt. Die Preise variieren je nach Größe zwischen 25 und 50 Euro.

Hotel Sacher • Philharmoniker Straße 4, 1010 Wien • U-Bahn: Linie U1, U2 oder U4 bis Karlsplatz; Straßenbahn: Linie 1 oder 2 bis Kärntner Ring/Staatsoper • www.sacher.com

Plachutta Kochbuch: *Die gute Küche* – die Speisen sind weltbekannt und einfach selbst zu kochen

Damit macht man garantiert jedem Hobbykoch eine Riesenfreude und gleichzeitig Lust auf die Wiener Küche. In dieser Kochbibel sind an die 1.000 Rezepte zu finden. Diese decken das gesamte Repertoire der österreichischen Kochkunst ab. Eine Freude für jeden, der gerne kocht und isst. Erhältlich ist dieses Meisterwerk in jeder guten Buchhandlung und in den Plachutta Restaurants der Stadt.

Plachutta • Wollzeile 38, 1010 Wien • U-Bahn: Linie U3 bis Stubentor • Mo–So 11.30–0 Uhr • www.plachutta.at

Ein »Punschkrapferl« in der rosa Holzschachtel von der Konditorei Aida

Das Wahrzeichen der Konditoreikette Aida. Diese Kalorienbombe erstrahlt in rosafarbenem Zuckerguß und freut sich darauf, verschenkt zu werden. Unter dem Zuckerguß verbirgt sich ein feines Biskuit und eine ansprechende Punschfüllung mit viel Rum. Verpackt wird diese Leckerei in einer ebenfalls rosafarbenen Holzschachtel.

Konditorei Aida • Stephansplatz/Singerstraße 1, 1010 Wien • U-Bahn: U1 oder U3 bis Stephansplatz; Bus: Linie 1A bis Stephansplatz • Mo–Fr 7–22 Uhr, Sa 8–22 Uhr, So & Feiertag 8–22 Uhr • www.aida.at

Konditorei Aida • Währinger Straße 47, 1090 Wien • Straßenbahn: Linie 5, 33, 37, 38, 40, 41, 42 bis Währinger Straße/Spitalgasse • Mo–Fr 7–19 Uhr; Sa 7–19 Uhr; So & Feiertag 9–19 Uhr • www.aida.at

Das Dorf in der Stadt

Frühstück rund um die Uhr im Zwanzigsten

Wien ist vielfältig. Wien ist urban. Und Wien ist oft beeindruckend ländlich.

Ich möchte gerne mehr über Wiens ländliche Seite erfahren. Und damit meine ich nicht »ländlich« im Sinne von Kuckuck, Kuh und Wiesen, sondern das »Dörfliche«, also dass jeder jeden kennt und jeder über jeden Bescheid weiß und die feinen Details unter dem Mäntelchen der Verschwiegenheit herumerzählt. Aber wo gibt es dieses Klischee denn in einer Großstadt?

Ich begebe mich auf die Suche nach dieser ländlichen Dorfidylle und möchte herausfinden, wo die städtische Anonymität aufhört. Eine solche Stimmung soll angeblich noch, wie der Wiener so schön sagt, »im Zwanzigsten« zu finden sein. Damit ist der zwanzigste Wiener Gemeindebezirk, die **Brigittenau**, gemeint.

Einst war die Brigittenau ein, wie man sagte, klassischer Wiener Arbeiterbezirk. Ein Begriff, den es heute eigentlich nicht mehr gibt. Mit einem »klassischen Wiener Arbeiterbezirk« meine ich einen Bezirk, in dem die Sozialdemokratie mit 80 prozentiger Mehrheit regierte. Das war in der Brigittenau vor längst vergangenen Zeiten so, als dort sozialistische Bezirkskaiser wie etwa Karl Sekanina herrschten. Heute steht der Brigittenau zwar noch immer ein sozialistischer Bezirksvorsteher vor, aber »absolute Mehrheit« und »Bezirkskaiser« traut man sich schon lang nicht mehr gleichzeitig in den Mund zu nehmen. Längst sind viele Wähler aus der Schicht der Arbeiter, welche einst die Arbeiterpartei SPÖ unterstützten, zur nationalen FPÖ übergelaufen.

Die Brigittenau ist heute bunt und multikulturell geworden. Hier lebt der Urwiener mit dem Migranten im »Zwischenstromland« zwischen Donau und Donaukanal. Was sich die Brigittenau jedoch erhalten hat, ist der dörflichen Charakter, gepaart mit Ethno-Charme.

Bislang wirkte dieser Bezirk auf mich immer ein wenig zerstreut, ohne richtigen Kern. Ich stelle mir daher die Frage: »Was kann man sich in diesem Bezirk als Gast anschauen?«

Mir fällt jemand ein, der mir da weiterhelfen kann, und ich mache mich auf den Weg, um mich mit Albert Schmidleitner in seinem Kaffeehaus und Restaurant am Wallensteinplatz zu treffen. Die Straßenbahnlinie 5 bringt mich in die Brigittenau und direkt zum Wallensteinplatz, der 2004 neu gestaltet wurde und als offener, freundlicher Platz der Begegnung daherkommt.

Dort treffe mich mit einem Herrn, der diesen Bezirk und seine Grätzel bestens kennt, Albert Schmidleitner. Er ist Besitzer einer der bedeutendsten Kabarettbühnen Wiens, des Kabarett Simpl, und zugleich Besitzer der Kabarettbühne Vindobona am Wallensteinplatz. Von ihm erhoffe ich mir Tipps, was man sich in diesem von Wientouristen noch unerforschtem Bezirk anschauen soll.

Wir nehmen im gemütlichen **Schanigarten** des Kabarett Vindobona Platz, ich bestelle einen Kaffee und lausche seinen amüsanten Ausführungen. Er beginnt zu erzählen, dass hier in diesem Grätzel wirklich noch fast jeder jeden kennt. Er muss sich oft wundern, wie gut Stille Post hier noch funktioniert und wie schnell Geschichten im Grätzel rund um den Wallensteinplatz die Runde machen. Ich entscheide mich, noch ein »Vindobona Frühstück« zu bestellen, um mich für den Tag zu stärken. Das Frühstück wird liebevoll serviert, ist sehr ausgiebig und wirklich sättigend.

Ich möchte von Herrn Schmidleitner wissen, was das **Vindobona** ausmacht. Heute steht das Vindobona vor allem für gediegene Unterhaltung und gutes Essen. Im neu gestalteten Theatersaal finden regelmäßig Dinner-Shows und laufend neue Theaterproduktionen statt.

Das Kabarett Vindobona

Dieses Kabarett, kurz *Vindo,* hat eine aufregende Geschichte, die ihren Ursprung im Jahr 1919 hat. Ganz genau befindet sich das Vindobona am Wallensteinplatz Nummer 6. 1919 wurde im Hof des Hauses ein Kino mit 459 Sitzplätzen gebaut. Schon damals trug es den

Namen Vindobona. Das große Kinosterben der 70er-Jahre machte allerdings auch vor dem Vindobona nicht halt und so musste es 1976 seine Pforten schließen. Danach zog Erwin Piplits mit seiner Theatergruppe Serapionstheater ins Vindo ein und erst nach über 10 Jahren weiter.

Im Herbst 1988 eröffnete das Kabarett Vindobona seine Pforten, es wird in den Folgejahren zu einer der beliebtesten Kabarettbühnen der Stadt, wo unter anderem der »Karl«, der Österreichischen Kabarettpreis, verliehen wurde. Im Jahr 2006 wurde die Bühne wieder geschlossen.

Im Sommer 2008 entschloss sich Albert Schmidleitner, das Vindo zu übernehmen, zu renovieren und ab Herbst 2009 wieder neu zu eröffnen. Gerne empfehle ich für Wienliebhaber und -neulinge die Shows *Wien für Anfänger* und *Das goldene Wiener Herz.* Hier erfahren Sie mehr über das wirkliche Goldene Wiener Herz und den bekannten Wiener Schmäh.

Herr Schmidleitner legt mir nach diesem ausgiebigen Frühstück nahe, dass ich doch einen kleinen Verdauungsspaziergang im benachbarten Augarten unternehmen soll. Er gibt mir noch ein paar Tipps mit auf meinem Weg, die ich in der Brigittenau besuchen soll. Gesagt getan.

Vom Kaffee zum Schreiten in den Prachtgarten der Sängerknaben

Vom Café Vindobona sind es circa fünf Gehminuten zu einem der beliebtesten Wiener Parkanlagen, dem **Augarten**. Er liegt südlich des Wallensteinplatzes und ist ein Park, der mit seinen weitläufigen Alleen zum wahrhaft kaiserlichen Schreiten animiert. Ich betrete den gepflegten Park vom Gaußplatz kommend beim Eingang »Wasnergasse«. Gut kann mich noch an meine ersten Besuche des Augartens mit meiner Tochter erinnern. Das Erste, was ich damals wahrgenommen hatte, waren die kolossalen, furchteinflössenden Flaktürme.

Der Augarten

Seinen Ursprung findet der Augarten Anfang des 17. Jahrhunderts. Er war ursprünglich als Jagdgebiet gedacht. Im Zuge der zweiten Türkenbelagerung (1683) wurde der Park samt Schloss weitgehend zerstört. Anfang des 18. Jahrhunderts wurde der Gartenkünstler Jean Trehet mit der Neugestaltung der Anlage beauftragt. Im Jahr 1775 öffnete Josef II. den Augarten als ersten kaiserlichen Garten für die Bevölkerung.

Im Park befindet sich das bekannte **Palais Augarten**, in diesem wohnen die Wiener Sängerknaben, ein weltweit hoch angesehener Knabenchor. Das Palais Augarten dient nicht nur als Wohnort, sondern auch als Übungsstätte und Ausbildungsort für diesen wohl berühmtesten Knabenchor der Welt. Neben dem Palais befindet sich die ebenfalls weltbekannte **Porzellanmanufaktur Augarten**.

Im 20. Jahrhundert erfuhr der Garten wesentliche Veränderungen. 1925 wurden 4 Schulsportplätze und 1926 das städtische Kinderfreibad errichtet. Eines der auffälligsten Merkmale des Augartens sind die beiden **Flaktürme** mit ihren Nebengebäuden. Angefertigt wurden sie in den Jahren 1942 bis 1945 als riesige Luftschutzanlagen. Grund für ihren Bau waren die Angriffe der Alliierten auf Wien. Für den Bau der Flaktürme wurden vor allem Kriegsgefangene herangezogen. Die beiden Türme sind im Besitz der Republik Österreich, stehen mittlerweile leer und werden nicht genutzt. Seit vielen Jahrzehnten herrscht eine Diskussion darüber, wofür man die denkmalgeschützten Flaktürme am sinnvollsten nutzen könnte.

1945 wurde im Augarten temporär ein Notfriedhof eingerichtet und 1953 ein Bildhaueratelier für Gustinus Ambrosi erstellt. Ab den späten 1980er-Jahren wurden die städtischen Nutzungen zunehmend durch kulturelle Aktivitäten wie Konzerte, Sommerkino und durch einen Gastronomiebetrieb ausgedehnt.

Weitere Brigittenau-Tipps, die ich von Herrn Schmidleitner bekommen habe, sind einerseits eine Visite des **Hannovermarktes** und andererseits der Besuch einer Stätte, auf die man in Wien nicht stolz ist. Es handelt sich um ein dunkles Kapitel der Brigittenauer Geschichte, obwohl die Brigittenau selbst nicht viel dafür kann. Fast jeder ältere Brigittenauer kennt dieses Thema, kaum einer redet gerne darüber – und jedem ist es unangenehm. In diesem Bezirk, genauer in der Meldemannstraße, war einst das wohl berühmteste **Männerwohnheim** der Welt untergebracht. Von 1905 bis 2003 war in diesem Haus in der Meldemannstraße 27 ein Obdachlosenasyl untergebracht. Der bedauerlicherweise prominenteste Bewohner dieses Heims war Adolf Hitler.

Er wohnte von 1910 bis 1913 in diesem Wohnheim, bevor er nach München umzog. Viele damalige Mitbewohner erzählten später, dass er gerne Bilder malte. Der junge Hitler wollte unbedingt auf die Akademie der bildenden Künste. Er bekam jedoch eine Absage. Der Direktor der Wiener Akademie meinte später, nachdem Hitler in Deutschland an die Macht gekommen war: »Das war der größte Fehler meines Lebens, dass ich Hitler nicht auf die Akademie gelassen habe!«

Wie Recht er doch hatte, viel Leid wäre der Welt erspart geblieben. Heute befindet sich in dem denkmalgeschützten Bau ein Altenheim.

Zusammenfassend kann ich nach diesem Ausflug feststellen, dass die Brigittenau ein spannender und bunter Wiener Bezirk ist, außerhalb der touristischen Hotspots. Sie ist zwar schon lange kein Arbeiterbezirk mehr, aber sie hat sich, vor allem in der Gegend um den Wallensteinplatz, tatsächlich ihren dörflichen, vorstädtischen Charakter bewahrt.

Die Brigittenau

Entstanden ist dieser Bezirk durch die Wiener Donauregulierung von 1868 bis 1875. Viele Durchgangsstraßen erhielten die Namen der Mitglieder der Donauregulierungskommission. Bis 1900 war die Brigittenau Teil des zweiten Wiener Gemeindebezirks Donaustadt. Seinen Namen verdankt die Brigittenau der Brigittakapelle.

Grätzel

Grätzel oder auch Gretzl sind Teile von Wohnbezirken, in denen sich für viele Wiener der Alltag abspielt. Ein Bezirksteil kann mehrere Grätzel umfassen, für die es innerhalb des Bezirks keine Grenzziehungen gibt.

Was ist denn ein Schanigarten?

Das ist ein vor allem im östlichen Österreich beliebter Begriff. Ein Schanigarten ist ein vor einem Gastronomiebetrieb auf öffentlichem Grund liegender Bereich. In diesem Bereich werden in den warmen Monaten Tische zur Konsumation aufgestellt. Der Begriff »Schani« geht auf die überlieferte Anweisung eines Wirtes an seinen Gehilfen zurück. Der Wirt rief »Schani [Wienerisch für ›Johann‹], trag' den Garten raus!«

★ Do it yourself ★

Café Vindobona

Günstiger Kaffee von 7–12 Uhr um nur einen Euro und ein reichhaltiges Frühstücksangebot täglich von 7–24 Uhr laden zum Verweilen im Café am Wallensteinplatz ein. Besonderes Highlight ist der Schanigarten zur warmen Jahreszeit.

Wallensteinplatz 6, 1200 Wien • U-Bahn: U4 Station bis Friedensbrücke; U6 bis Jägerstraße; Straßenbahn: Linie 5, 31, 33 bis Wallensteinplatz; Bus: Linie 5A bis Karl-Meißl-Straße, Linie 5 B bis Wallensteinplatz • Tel.: +43 1 512 47 42 52 • www.cafevindobona.at

Kabarett Vindobona

Wiens Kabarett »Für Hiesige und Zuagraste« steht für den Bezirk Brigittenau und für seine durchmischten Bewohner. Für Liebhaber der Wiener Seele empfehle ich die bitterböse Show *Das Goldene Wiener Herz.*

Wallensteinplatz 6, 1200 Wien • U-Bahn: U4 Station bis Friedensbrücke; U6 bis Jägerstraße; Straßenbahn: Linie 5, 31, 33 bis Wallensteinplatz; Bus: Linie 5A bis Karl-Meißl-Straße, Linie 5 B bis Wallensteinplatz • Tel.: +43 1 512 47 42 • www.vindo.at

Augarten und Café Restaurant Augarten

Ein Spaziergang durch Wiens ältesten, geschichtsträchtigen Barockgarten zahlt sich zu jeder Jahreszeit aus. Der Garten steht seit 2000 unter Denkmalschutz und ist im Besitz der Republik Österreich.

Nach Abschluss eines ausgiebigen Spazierganges durch den Augarten rate ich Ihnen, ins Café Restaurant Augarten einzukehren. Diese Lokalität rühmt sich damit, ein »allen Menschen gewidmeter Erlustigungsort« zu sein. An dieser Botschaft ist etwas dran. Das Service ist flink, sehr charmant und auch der Kaffee samt Apfelstrudel mundet gut. Außerdem lädt die schöne Terrasse bei Sonnenstunden zum Verweilen ein.

Obere Augartenstraße 1, 1020 Wien • U-Bahn: U2 bis Taborstraße; Straßenbahn: Linie 31 bis Obere Augartenstraße; Bus: Linie 5A bis Obere Augartenstraße • **Augarten** – Geöffnet: April–Oktober ab 6.30 Uhr, November–März ab 7.30 Uhr, Schließung: Wintermonate 17.30 Uhr, Frühjahr/Herbst ca- 19 Uhr, Sommermonate 20–21 Uhr; **Restaurant**: Mo–Fr 10–22 Uhr, Sa–So 9–22 Uhr • Tel. Restaurant: +43 1 21 12 44 00 • www.augarten.at/restaurant

Porzellanmanufaktur Augarten

Hier wird das teuerste, österreichische Porzellan von Hand hergestellt. Das Augarten-Porzellan diente und dient noch immer als Repräsentationsservice bei Staatsempfangen in der Hofburg, im Bundeskanzleramt und als Staatsgeschenk für hochrangige ausländische Gäste.

Obere Augartenstraße 1, 1020 Wien • U-Bahn: U2 bis Taborstraße; Straßenbahn: Linie 31 bis Obere Augartenstraße; Bus: Linie 5A bis Obere Augartenstraße • Tel.: +43 1 21 12 42 00 • www.augarten.at

Hannovermarkt

Ein empfehlenswerter Ort, wenn Sie an gänzlich touristisch niederfrequentierten Märkten interessiert sind. Der Hannovermarkt wurde nach der Königsfamilie von Hannover benannt, weil diese mitsamt ihrem Heer nach der Niederlage von Königsgrätz 1866 nach Wien flüchtete. Es ist ein origineller, alter Markt, der noch nicht »hip« ist und von »Bobos« (siehe Seite 190) heimgesucht wird. Die Händler, vorwiegend türkische Familien, kommen mit ihren Kleinlastern und verkaufen die Produkte direkt aus den Autos heraus. Da bekommt das Wort »Direktvermarktung« eine neue Bedeutung. Die Produkte sind gut und im Vergleich zu den anderen Wiener Märkten günstiger. Ein kleiner Tipp: Handeln Sie – es zahlt sich aus!

Seine menschliche Note macht den Markt absolut besuchenswert. Sowohl die Infrastruktur als auch die Marktstände selbst wurden im Jahr 2003 saniert und modernisiert.

Ecke Hannovergasse / Othmargasse, 1200 Wien • U-Bahn: Linie U6 bis Jägerstraße Straßenbahn: Linie 31 bis Gerhardusgasse; Bus: Linie 39 bis Pappenheimgasse • Markt: Mo–Fr 6–19.30 Uhr, Sa 6–17 Uhr; Gastronomiebetrieb: Mo–Sa 6–21 Uhr

Bei Kasperl und Boing

Ein Besuch im Wiener Wurstelprater

»Juchuuiii, wir gehen in den Pataaaaa zum Kaaaaaschperl!«, ruft meine Tochter Marie voller Vorfreude. Übersetzt soll das heißen, dass wir dem Wiener Original, dem »Wurstel Kasperl«, im Wiener Prater einen Besuch abstatten wollen.

Der **Wiener Prater**. Das ist *der* Vergnügungspark der Wiener. Der Prater, das ist die grob herzliche wienerische Variante vom amerikanischen Disneyworld. Es gibt dort waghalsige Hochschaubahnen, Würstelstände mit deftigen Speisen, Schießbuden samt dazugehöriger Figuren, furchteinflößende Geisterbahnen – und natürlich gibt es dort ihn, den **Kasperl**. Der Kasperl, oder auch »der Wurstel« genannt, ist das Highlight für viele Besucher des Praters. Meine Tochter freut sich über den bevorstehenden Streifzug mindestens genauso wie über eine Extrazeit mit Schokolade vor dem Fernseher.

Schon beim Verlassen der U-Bahn-Station »Praterstern« sehen wir aus der Ferne eines der vielen Wiener Wahrzeichen. Das **Wiener Riesenrad**. Seine vielen kleinen roten Gondeln drehen sich langsam im Kreis. Je näher wir dem Riesenrad kommen, umso lieber würden wir damit eine Runde drehen. Wäre da nicht der Kasperl – versprochen ist versprochen.

Also passieren wir das riesige, weltweit bekannte Rad. Wir gehen auch an dem bekannten **Wachsfigurenkabinett von Madame Tussauds** vorbei, das es seit einigen Jahren am Riesenradplatz gibt. Wir könnten Kaiser Franz Joseph und seine Sisi, Wolfgang Amadeus Mozart, Gustav Klimt und Johnny Depps Wachsfiguren bestaunen. Aber es bleibt beim Konjunktiv, denn wir haben noch immer einen klaren Auftrag. Wir müssen zum Wiener Praterkasperl.

Wir sind beinah taub und überfordert vor lauter Lärm der Automaten, Marktschreiern und der permanenten Musikbeschallung.

Je tiefer wir in den Wurstelprater eindringen, umso intensiver wird dieses Gefühl. Wir haben komplett den Überblick verloren.

Abgekämpft erreichen wir aber schließlich das Theater des Kasperls auf der anderen Seite des Praters. Der Kasperl residiert, wie es sich gehört, am Wurstelplatz. Der Wurstel ist seit langem eine beliebte Figur in Wien. Die Karten für das Kasperltheater haben wir schon vorab online reserviert, so lassen wir an der Kasse keine Zeit liegen. Das Theater ist ein wahres Schmuckkästchen, wir suchen uns auf einer alten, knorrigen Bank, auf der vermutlich schon vor hundert Jahren Menschen beim Kasperlbesuch gesessen haben, einen gemütlichen Platz. Die Aufregung meiner Tochter und bei den anderen Kindern im kleinen Theatersaal steigt ins Unermessliche. Dann wird es endlich dunkel ...

Ich bin mindestens genauso nervös wie meine Tochter. Es ertönt die bekannte Kasperlmusik. Die Kinder johlen glücklich, auch ich ertappe mich dabei, wie ich leise mitsinge – es geht los und der Kasperl kommt. Aber der ist natürlich nicht allein, seine beste Freundin, die Boing, ist mit von der Partie. Es entspinnt sich eine nicht nur für Kinder amüsante und teilweise sogar etwas zeitkritische Verwechslungskomödie.

Die 45 Minuten der Vorführung vergehen wie im Flug und wir bekommen für unser Geld wirklich eine spannende und lustige Vorstellung dargeboten. Unsere Kleine amüsiert sich prächtig. Und jedes Kind hat das Gefühl, dass es dem Kasperl helfen konnte, den kniffligen Fall zu lösen. »Ente gut, alles gut!«, wie der Kasperl sagt.

Kaum haben wir das Theater verlassen, wird der nächste Programmpunkt aufgerufen. »Und jetzt will ich unbedingt ... ein Laaaangos. Biiiitttee!«, ruft Marie. Sie hat unsere Lángos-Tradition natürlich nicht vergessen. »Aber Papa, was ist eigentlich Langosch?«, möchte Marie wissen.

Lángos ...

... ist eine kalorienreiche Spezialität, die aus Ungarn nach Wien gebracht wurde. Ein Lángos wird in Fladenform aus Hefeteig hergestellt und in Fett ausgebacken. Oft wird der Lángos nach dem Backen mit Knoblauchöl eingepinselt. Es gibt auch die Variante, den Lángos mit Sauerrahm oder Schafskäse zu ergänzen. Äußerst gerne wird in Österreich auch die Variante eines »Debreziner-Lángos« gegessen. Das ist eine mit Hefeteig überbackene Debreziner-Wurst.

Wie immer kaufen wir einen Lángos ohne Knoblauch. Eine Portion genügt für uns. Danach gibt es noch eine riesen Portion rosa Zuckerwatte. Wir laufen quer durch den Amüsierpark, besuchen ein Spiegellabyrinth, fahren mit einer Achterbahn für Kinder und genehmigen uns noch ein Eis und eine amüsante Fahrt mit der Liliputbahn.

Die Liliputbahn im Prater

Die Liliputbahn ist eine 3,9 Kilometer lange, schmalspurige Eisenbahn, die ihre Gäste seit den späten 1920er-Jahren auf einem Rundkurs entgegen dem Uhrzeigersinn durch den Prater fährt. Sie verläuft meistens in Sichtweite zur prächtigen Prater Hauptallee. Es gibt vier Stationen der Liliputbahn: Prater Hauptbahnhof, Schweizerhaus-Luftburg, Rotunde und Stadion. Es besteht die Möglichkeit, bei den einzelnen Stationen die Bahn zu verlassen und später wieder zuzusteigen. Eine komplette Rundfahrt dauert etwa 20 Minuten. Der Name der Bahn geht zurück auf den Roman *Liliput* von Jonathan Swift. In diesem Roman leben winzige Menschen, die Liliputaner, auf der Insel Liliput.

Die Bahn, die von einer richtigen kleinen Dampflok betrieben wird, verkehrt im Prater von Mitte März bis Mitte Oktober.

Der Prater

Ursprünglich war der Prater das ehemalige Jagdrevier Kaiser Josephs II. Dieser schenkte dem Volk im Jahr 1766 sein Jagdrevier, seitdem war und ist der Prater ein beliebtes Ausflugsziel und das Naherholungsgebiet für die Wienerinnen und Wiener.

Der Name »Prater« bzw. »Pratter« fand seine erste urkundliche Erwähnung im Jahr 1403. Seine Namensgebung soll sich »brataere«, der Bratenspieß – vermutlich wegen seiner langgetreckten Form –, zurückzuführen sein. Andere glauben an einen lateinischen Ursprung. »Pratum« heißt auf Deutsch »Wiese«. *Prata legionis* waren die Wiesen der Legion. So nannten die Römer die Wiesen um das befestigte Lager, und ein solches war ja auch das alte Vindobona.

Die allerersten beliebten Attraktionen des Praters waren ein Bierausschank und das Kasperltheater. Seine Ursprünge fand der Kasperl im 18. Jahrhundert. In dieser Zeit trat der Preßburger Johann Josef Laroche im Leopoldstädter Theater als Lumpenhändler mit diesem Namen auf. Bald darauf wurde das Theater »Kasperl Theater« genannt. Das Kasperl Theater gewann schnell an Popularität, sogar das Geldstück, mit dem im Theater der Eintritt beglichen wurde, wurde im Volksmund »Kasperl« genannt. Der Kasperl verbreitete sich vor allem als Handpuppe. Er hat eine lange rote Zipfelmütze auf dem Kopf und trägt meistens bunte Bekleidung. Gespielt wird er von einem Puppenspieler. Mit der Bezeichnung »Kasperl« versieht man heute in Wien allerdings eher einen Dummkopf – zumindest, wenn es nicht gerade ums Theater geht. Die Wiener nannten ihren Kasperl im Prater auch liebevoll »Wurstel«. Daraus resultierte der heute allseits bekannte Begriff »Wurstelprater«.

Der Name Wurstel findet seinen Ursprung in einer Figur des Volkstheaters. Josef Anton Stranitzky schuf die beliebte Figur des »Hanswurst«. Zur Zeit der Aufklärung gegen Ende des 18. Jahrhunderts wurden die volkstümlichen Bühnen aus der Altstadt vertrieben und fanden im Wiener Prater neue Auftrittsmöglichkeiten.

Im Jahr 2016 feierte der Prater sein 250-jähriges Bestehen.

Das Wiener Riesenrad

Dieses überdimensionierte Rad mit seinen 30 Kabinen wurde dem beim Volk beliebten Kaiser Franz Joseph 1897 zum fünfzigsten Thronjubiläum geschenkt. Es war zu seiner Zeit eines der größten Riesenräder der Welt.

Geplant wurde das überdimensionierte Rad von den englischen Ingenieuren Walter Basset und Harry Hitchins. Erstmals in Bewegung gebracht wurde das Riesenrad am 25. Juni 1897. Dies war allerdings nur eine halbe Bewegung, um den oberen Teil des Rades nach unten zu bekommen, der dadurch fertig montiert werden konnte. Im Zweiten Weltkrieg wurde das Riesenrad fast gänzlich zerstört. Nach dem Krieg wurde es renoviert, aber vorerst nur mit 15 Gondeln bestückt.

Das Rad dreht sich, wie das so üblich ist, im Kreis und bietet in den Kabinen einen wunderschönen Blick auf die Wienerstadt. Eine Fahrt dauert zwischen 10 bis 20 Minuten. Das Riesenrad hat ein Gesamtgewicht von 430 Tonnen und einen Durchmesser von knapp 61 Metern. Falls der Strom beim Riesenrad einmal ausfällt, gibt es ein Notstromaggregat. Und falls dieses auch noch ausfällt, dann können die Gäste aus luftiger Höhe händisch mittels einer Kurbel zurück auf die Erde »gedreht« werden. Das dauert zwar länger, aber hängengelassen wird man am Riesenrad nie. Außer ... einem Ehepaar aus Polen, das im Dezember 2015 tatsächlich im Riesenrad vergessen wurde. Das war mit Sicherheit ein unvergesslicher Abend.

Weltbekannt wurde das Riesenrad spätestens durch den Film *Der dritte Mann*. Später wurde noch eine Szene des Bond-Streifens *Der Hauch des Todes* auf dem Riesenrad gedreht.

Als wir nach diesem ausgiebigen Praterausflug zu Hause ankommen, fragt uns meine Frau: »Und, wie war's?«

Marie antwortet darauf nur glücklich: »Suuupiiii, Mama. Und weißt Du, was wir gegessen haben?«

»Langosch?«

Da hat sie recht. Die riecht man nämlich 100 Meter gegen den Wind.

★ Do it yourself ★

Original Wiener Praterkasperl

Wenn Sie mit in Wien mit Kindern im Alter zwischen 3 und 10 Jahren unterwegs sind, dann ist ein Besuch des Praterkasperls meiner Ansicht nach unausweichlich. Die Karte kostet 4,50 EUR pro Nase.

Dieser Preis wird nach einem eigenen *Kasperl-Index* berechnet. Der Kasperl geht mit seiner Freundin Boing nämlich einmal im Jahr in das benachbarte Schweizerhaus, dort kontrollieren sie den Preis von einem Krügerl (= halber Liter) Bier. Danach bemisst sich der Preis für den Eintritt ins benachbarte Kasperltheater.

Wurstelplatz 1, 1020 Wien • U-Bahn: U1 oder U2 bis Praterstern; U2 bis Prater/Messe; Straßenbahn: Linie 1 bis Prater Hauptallee; Bus: Linie 82A bis Welthandelsplatz • Vorstellungen jeden Di, Sa, So & Feiertag 15 & 16 Uhr • Tel.: +43 650 527 73 75 • www.praterkasperl.com

Das Wiener Riesenrad

Eines der Wiener Wahrzeichen, von dem sie einen wunderbaren Blick über die Wienerstadt erhaschen können. Für eine Fahrt müssen Erwachsene 9,50 Euro berappen, Kinder (3–14 Jahre) zahlen 4 Euro. Sie haben auch die Möglichkeit, sogenannte »Kombi-Tickets« zu erwerben, wie beispielsweise die Kombination »Riesenrad & Madame Tussauds«. Der Preis für beide Sehenswürdigkeiten beträgt 23,90 Euro. Erkundigen Sie sich am besten an der Kasse beim Riesenrad nach aktuellen Aktionen.

Riesenradplatz 1, 1020 Wien • U-Bahn: Linie U1 und U2 bis Praterstern; Straßenbahn: Linie 5 oder 0 bis Praterstern • Tel.: +43 1 729 54 30 • www.wienerriesenrad.com

Madame Tussauds: Das traditionelle Wachsfigurenkabinett in Wien

Peter Alexander, Johnny Depp, die Queen und Co aus Wachs in Wien. Kaufen Sie die Tickets direkt im Prater, dann kostet das für Erwachsene aktuell 19,50 Euro und für Kinder (4–14 Jahre) 15,50 Euro. Ermäßigte Tickets bekommen Sie, wenn Sie die Karten online über die Homepage erwerben.

Riesenradplatz, 1020 Wien • U-Bahn: Linie U1 und U2 bis Praterstern; Straßenbahn: Linie 5 oder 0 bis Praterstern • Mo–So 10–18 Uhr • Tel.: +43 1 890 33 66 • www.madametussauds.com/vienna/de

Die Liliputbahn

Kult-Bahn im Prater. Ausgangspunkt jeder Fahrt ist die Station »Prater Hauptbahnhof«.

Prater 99, 1020 Wien • U-Bahn: Linie U1 und U2 bis Praterstern; Straßenbahn: Linie 5 oder 0 bis Praterstern • Mitte März–Ende Oktober • Erwachsene: 4 Euro, Kinder (2–14 Jahre): 2,50 Euro • Tel.: +43 1 726 82 36 • www.liliputbahn.com

Das Schweizerhaus

Für viele Experten *der* Biergarten in Wien! Sein Name leitet sich von einer im Jahr 1868 im Prater eröffneten Meierei ab. Wenn Sie gerne Wiens deftige Küche kennenlernen möchten, dann empfehle ich Ihnen einen Besuch in diesem Lokal. Bestellen Sie hier ein Gulasch, ein Wiener Schnitzel oder eine knusprige Schweinsstelze (Schweinshaxe) und genießen Sie, bei schönem Wetter, den herrlichen Gastgarten.

Prater 116, 1020 Wien • U-Bahn: Linie U1 und U2 bis Praterstern; Linie U2 bis Prater/Messe; Straßenbahn: Linie 1 bis Prater Hauptallee; Straßenbahn: Linie 5 oder 0 bis Praterstern; Bus: Linie 82A bis Welthandelsplatz • Mitte März–Ende Oktober • Tel.: +43 1 728 01 52 13 • www.schweizerhaus.at

Kolariks Luftburg

Ein Familenlokal mit gemütlichem Biergarten und zahlreichen Attraktionen für kleine und große Kinder.

Waldsteingartenstraße 128, 1020 Wien • U-Bahn: Linie U1 und U2 bis Praterstern; Linie U2 bis Prater/Messe; Straßenbahn: Linie 1 bis Prater Hauptallee; Straßenbahn: Linie 5 oder 0 bis Praterstern; Bus: Linie 82A bis Welthandelsplatz • Mo–So 11–23 Uhr • Tel.: +43 1 729 49 99 • www.kolarik.at

Prater Hauptallee

Das ist eine circa 4,4 Kilometer lange Allee im Wiener Prater, die nördlich an den Wurstelprater grenzt. Umgangssprachlich nennen sie die Wiener oft nur »die Hauptallee«. Entstanden ist die schnurgerade Hauptallee im Jahr 1538 durch Holzschlagearbeiten im Auwald, mit denen eine Verbindung zwischen dem kaiserlichen Jagdgebiet im Prater und dem Palais Augarten hergestellt werden sollte. Die Allee führt vom Lusthaus im Prater bis zum Praterstern. Sie besteht aus einer Hauptfahrbahn, auf den Nebenfahrbahnen befinden Rad- und Reitwege.

U-Bahn: Linie U1 und U2 bis Praterstern; Straßenbahn: Linie 5 oder 0 bis Praterstern

U-Bahn Station Praterstern

Es gibt relativ wenige sogenannte Problemzonen in Wien, wo es immer wieder zu Auseinandersetzungen, Überfällen und Drogenhandel kommt. Der stark frequentierte Verkehrsknotenpunkt Praterstern zählt seit einigen Jahren leider dazu. Für viele ist der Platz vor dem Prater sogar der prominenteste Schandfleck der Stadt. Gemeinsam mit der Exekutive arbeiten Sozialarbeiter und die Wiener Linien unermüdlich daran, dieses Problem in den Griff zu bekommen. Durch die mittlerweile hohe Polizeipräsenz vor Ort stellt der Praterstern tagsüber aber keine Gefahr für seine Besucher dar.

Die Wiener Museen

Alte Meister und junge Hüpfer

Was wäre Wien wohl ohne seine Museen. Der Stadt würde viel Kultur fehlen und das wäre eigentlich undenkbar. Nehmen Sie sich also ein paar Stunden Zeit (oder auch Tage, Wochen oder mehr) und gehen Sie in mindestens ein Museum Ihrer Wahl. Sie können sich sicher sein, dass Wien das passende Museum für Sie parat hält.

Ich habe mich für Sie als Testperson »geopfert« und vorab schon mal eine kleine Auswahl bekannter und weniger bekannter Wiener Museen besucht.

Den Anfang habe ich im **Kunsthistorischen Museum**, kurz dem KHM, am Ring gemacht. Es ist eines der wohl bekanntesten und bedeutungsvollsten Wiener Museen.

Schon beim Betreten des prächtigen Hauses komme ich ins Staunen. Ich kaufe eine Karte am Schalter und treffe mich – wie verabredet – mit meinem Freund Christoph. Viele Menschen haben an diesem regnerischen Tag dieselbe Idee wie wir.

Wir wollen uns überraschen lassen und haben absolut keine Ahnung, wohin wir in diesem großen Haus zu Beginn gehen sollen. Also lassen wir erst einmal die mächtige Eingangshalle auf uns wirken. Hier dominiert edler weißer und schwarzer Marmor. Wir spüren das Mäzenatentum der Habsburger. Wir lassen uns treiben und schreiten die prächtige Mitteltreppe in den ersten Stock empor, vorbei an den Initialen des Kaiserpaares Franz Joseph und Elisabeth. Das Stiegenhaus wirkt auf uns bunt und verspielt. Wir betreten einen Saal und sind überwältigt von den großen, antiken Bildern.

Diese »Schinken«, wie mein Freund Christoph die Werke liebevoll nennt, wirken auf mich sehr mächtig, aber dennoch auch wahnsinnig beeindruckend, weil jedes Bild äußerst detailgetreu gezeichnet worden ist. Ich betrachte einen Schinken genauer und will Christoph zeigen, wie detailgetreu hier gearbeitet wurde. Aber der hat sich schon zur anderen Seite des Saales aufgemacht. Er winkt mich heran, er hat *ihn,* den »Weißbärtigen Mann« gefunden. Da hängt das Meisterwerk, dem der Schriftsteller Thomas Bernhard so viel Beachtung geschenkt hat. Auf mich wirkt das Bild eher trist und dunkel. Man muss wohl ein wirklicher Kunstliebhaber sein, um diesem Bildnis viel abzugewinnen. Wir betrachten es einige Minuten lang und schlendern weiter durch große, weite Säle. Alle sind sie mit purer Kunst gefüllt. Im Herzen des Museums nehmen wir in einem Kaffeehaus Platz. Anschließend beenden wir unseren Besuch noch im Museumsshop im Ergeschoss. Christoph kauft sich dort das Buch *Alte Meister* von eben jenem Thomas Bernhard. Was auch sonst ...

Wenn man für wenige Tag in Wien weilt, dann hat man die Qual der Wahl unter vielen Museen. Einer meiner Favoriten ist die **Albertina**. Was für ein Museum und was für eine Lage. Gegenüber der Albertina befindet sich das bekannte Hotel Sacher, daneben die Staatsoper und am Platz davor, das ist in Wien immer wichtig, ein Würstelstand. Die Albertina selbst erkennt man sehr leicht an ihrem äußerst spektakulären Flügeldach. Für mich ein Zeichen, dass dieser einst verstaubte K.-u.-k.- -Palast in der Gegenwart angekommen ist.

Ich bin heute mit meiner Tochter unterwegs und wir wollen »dem Hasen« einen Besuch abstatten. Der »Dürer Hase« ist in Wien allgegenwärtig. Sogar auf dem Würstelstand neben der Staatsoper hockt er. Der berühmteste Feldhase der Welt begegnet mir auf meinen Spaziergängen durch Wien immer wieder. Wir kaufen uns eine Karte und wir wollen nur mehr zu ihm, zu Dürers Hasen, dem Rolls Royce der Albertina.

Endlich haben wir ihn entdeckt. Wir starren dieses kleine Bild an und keiner von uns beiden spricht etwas, bis meine fünfjährige Tochter fragt: »Aber was ist an diesem kleinen Häschen so besonders? Meine Hasen sind viel bunter.«

Das liegt einfach daran, dass Albrecht Dürer der erste Maler war, der ein so schlichtes Tier gemalt hat. Das war im Jahr 1502. Und so wurde dieser Hase ein Meilenstein der Kunstgeschichte. Wir betrachten den Hasen und fragen uns, wie es der Maler wohl geschafft hat, dass der Hase so lange ruhig sitzengeblieben ist.

»Vielleicht wurde er ausgestopft«, meine ich und ärgere mich in dem Moment, dass diese Gedanken meinen Mund verlassen haben.

»Papi. Was ist ausgestopft?«, will meine Tochter jetzt logischerweise wissen.

Ich druckse herum und lenke die Aufmerksamkeit auf die Frage, warum dieses so bekannte Tier ohne große Sicherheitsvorkehrungen in der Albertina hängt. Da höre ich einen Guide neben uns einer Gruppe Touristen verraten, dass der Dürer Hase nur eine Kopie ist. Das Original wird alle fünf Jahre nur zweimal ausgestellt.

Noch eine Besonderheit bringt der Hase mit sich – er folgt dem Betrachter mit seinen Augen, ganz egal, von welcher Seite man schaut. Wir beschließen, demnächst ins Naturhistorische Museum zu gehen, wo es ganz viele ausgestopfte Tiere gibt. Da erkläre ich Marie dann auch, was es damit auf sich hat.

Der Dürer Hase ist aber selbstverständlich nicht das einzige Highlight der Albertina. Das Museum beinhaltet eine der größten graphischen Sammlungen der Welt mit Meistern wie Rubens, Dürer und Michelangelo. Wie wir so weiter durch die Gänge der Albertina schlendern, meine ich nebenbei zu Marie: »Hier hängen auch wahnsinnig viele Schinken.«

»Schinken?«

Der Schinken und der Herr Bundeskanzler

Das ist eine, in Österreich, weltbekannte Geschichte. Es sei gesagt, dass es hierbei um die Unterzeichnung des österreichischen Staatsvertrages im Schloss Belvedere geht. Die österreichische Bundesregierung wollte dieses historische Ereignis bildlich festhalten und beauftragte Monate nach der echten Unterzeichnung den Maler Robert Fuchs mit der Anfertigung eines Bildes. Dieser arbeitete rund eineinhalb Jahre daran. Am Ende beeindruckt das Bild auch durch eine klassisch »Österreichische Variante«. Es wurden nämlich mehrere Beamte und Diplomaten, die bei der echten Unterzeichnung gar nicht zugegen waren, hineingemalt. Als dieses Bild 1980 dem damaligen Bundeskanzler Kreisky präsentiert wurde, meinte dieser: »Da bin ich auf dem Schinken zu sehen.« Der Maler beschwerte sich daraufhin schriftlich beim Herrn Bundeskanzler, dass dieser sein Lebenswerk als »Schinken« diskreditierte. Nun, Kreisky war durchaus um eine Antwort bemüht. In Meyers Konversationslexikon fand sich die rettende Antwort: »Schinken, auch für Kolossalgemälde.«

Nun wissen nun also alle, auch Marie, was es wahrhaftig mit dem Kosenamen »Schinken« auf sich hat. Neben den richtig alten Schinken präsentiert die Albertina aber auch neuere Kunst, immerhin eine der größten Sammlungen von Kunstwerken des 20. Jahrhunderts findet sich hier. In regelmäßigen Abständen gibt es interessante Sonderausstellungen von Miro und Munch, die immer wieder für Besucheranstürme sorgen.

Ursprünglich war die Albertina allerdings gar kein Museum, sondern ein Palast der Habsburger. Hier wohnte unter anderem Herzog Albert, der Schwiegersohn von Maria Theresia.

Maria Theresia von Österreich

Maria Theresia war die Königin von Ungarn und Erzherzogin von Österreich. Sie wurde im Jahr 1717 in Wien geboren und verstarb im Jahr 1780 ebenda. Sie war wohl die wichtigste Herrscherin der Habsburger. Maria Theresia übernahm nach dem Tod ihres Vaters Karl VI. die Regierungsgeschäfte und war für ihre zahlreichen Reformen im Bildungs-, Heeres- und Justizbereich bekannt. Wie unter anderem für die Einführung der Schulpflicht, Verwaltungsreformen und die Abschaffung der Folter. Diese Reformen bewirkten in sämtlichen Länder der Habsburgermonarchie einen Modernisierungsschub.

Die Zeit ihrer Regentschaft wird heute die maria-theresianische Epoche genannt. Sie bekam – ganz nebenbei – 16 Kinder und war für ihren Fleiß und ihr ausgeprägtes Pflichtbewusstsein bekannt. Zu ihrem Tod im Jahr 1780 wurde sie vom Volk allerdings wenig betrauert. Ein typisches Wiener Phänomen. Die Wiener lassen viele ihrer Mitbürger erst nach dem Tod so richtig aufleben. So wurde Maria Theresia erst nach ihrem Ableben zum Symbol für Tatkraft, Reformwille und posthum 1804 offiziell zur Kaiserin.

Kaiserin Maria Theresia begegnet man in dieser Stadt an jeder Ecke, denke ich mir. Herzog Albert, er lebte im 18. Jahrhundert, war großer Kunstsammler und schuf im Laufe der Jahre die einzigartige Sammlung der Albertina. Wie man weiß, hatten die Habsburger Geld, der Herzog investierte sinnvollerweise in Sammlungen. Man kann auch heute noch sehen, wie es sich als Schwiegersohn von Maria Theresia gelebt hat. Definitiv nicht schlecht, die Prunkräume der Albertina wurden restauriert und stehen für die Besucher offen.

Das Naturhistorische Museum

Mit Christoph hatte ich mich im KHM verloren, direkt gegenüber, wie ein Spiegelbild des Kunsthistorischen Museums, befindet sich das **Naturhistorische Museum**. Es gilt mit seinen circa 30 Millionen Sammlungsgegenständen als eines der wichtigsten Naturmuseen der Welt. Wie schon das Kunsthistorische Museum seine Abkürzung bekommen hat, hat auch das Naturhistorische Museum eine bekommen. Es wird landläufig das »NHM« genannt.

Nachdem ich das KHM mit Christoph besucht habe, betrete ich das NHM heute mit meiner Tochter, um ihr »richtige ausgestopfte Tiere« zu zeigen. Und sie ist gleich sehr interessiert. Die stärkste Begeisterung zeigt sie bei einem riesigen Dinosaurier in Saal 10, dem Sauriersaal. Mutig stellen wir uns vor das prähistorisches Monstrum, das uns stolz und ruhig anschaut. Als ich meiner Tochter gerade erklären will, dass Dinosaurier längst ausgestorben sind, beginnt sich das Ungetüm plötzlich zu bewegen. Ein gewaltiger Schreck für uns alle, auch für mich. Jetzt habe ich meiner Tochter gerade erklären wollen, was ausgestopfte Tiere sind und dass Dinosaurier schon längst nicht mehr unter uns weilen, da komme ich schon wieder in die Bredouille. Zumal es sich bei den ausgestellten Exemplaren ja nicht wirklich um ausgestopfte Dinosaurier handelt, sondern um Rekonstruktionen basierend auf Fossilfunden. Aber erklären Sie das einmal einer Fünfjährigen.

»Hast Du nicht gesagt, dass Dinos lääängst ausgestorben sind?«

»Ja, eh. Die sind ja nur animiert«, antworte ich weise.

»Was ist amiert?«

Der Dinosaurier beugt sich bedrohlich zu uns nach unten und gibt furchterregende Geräusche von sich. »Das ist nur ein Roboter ... erklär ich Dir später!«, entgegne ich hastig.

Bevor meine Kleine auch nur daran denken kann, weitere Fragen zu stellen, schnappe ich sie mir und eile aus dem riesigen Dinosauriersaal. Eine Lösung bietet vielleicht das Technische Museum, das wir uns für einen anderen Tag vornehmen.

Das Technische Museum

Wo könnte man Technik und Animation besser erklären, als in einem Museum, das sich ausschließlich mit dieser Thematik befasst. Nachdem wir das NHM unsicher gemacht haben, besuchen Marie und einige Tage später das **Technische Museum Wien**. Es ist mit einer Ausstellungsfläche von 22.000 m^2 das größte und einzige umfassende Technikmuseum in Österreich. Hier findet man nicht nur etwas für technikverliebte Männer, auch das Angebot für die Kleinen ist enorm. Hier gibt es dann sicherlich auch eine Antwort auf die Frage: »Was ist ein Roboter?«

Wir betreten einen riesigen Kinderbereich und hören am anderen Ende des Saales aufgeregte Stimmen. Wir folgen dem Lärm und haben Glück – nachdem wir an zahlreichen Kinderstationen vorbeigekommen sind, erreichen wir einen »Kinder-Workshop«. Und wer hätte es gedacht, das Thema lautet »Robotik«. Meine Kleine ist komplett hin und weg und darf sogar eine Roboterbiene steuern.

»Und genauso funktioniert der Dinosaurier im Naturhistorischen Museum«, ergänze ich chefpädagogisch und bin unendlich froh, dass *ich* ihr nicht erklären muss, wie ein Roboter funktioniert. Nun versteh ich es wenigstens auch, denke ich mir.

Nach dem Kinderworkshop schlendern wir noch lange und ausgiebig durch das technische Museum, erkunden ein Bergwerk, eine Dampflokomotive und unzählige andere Geräte, von denen wir gar nicht wussten, dass es sie jemals gegeben hat.

Das Museumsquartier

Dieses Areal, kurz und in Wien eigentlich nur mehr »MQ« genannt, ist eines der größten Kulturareale der Welt. Die Nutzfläche beträgt 90.000 m^2. Das Spektrum des MQ beinhaltet bildende und darstellende Kunst, Architektur, Musik, Mode, Theater, Tanz, Literatur bis hin zu Kindertheater. 1725 diente dieser riesige Gebäudekomplex ursprünglich als kaiserliche Hofstallungen, ab 1922 dann als Messepalast. Im Jahr 1998 begann der Umbau zum heute bekannten MQ. Im Jahr 2001 wurde es als Museumsquartier eröffnet.

Die größten Einrichtungen des MQ sind das MUMOK (Museum Moderner Kunst), das Leopold Museum (benannt nach dem Kunstsammler Rudolph Leopold) und die Kunsthalle Wien. Zeitgenössischen Tanz gibt es im Tanzquartier Wien zu erleben. Für das junge Publikum werden der Dschungel Wien, das Theaterhaus für junges Publikum und das ZOOM Kindermuseum geboten. Saisonal wird das MQ auch für das Jazz Fest Wien genutzt.

Tipp: Nutzen Sie bei einem Besuch im MQ auf jeden Fall die allseits beliebten Enzis. Das sind multifunktionale, bunte Kunststoffmöbel, die sich auf dem Areal des MQ befinden und zum Verweilen einladen. Benannt wurden die »Enzis« nach der für die Nutzung der Höfe zuständigen Prokuristin. Seit einigen Jahren gibt es auch die »Enzos«. Diese sind den Enzis ähnlich, jedoch noch um einiges robuster.

Der Info-Tickets-Shop im Museumsquartier hat an allen Tagen von 10–19 Uhr geöffnet. Sie finden ihn im Haupteingang des MQ.

Museumsplatz 1, 1070 Wien • U-Bahn: U2 bis Museumsquartier; U2 und U3 bis Volkstheater; Straßenbahn: Linie 49 bis Volkstheater; Bus: Linie 48A bis Volkstheater, City Bus 2B bis Museumsquartier • Tel.: +43 1 523 58 81 - 1731 • E-Mail: mqpoint@mqw.at • www.mqw.at

Kaisergruft

Der Wiener und der Tod, das passt immer schon gut zusammen. Wenn Sie es gerne »tot« haben möchten, dann besuchen Sie doch einfach die Kaisergruft. Da sind sie dann, im wahrsten Sinne des Wortes, sehr gut aufgehoben und in kaiserlicher Gesellschaft.

Die Kaisergruft oder auch Kapuzinergruft ist die Begräbnisstätte der Habsburger in Wien. Betreut wird diese Begräbnisstätte von den Kapuzinern. Zu sehen gibt es Särge unter anderem von Kaiserin Maria Theresia, Kaiser Joseph II, Kronprinz Rudolph, Elisabeth (bekannt als Sis(s)i), Franz Joseph I, Otto von Habsburg und vielen anderen Habsburgern. Insgesamt haben in der Kaisergruft bis heute 146 Personen, unter ihnen 12 Kaiser sowie 19 Kaiserinnen und Königinnen, ihre letzte Ruhestätte gefunden.

Tegetthoffstraße 2, 1010 Wien • U-Bahn: U1, U2, U3, U4 bis Karlsplatz; Straßenbahn: Linie D, J, 1, 2, 62 bis Karlsplatz • Täglich 10–18 Uhr • Tel.: +43 1 512 68 53 16 • www.kaisergruft.at

Das Kunsthistorische Museum

Das KHM ist eines der wichtigsten und größten Museen der Welt und wurde 1891 eröffnet. Entworfen wurde der Prachtbau und sein Schwestergebäude, das gegenüberliegende Naturhistorische Museum, von den bekannten Architekten Gottfried Semper und Carl von Hasenauer. Eine Besonderheit dieses Hauses ist, dass es extra für eine bereits existierende Kunstsammlung gebaut wurde. So wurde die Raumhöhe der Gemäldegalerie im ersten Stock nach den großen Altarbildern von Rubens berechnet.

Gehen Sie am besten an einem schönen, sonnigen Tag ins KHM – da werden Sie dann garantiert weniger Gäste im Museum antreffen. Um langen Warteschlangen an der Kasse zu entgehen, sichern Sie sich Ihre Karten am besten vorab im Internet.

Maria-Theresien-Platz, 1010 Wien • U-Bahn: U2 und U3 bis Volkstheater; Straßenbahn: Linie 1, 2, 46, 49, 71 bis Dr.-Karl-Renner-Ring • Juni–August: 10–18 Uhr, Do bis 21 Uhr, September–Mai Di–So 10–18 Uhr, Do bis 21 Uhr, letzter Einlass eine halbe Stunde vor Schließzeit • Tel.: +43 1 525 24 - 0 • E-Mail: kunstvermittlung@khm.at • www.khm.at

Albertina

Begründer der Sammlung war der Schwiegersohn von Kaiserin Maria Theresia, Albert Casimir Herzog von Sachsen-Teschen. Nach ihm ist das Museum auch benannt.

Albertinaplatz 1, 1010 Wien • U-Bahn: U1, U2, U4 bis Station Karlsplatz/Oper; U3 bis Stephansplatz; Straßenbahn: Linie 1, 2, D, 62, Badner Bahn bis Staatsoper/Kärntner Ring; Citybus: Linie 2A bis Station Albertina • Täglich 10–18 Uhr, Mi bis 21 Uhr • Tel.: +43 1 534 83 - 0 • www.albertina.at

Das Naturhistorische Museum

Hier kann man Exponate aus längst vergangenen Tagen begutachten, wie etwa die 29.500 Jahre alte Venus von Willendorf oder eben auch animierte Dinosaurier.

Maria-Theresien-Platz, 1010 Wien • U-Bahn: U2 und U3 bis Volkstheater • Straßenbahn: Linie 1, 2, 46, 49, 71 bis Dr.-Karl-Renner-Ring • Do–Mo 9–18 Uhr, Mi bis 21 Uhr, Di geschlossen • Tel.: +43 1 521 77 - 0 • E-Mail: info@nhm-wien.ac.at • www.nhm-wien.ac.at

Das Technische Museum

Vor allem für Kinder und jung gebliebene Erwachsene.

Mariahilfer Straße 212, 1140 Wien • U-Bahn: U3 bis Johnstraße; U4 bis Schönbrunn; Straßenbahn: Linie 52 und 58 bis Penzinger Straße/Anschützgasse 10 oder Johnstraße/Linzer Straße; Bus: Linie 10A bis Johnstraße/Linzer Straße, Linie 57A bis Anschützgasse • Mo–Fr 9–18 Uhr, Sa, So & feiertags 10–18 Uhr, letzter Einlaß eine halbe Stunde vor Schließzeit • Tel.: +43 1 899 98 - 0 • E-Mail: museumsbox@tmw.at • www.technischesmuseum.at

Das grüne Herz

Jedem Wiener seinen Park

Als ich vor vielen Jahren nach Wien gezogen bin, da stellte ich mir folgende Frage: »Wohin gehen die Wiener gerne und wo ist es in dieser großen Stadt besonders grün?«

Grundsätzlich gehen sie dorthin, wo es alle Menschen hinzieht. Dahin, wo es keine Autos gibt, wo man gemütlich sitzen kann, wo man sich in Ruhe unterhalten kann und wo man der Natur nahe ist. Möglichkeiten dafür gibt es in Wien erfreulicherweise genügend.

Eines schönen Tages schnappe ich mir meine fünfjährige Tochter und mache mich auf, um mit ihr einen Tag Outdoor-Wien zu erleben. Einen klaren Wunsch äußert Marie, bevor es losgeht: »Ich will zum Spielplatz am Himmel!«

Gesagt getan. Wir packen unseren Rucksack und machen uns auf dem Weg in Richtung »Himmel«. Wir setzen uns in den Bus 38 A und verlassen diesen nach einer langen kurvigen Fahrt am Cobenzl, der eigentlich Riesenberg heißt, 382 Meter hoch ist, im Bezirk Döbling liegt und selbst schon einen Ausflug wert wäre. Vom Cobenzl zum Himmel ist es noch ein kurzer, einfacher Fußweg von etwa 10 Minuten. Wir folgen der Beschilderung und stehen wenig später vor dem Eingang. Hier steht in großen Buchstaben: »**Am Himmel – Lebensbaumkreis**«.

Marie lässt sich nicht mehr halten und steuert direkt auf den riesigen Spielplatz rechts des Weges zu. Links des Weges tut sich mir wiederum ein herrlicher Blick über Wien auf, der meiner Tochter gerade komplett egal ist. In setze ich mich auf eine Bank und schaue auf die Wienerstadt hinunter. Beinahe ganz Wien kann ich vor mir sehen. An schönen Tagen sieht man bis in die Slowakei und nach Ungarn.

Da Toben und Spielen bekanntlich hungrig macht, machen wir uns schließlich auf in das neben dem Spielplatz befindliche **Café-**

Restaurant Oktogon. Das Oktogon verkörpert einen Baum und ist rundum verglast, sodass man von jedem Sitzplatz aus einen wunderbaren Blick in die Natur und auf Wien hat. Wir teilen uns ein »Himmelfrühstück« und ziehen satt weiter zum benachbarten »Lebensbaumkreis«.

Der **Lebensbaumkreis** am Himmel befindet sich in einer einmaligen Lage. Er symbolisiert mit 40 Lebensbäumen den Zeitraum eines gesamten Jahres. Wir machen uns, wie jedes Mal, auf die Suche nach unserem persönlichen Lebensbaum. Jeder Baum ist einer gewissen Geburtsdekade zugeschrieben und hat einen kleinen Lautsprecher, der einem mehr über seinen persönlichen Lebensbaum mitteilt. Zurück geht diese etwas andere Form eines Sternzeichens auf das keltische Baumhoroskop. Ein wenig esoterisch wirkt das Ganze schon, aber einen Besuch ist der Lebensbaumkreis wert.

Wir genießen noch ein wenig die schöne Aussicht und laufen wieder langsam zurück zum Cobenzl. Auch hier am Cobenzl gibt es allerlei zu bestaunen. Ich entdecke ein altes Kaffeehaus und ein Weingut – und Marie etwas viel Spannenderes: einen Streichelzoo, genauer gesagt eigentlich einen richtigen **Kinderbauernhof**. Hier gibt es Kaninchen, Schweine, die sich im Schlamm wälzen, und als Highlight ein kleines Zicklein, das Marie sogar halten und streicheln darf.

Ich schaffe es schließlich, sie von den Tieren loszueisen und zu *meinem* nächsten Programmpunkt zu überreden, dem **Kahlenberg**. Den Weg auf den Wiener Hausberg bewältigen wir mit dem Bus, alternativ gibt es aber auch einen schönen Wanderweg dorthin.

Der Kahlenberg ist eine schöne, ein wenig mystisch anmutende Gegend, in der man sich außerordentlich wohlfühlt. Wie wir an diesem Tag. Irgendwo im Zuge dieses Ausflugs schnappe ich folgenden Satz auf: »Geht es dem Kahlenberg gut, geht es ganz Wien gut!«

Der Kahlenberg ist einer von zwei Wiener Hausbergen, der andere ist der benachbarte Leopoldsberg. Hierher kommen die Wiener vorwiegend an den Wochenenden. Man genießt an klaren Tagen eine hervorragende Fernsicht über die Stadt bis zum Schneeberg-Gebiet im Süden und zu den kleinen Karpaten im Nordosten. Das Zentrum vom Kahlenberg stellt die Josefskirche dar, die gerne für Hochzeiten und Taufen genutzt wird. Direkt davor wurde ein neues Kaffeehaus mit Restaurant errichtet, das einen traumhaften Ausblick auf Wien und die Umgebung bietet.

Wir gönnen uns einen gespritzten Apfelsaft im Kaffeehaus und wir beobachten das rege Treiben im Lokal. Direkt neben der Aussichtsterrasse befinden sich ein neues Aparthotel, das natürlich ebenso einen atemberaubenden Blick bietet. Nach der Stärkung ziehen wir weiter zur **Stefanienwarte**. Benannt wurde diese Sternwarte nach Stefanie von Belgien. Sie war mit Kronprinz Rudolf verheiratet, dessen Schicksal eng mit Mayerling verbunden ist (siehe Episode »Das Geheimnis von Mayerling«, siehe Seite 136). Vorbei kommen wir bei der »Kaiserin Elisabeth Ruhe«, einem Platz, an dem angeblich Kaiserin Sisi Pause einlegte, wenn Sie am Kahlenberg unterwegs war.

»Pause« ist nun auch für Marie und mich ein gutes Stichwort – nach ereignisreichen Stunden setzen wir uns wieder in den Bus und fahren zufrieden nach Wien hinunter.

Noch mehr Grün: Das Schloss Schönbrunn

Wenn man über Grün im Stadtgebiet von Wien nachdenkt, darf natürlich das Schloss Schönbrunn nicht unerwähnt bleiben, denn das Areal des Schlosses im Westen Wiens lädt zum unendlichen Schreiten und Staunen ein. Der Schlosspark ist 2 Millionen Quadratmeter groß und damit nur unwesentlich kleiner als das Fürstentum Monaco. Einerseits beeindruckt es durch sein märchenhaftes Traumschloss und andererseits durch seine weitläufigen kaiserlichen Parkanlagen, in denen sich viele Geheimnisse verbergen. Hinter dem Schloss angekommen, tut sich ein riesiger Prachtgarten auf. Wenn man in dem weiten Territorium zwischen Schloss und Gloriette rechts abbiegt, dann bieten sich einem unter anderem zwei Möglichkeiten. Entweder man landet im Irrgarten oder später im Tiergarten. Beide Gärten sind einen Besuch wert.

Der **Irrgarten** und das **Labyrinth** im Schlosspark wurden um 1720 angelegt und bis 1892 wieder aufgelöst. Ein Gerücht besagt, dass viele der Habsburger den Irrgarten als nicht schicklich betrachteten und er daher geschlossen werden musste. Mehr als hundert Jahre später, im Jahr 1999, wurden der neue Irrgarten und das Labyrinth nach historischem Vorbild wiedereröffnet. Das Suchen und Finden des richtigen Weges im Irrgarten macht jedes Mal aufs

Neue große Freude. Am Ziel angekommen, wird man auf einer Aussichtsplattform mit einem schönen Blick über das Areal des Irrgartens belohnt. Von der Aussichtsplattform aus kann man auch die **Gloriette** entdecken. Diese befindet sich auf der Anhöhe in der Blickachse des Schlosses Schönbrunn.

Die Gloriette ist ein wahrhaft prächtiger Gartenpavillon, in dem Kaiser Franz Joseph angeblich ab und an mit Gästen sein Frühstück eingenommen hat. Heute befindet sich in der Gloriette, wie könnte es in Wien anders sein, ein Kaffeehaus. Zwischen der Gloriette und dem Schloss Schönbrunn befindet sich der **Neptunbrunnen**. Dieser imposante Brunnen wurde kurz vor dem Tod Maria Theresias 1780 fertiggestellt. So wie Neptun das Wasser beherrscht, genauso sollten Fürsten ihr Land durch stürmische Zeiten zu lenken.

Nicht weit vom Neptunbrunnen entfernt liegt einer der beiden Zugänge zum **Tierpark Schönbrunn**. Der Tiergarten ist der älteste bestehende Zoo der Welt beherbergt neben Elefanten, Pandas und Löwen u. a. auch Pinguine, schwarze Panther und Krokodile. Für viele Kinder ist der **Tirolerhof** ein besonderes Highlight: ein alter Bauernhof an einem Berghang am Südende des Tiergartens mit heimischen Tierarten. Der Tiergarten Schönbrunn kaufte diesen denkmalgeschützen Bauernhof und trug ihn in Tirol ab. Sämtliche Teile wurden genau nummeriert und im Tiergarten Stück für Stück wieder zusammengesetzt. Der heutige Tirolerhof wurde 1802 von Erzherzog Johann als Tirolergarten errichtet. Hier gibt es aber nicht nur Kühe, Schafe und alte Haustierrassen, es werden auch selbstgemachte Produkte verkauft.

Vom Tirolerhof hinunter führt der sogenannte **Baumkronenpfad**, ein Naturerlebnispfad in den Baumkronen des Tiergartens. Uneingeschränkter Höhepunkt dieses Weges ist eine etwa 10 Meter hohe und 160 Meter lange Hängebrücke. Von hier aus genießt man einen wunderbaren Ausblick auf die Pflanzen, die Tiere und die Stadt. Auf dem Weg nach unten gibt es immer wieder kleine Erklärungen und Attraktionen für die Besucher.

Die Parkanlagen Schönbrunn sind auf jeden Fall ein Muss für ein Wienbesuch. Genauso wie die herrliche Parkanlage des Schlosses Belvedere (siehe Episode »Das Belvedere«, siehe Seite 52), die hier nicht unerwähnt bleiben darf.

Wie man die lebenswerteste Stadt der Welt wird

Wien ist schön und grün. Die Stadt wurde folgerichtig auch im Jahr 2015 zum sechsten Mal in Folge zur weltweiten Nummer Eins der lebenswertesten Städte gekürt. Mitverantwortlich für dieses ansehnliche Ergebnis sind auch die 280 kaiserlichen Parks und Gärten. Im **Wiener Volksgarten** beispielsweise blühen jedes Frühjahr, die Zahl stimmt wirklich, 400 Rosensorten. Insgesamt gibt es in Wien 2.000 Grünanlagen, auf jeden der aktuell 1,7 Millionen Einwohner kommt eine Grünfläche von 120 m². Unterm Strich sind mehr als die Hälfte der Stadt Grünflächen.

Die Wiener Stadtregierung achtet sorgfältig darauf, dass es weite und erstklassig gepflegte Grünflächen gibt. Dass diese Grünflächen auch sauber bleiben, darauf achten die sogenannten »Achtavierzga«. Das ist die Gruppe der MA 48, also der Magistratsgruppe 48. Mit ihren orangefarbenen Arbeitsanzügen streifen sie wie fleißige Ameisen durch die Stadt und räumen all das weg, was der Wiener und seine Gäste in den Mistkübeln (Mülleimern) der Stadt hinterlassen. Mittlerweile sehr beliebt sind die mit amüsanten Sprüchen versehenen öffentlichen Mistkübel.

Leitsätze wie »Schaut net weg, hau eine dein' Dreck!« oder »Ihre Papiere bitte!« fordern die Mitbürger auf, ihren Mist in den Kübel zu werfen und nicht auf die Straße oder in Grünanlagen. Die MA 48 hat es in den letzten zehn Jahren geschafft, dass die Wiener ihr Wegwerf- und Müllentsorgungsverhalten stark überdacht haben. War es früher noch so, dass zu viel Müll neben den Mistkübeln gelandet ist, so ist das heute bei weitem nicht mehr so oft der Fall. Müll in der Öffentlichkeit auf die Straße zu werfen, gilt, den 48ern sei Dank, als uncool.

Wenn Sie Wien erkunden, dann nehmen Sie sich Zeit, gehen Sie durch diese wunderbare Stadt und achten Sie sie. Und sie werden sehen, dass Wien den Titel »Lebenswerteste Stadt« wirklich verdient hat.

Der Pötzleinsdorfer Schlosspark, der kaiserliche Burggarten und der mit Rosen geschmückte Volksgarten

Als ich den **Pötzleinsdorfer Schlosspark** am Rande Wiens zum ersten Mal betrat, da war ich überwältigt und dachte mir: »Was für ein Park.« Da ist wirklich für die Kleinen und die Großen etwas dabei. Meine Tochter fühlt sich klarerweise immer am Spielplatz pudelwohl. Das Besondere am diesem Spielplatz ist, dass er auf mehreren Ebenen angelegt ist. Auf der unteren Ebene gibt es Sandkisten, Wipptiere, Babyschaukeln und eine Babyrutsche. Eine Ebene weiter oben dann ein Klettergerüst und einen ordentlich gewarteten Beachvolleyballplatz. Direkt daneben befindet sich ein Streichelzoo mit Schafen, Ziegen, Schweinen und Hasen auf etwa 2.000 m^2.

Es gibt im Park wunderbare, weitläufige Wiesen, auf denen man herrlich picknicken kann. Mit Glück kann man dabei ein neugieriges Reh an der Lichtung stehen sehen. Ebenfalls besonders sind die großen Mammutbäume, die links des Weges wachsen.

Der Park ist im englischen Stil errichtet und perfekt für einen gemütlichen Ausflug ins Grüne geeignet. Abseits des Kinderspielplatzes gibt es viele ruhig Wege durch Wälder, Ententeiche und sonnige Plätze, um die Seele baumeln zu lassen. Der Pötzleinsdorfer Schlosspark ist ein wundervoller Park, in dem sich jeder wohlfühlt.

Aber nicht nur an Wiens Randbezirken gibt es schöne Parkanlagen, auch mitten im Zentrum laden die Grünanlagen ein, wie etwa der Volksgarten oder der Burggarten.

Der im englischen Stil angelegte **Volksgarten** erstreckt sich zwischen Burgtheater und Hofburg und ist für viele Wienbesucher ein Muss. Nicht nur, weil dieser traumhaft angelegte Park zum kaiserlichen Schreiten einlädt, sondern auch wegen des dort befindlichen Sisi-Denkmals. Die Statue der Kaiserin wurde von Hans Bitterlich erschaffen. Zur Eröffnungs- bzw. Enthüllungsfeierlichkeit im Juni 1907 ist auch Kaiser Franz Joseph erschienen.

Der **Burggarten** hinter der Hofburg und der Albertina diente einst als Privatgarten von Kaiser Franz Joseph I. Ein interessantes Detail des Burggartens möchte ich Ihnen gerne näherbringen. Der Kaiser, als ausgebildeter Gärtner, wirkte selbst an der Gestaltung dieses englischen Gartens mit. Erst nach seinem Tod wurde er der Öffentlichkeit zugänglich gemacht. In dem Garten finden sich einige Denkmäler berühmter Persönlichkeiten wie jenes von Kaiser Franz Joseph oder auch die Statue von Wolfgang Amadeus Mozart.

Im Burggarten findet man, neben einem kleinen Teich, auch das **Palmenhaus**. Es ist ein Jugendstilhaus, das heute zweierlei Bedeutung zukommt. Einerseits beherbergt es das Schmetterlingshaus, in dem hunderte exotische Schmetterlingsarten leben, nebenan gibt es ein Café-Restaurant mit großer Sitzterrasse.

Besonders für Kinder interessant ist der **Wiener Stadtpark**. Hier gibt es einen tollen Kinderspielplatz, der in eine klassische Parkanlage eingebettet ist, die durch den Wienfluss in zwei Hälften geteilt wird.

Darüber hinaus ist es die größte Parkanlage der Innenstadt und sie wirkt wie eine grüne Oase mit unzähligen verschlungenen Wegen und einer liebevoll angelegten Teichlandschaft.

Viele Besucher und Gäste kommen vor allem wegen einer ganz besonderen Person hierher. Ja, es ist wieder ein Denkmal. Das beliebteste Fotomotiv im Stadtpark ist zweifelsohne die vergoldete Bronzestatue des Walzerkönigs Johann Strauß.

Die Statue des Komponisten wurde im Jahr 1921 feierlich enthüllt und erfreut sich seit jeher großer Bewunderung. Eine komplette Renovierung des Denkmals erfolgte im Jahr 2011. Die Kosten beliefen sich auf etwa 300.000 Euro.

Aber auch andere Denkmäler berühmter Komponisten findet man, wie beispielsweise die von Franz Lehar, Robert Stolz und Franz Schubert. Auch kulinarisch hat der Stadtpark so einiges zu bieten. Sie können die ehemalige Milchtrinkhalle, die Meierei (siehe auch Episode »Essen in Wien«, siehe Seite 103) oder den Kursalon auf einen Kaffee und eine Mehlspeise besuchen.

★ Do it yourself ★

Der Motorikpark

Bedingt durch meine Arbeit verbringe ich, wie viele Erwachsene, zu viel meiner Lebenszeit sitzend und wünsche mir an manchen Tagen mehr Bewegung. Ich kann mich noch erinnern, dass ich mich beim attraktiven Spielplatz »Am Himmel« ein wenig darüber geärgert habe, dass es in Wien keinen Spielplatz für Erwachsene gibt. Jetzt kommt die gute Nachricht – es gibt einen Spielplatz für alle, den Motorikpark im 22. Bezirk.

Er ist brandneu, über 2 Hektar groß und erfreut sich in Wien immer größerer Beliebtheit. Dieser neue Kinderspielplatz, der auch für Erwachsene ein Eldorado ist, fordert Familien mit Kindern zu viel Bewegung an der frischen Luft heraus. Die insgesamt 23 Gerätestationen mit über 100 Einzelgeräten sind nicht nur bei Kindern äußerst beliebt. Es gibt einen Märchenfigurenweg, auf dem man seinen Körper durch Märchenhindernisse bringen muss. An heißen Tagen gibt es für die Kleinsten im Eingangsbereich einen großen Wasserspielplatz.

Der Motorikpark ist ein Spielplatz für alle und ein tolles Training für Koordination, Ausdauer und Kraft. Ach ja – und Spaß hat man dabei auch noch, kostenlos.

Süßenbrunner Straße 101, 1220 Wien • U-Bahn: U1 bis Kagraner Platz dann mit dem Bus Linie 24A bis Breitenleer Straße/Arnikaweg; U-Bahn: U2 bis Stadlau dann mit dem Bus Linie 86A bis Breitenleer Straße/Arnikaweg; nach der Station Breitenleer Straße/Arnikaweg gehen Sie noch etwa 5 Minuten bis zum Eingang des Motorikparks • Tel.: +43 1 40 00 80 42 • www.motorikpark-wien.at

Spielplatz »Am Himmel«, Oktogon, Lebensbaumkreis

Der perfekte Kinderspielplatz mit traumhaftem Ausblick über Wien. Das Restaurant Oktogon hat ganzjährig geöffnet.

Himmelstraße Ecke Höhenstraße, 1190 Wien • Autobuslinie 38A bis zum Cobenzl anschließend zu Fuß bis zur Kreuzung Himmelstraße Ecke Höhenstraße und dann den Eingang zum Lebensbaumkreis und zum Oktogon Am Himmel wählen • Tischreservierungen Restaurant: himmel@himmel.at • www.himmel.at

Der Kahlenberg

Neben der schönen Aussicht über die Wienerstadt freuen sich die Gäste am Kahlenberg auch über das neue Restaurant und das Kaffeehaus.

Am Kahlenberg, 1190 Wien • Autobuslinie 38A bis zum Kahlenberg • Tel.: +43 1 328 15 00 700 • E-Mail: office@kahlenberg.eu • www.kahlenberg.eu

Der Pötzleinsdorfer Schlosspark

Ein geschichtsträchtiges Parkjuwel am Rande der Stadt, in dem man sich einfach wohlfühlen muss.

Pötzleinsdorfer Straße / Geymüller Gasse, 1180 Wien • Straßenbahn: Linie 41 bis Pötzleinsdorf • Mo–Fr ab 7 Uhr, Sonn- und Feiertage ab 8 Uhr, immer bis Einbruch der Dunkelheit

Der Volksgarten

Romantischer Park mit fantastischem Rosengarten, der zwischen Hofburg und Burgtheater zum Verweilen einlädt.

▌Dr.-Karl-Renner-Ring; Universitätsring; Josef Meinrad Platz; Löwelstraße; Heldenplatz, 1010 Wien • U-Bahn: U3 bis Herrengasse; Straßenbahn: Linie 1, 2, D, J bis Volksgarten • April–Oktober: 6–22 Uhr, November–März: 7.30–17.30 Uhr

Der Burggarten

Befindet sich direkt hinter der Hofburg und wurde als Privatgarten des Kaisers unter seiner tatkräftigen Mithilfe angelegt.

▌Josefsplatz 1, 1010 Wien • U-Bahn: Linie U1 und U4 bis Station Karlsplatz; Straßenbahn: Linie 1, 2, D und J bis Opernring • Burggarten: April–Oktober: 6–22 Uhr, November–März: 7.30–17.30 Uhr; Schmetterlingshaus: April–Oktober: 10–17 Uhr, November–März: 10–16 Uhr (Der Eintritt ist kostenpflichtig) • www.schmetterlinghaus.at

Der Stadtpark

Der Wiener Denkmalpark. Er ist rund um die Uhr frei zugänglich und hat keine Schließzeiten.

▌Parkring / Heumarkt, 1030 Wien • U-Bahn: U3 bis Stubentor, U4 bis Stadtpark

Kursalon Wien

Beliebter Treffpunkt am Rande des Stadtparks mit prächtiger Terrasse.

▌Johannesgasse 33, 103 0Wien • U-Bahn: U3 bis Stubentor, U4 bis Stadtpark • Tel.: +43 1 512 57 90 • www.kursalonwien.at

Schönbrunner Schlosspark

Beliebtes Erholungsgebiet im barocken Stil. Die Öffnungszeiten ändern sich jährlich, bitte entnehmen Sie die aktuellen der Homepage.

▌Schönbrunner Schlossstraße 47, 1130 Wien • U-Bahn: Linie U4 bis Schönbrunn oder Hietzing • www.schoenbrunn.at

Tiergarten Schönbrunn

Der älteste Zoo der Welt. Wurde zuletzt 2014 zum besten Zoo Europas ausgezeichnet. Ein Muss mit Kindern bei einem Parkbesuch in Schönbrunn. Die Öffnungszeiten ändern sich jährlich, bitte entnehmen Sie die aktuellen der Homepage.

▌Maxingstraße 13b, 1130 Wien • U-Bahn: U4 bis Hietzing • Straßenbahn: Linie 10, 58, 60 bis Hietzing; Autobus: 10A, 51A, 56A, 56B, 58A bis Hietzing • www.zoovienna.at

Wiener Marktverhalten

Auf der Suche nach den Bobos

»Grüß' Sie! Einen frischen *Häuptelsalat* und knackige Radieschen hätt' ich heute. Wenn's möchten, kann ich ihnen was einpacken?«

Zugegeben. Das klingt zunächst wie ein TV-Werbespot für eine große Handelskette, die für ihre Bio-Produkte wirbt. Ist es aber nicht. Sätze wie diese bekomme ich regelmäßig zu hören, wenn ich meinen Lieblingsmarktstand am Wiener Kutschkermarkt heimsuche.

Das war bei mir nicht immer so. Als ich noch nicht in Wien zu Hause war, da war ich niemals auf Märkten anzutreffen. Ich hatte die Natur in der Steiermark praktisch vor der Haustür. Diesen Luxus, mitsamt Garten und Apfelbäumen, wusste ich, wie so oft im Leben, nicht zu schätzen. Das hat sich mittlerweile komplett geändert. Nun leben wir mitten in der Stadt und ich versuche, die Natur wieder ein wenig mehr in mein Leben zurückzuholen. Der Weg zum Garten ist weit, also gehe ich gerne regelmäßig auf die Wiener Märkte. Hier bekomme ich alles, was ich möchte. Und damit bin ich nicht allein: Viele Wiener strömen auf die Märkte und lieben diese Art des Einkaufens. Der Wiener scheint mittlerweile nach dem Motto zu leben: »Wenn der Wiener nicht aufs Land kommt, dann kommt das Land eben nach Wien.«

Der Wiener zahlt auch gerne etwas mehr für eine Ware, wenn er weiß, woher sie kommt. Man spürt das Gefühl in der Stadt, dass man mehr und mehr versucht, der Umklammerung der Discounter zu entfliehen. Der österreichische Hauptstädter findet seine Märkte »cool« und »hip«. So findet man vor allem an den Wochenenden unzählige Marktbesucher, die sich vor ein paar Jahren noch nie dorthin verirrt hätten.

Am Markt gibt es demnach auch alles, was das Wienerherz begehrt – den perfekten Gemüsestand mit allen Gemüsesorten der

Saison, den Fleischhauer vom Land, den Fischhändler, der nur Süßwasserfische aus dem eigenen Teich anpreist, und den Bäcker, der selbstgebackenes Brot anbietet.

Die meisten, die auf den Markt pilgern, haben mittlerweile ihren Lieblingsstand, an dem sie ihre speziellen (Bio-)Produkte bekommen.

Auch ich habe versucht, mich diesem neuen Trend der Entschleunigung anzuschließen, und besuche mehr Märkte denn je. Ganz egal, ob es der große und weltbekannte Naschmarkt oder ein kleiner Bauernmarkt am Rande der Stadt ist.

Bobos, Schickimickis und echte Wiener Märkte

Gerne möchte ich Ihnen eine kleine Auswahl an beliebten Wiener Märkten vorstellen und habe dabei einen neuen Menschenschlag kennengelernt, mit dem ich bislang nichts zu tun gehabt hatte. Die Bobos. Sie erobern die Wiener Märkte.

Die Bobos

Das ist jener Schlag Menschen, den es ausnahmslos in jeder größeren Stadt auf der Welt gibt. Das Wort »Bobos« setzt sich aus den Wörtern Bourgeois und Bohemien zusammen. Bobos tragen trendige retro Designerbrillen, haben Gel im Haar oder Vollglatze. Sie tragen Jeans, modisch karierte Sakkos mit einem frechen Stecktuch. Sie tragen die Sonnenbrille auch dann hochgesteckt im Haar, wenn es regnet oder bereits seit Stunden dunkel ist. Die Wiener Bobos denken konservativ, sind aber dennoch weltoffen für Neues. Bobos arbeiten in Werbeagenturen, Museen und in Open-Space-Bürogemeinschaften. Sie lieben es, am Samstagvormittag mit ihren anderen Bobo-Freunden auf den Markt zu gehen. Einerseits, um etwas wirklich Gutes zu kaufen, und andererseits, um sich und der Welt etwas richtig Gutes zu tun. Das ist das Klischee und vieles daran stimmt natürlich nicht. Dennoch sind die Bobos mittlerweile ein Markenzeichen vieler Wiener Märkte. Sie finden Sie vorwiegend am Bio-Proseccostand.

Der Brunnenmarkt, der Kutschkermarkt und der Karmelitermarkt

Vorab sei zum **Brunnenmarkt** gesagt, dass hier alles anders ist als auf den anderen Wiener Märkten. Er ist ein (noch) nicht so populärer Touristenmagnet wie der Naschmarkt. Der Brunnenmarkt ist ein typischer Wiener Markt. Er ist mit etwa 170 Ständen der größte ständige Straßenmarkt in Europa. Ob seines vielfältigen und multikulturellen Ambientes wird er gerne auch »Orient ums Eck« genannt. Er befindet sich im 16. Wiener Bezirk Ottakring in einem türkisch dominierten Viertel zwischen Thaliastraße und Ottakringerstraße.

Eine starke internationale Note prägt diesen einzigartigen Markt, der jeden Tag neu aufgebaut und am Abend wieder abgebaut wird. Dies bringt für die Besucher des Marktes den großen Vorteil mit sich, dass man kurz vor Geschäftsschluss Restwaren zu extrem günstigen Preisen erwerben kann. Das Angebot auf dem Brunnenmarkt ist sehr vielfältig. Es gibt frisches Obst, Gemüse, Fleisch und Fisch, Backwaren, Käse, türkische und österreichische Spezialitäten.

Selbstverständlich gibt es auch am Brunnenmarkt die Bobos. Sie treffen sich vorwiegend am Yppenplatz zum Latte Macchiato. Der Yppenplatz ist ein beliebter Treffpunkt in Wien Ottakring. Ein Platz, der heute unter den jungen und junggebliebenen Wienern nicht mehr wegzudenken ist. Er bietet ein reichhaltiges kulinarisches Angebot für seine Gäste, Gratis-WLAN und hervorragende Gastronomiebetriebe mit ansprechenden Schanigärten.

Am **Kutschkermarkt** herrscht an den Wochenenden Bobo-Alarm. Hier gibt es sie wirklich in allen verfügbaren Altersklassen. Egal ob Jungeltern, werdende Eltern oder glückliche Großeltern, am Kutschkermarkt kommt alles zusammen, was Rang und Namen hat. Dieser eher kleine Markt im 18. Bezirk ist ein Wohlfühlmarkt. Ganz egal, ob Bobo oder nicht, am Kutschkermarkt passt es einfach, auch wenn die Preise empfindlich teurer sind als etwa auf dem Brunnenmarkt.

Der Kutschkermarkt in Wien-Währing ist wie der Brunnenmarkt ein Straßenmarkt und äußerst ansprechend. Ganz besonders interessant ist der Markt am Samstag – hier verlängert sich der Wochenmarkt noch um zahlreiche Stände aus dem Wiener Umland. Am Kutschermarkt kennt man seine »Standler« und weiß die Regionalität seiner Produkte zu schätzen. Kehren Sie doch gerne nach einem Bummel durch den Kutschkermarkt in eines der zahlreichen Kaffeehäuser ein.

Unweit des Kriminalmuseums (siehe Episode »Kriminalität und Wien«, siehe Seite 145) in der Leopoldstadt liegt der **Karmelitermarkt**. Der Karmelitermarkt ist einer der ältesten noch bestehenden Märkte Wiens und umfasst 80 Marktstände. Mit ungefähr 7.500 Besucherinnen und Besuchern pro Woche zählt er noch zu den Geheimtipps unter den Wiener Märkten. Wie eine Oase in der Großstadt erscheint er in den alten Straßenschluchten der Leopoldstadt. Man nimmt ihn lange nicht wahr und dann auf einmal taucht er aus dem Nichts vor den Augen auf.

Am Karmelitermarkt werden die üblichen Produkte feilgeboten. Die Angebotspalette ist breit: Neben internationalen Käsespezialitäten und Pferdefleisch kann man frisches Obst, knackiges Gemüse und verschiedene Bioprodukte wie Geselchtes (Rauchfleisch) und allerlei Milchprodukte erwerben.

Mittendrin im Markt findet man zahlreiche kleine Gaststätten mit gemütlichen Sitzgärten, Slow Food ist garantiert. Bobos sind hier eher in der Unterzahl oder outen sich einfach nicht als solche. Der Karmelitermarkt versprüht eine sympathische Aura, der man auf vielen Märkten in Wien begegnet. Am Freitag und am Samstag ist Bauernmarkt, dann ist auf dem Karmelitermarkt buntes Markttreiben angesagt. Es werden vor allem Geselchtes, Wurst, Bisonfleisch und saisonales Obst und Gemüse angeboten.

Der **Naschmarkt** ist die Mutter aller Märkte. Er ist groß, er ist vielfältig und er ist einfach stets großartig. Ein Touristenmagnet allererster Güte. Ich möchte Ihnen diesen Markt nicht vorenthalten. Falls Sie in der Gegend zwischen Getreidemarkt und Kettenbrückengasse sind, dann müssen Sie dem Naschmarkt auf jeden Fall einen Besuch abstatten. Sie werden garantiert nicht die einzigen Touristen sein. Das ist völlig egal, spazieren Sie durch diesen großartigen Markt und lassen Sie sich einfach von seinen Düften verführen.

Es wird angenommen, dass der Name Naschmarkt auf die dargebotenen Süßigkeiten, wie getrocknete Früchte, zurückzuführen sein dürfte. Seit dem Jahr 1786 gibt es diesen Markt am Wienfluss und er ist mit circa 2,3 Hektar der größte Markt der Wienerstadt. In seiner heutigen Form wurde er 1916 von Otto Wagner geplant. Am Naschmarkt gibt es wirklich alles, was das Herz begehrt. Sie finden japanische Buffets, italienische Grillspezialitäten, frischen Fisch und Meeresfrüchte, levantinische Küche, Wiener Küche gemischt mit dem Flair eines orientalischen Bazars.

Am Naschmarkt wird der klassische Marktbummel zur kulinarischen Weltreise. Bobos gibt es auch hier an jeder Ecke. Und das ist gut so!

Was tun, wenn man im ersten Bezirk zu Hause oder unterwegs ist? Kein Problem, auch in der Innenstadt bieten sich wunderbare Möglichkeiten, regionale Spezialitäten zu erwerben.

Bereits seit dem 18. Jahrhundert gibt es den **Markt auf der Freyung**, auf dem man frisches Obst und Gemüse erstehen kann. Aktuell verkaufen immer am Freitag und am Samstag an die 30 Bioanbieter aus Wien, Niederösterreich, der Steiermark und dem Burgenland hier ihre regionalen Spezialitäten. Das Ambiente ist toll und die Produkte gut.

App auf den Markt

Eine sehr reizvolle App, die das Marktverhalten der Wiener noch besser erklärt, habe ich mit der »Wiener Märkte App« gefunden. Diese App ist kostenlos downloadbar und beinhaltet 17 Wiener Detailmärkte. Beim genauerem Studium dieser App bekommt man viele Hintergrundinformationen zu den Wiener Märkten, Anfahrtswege und Karten werden dargestellt.

Für jeden Markt ist ein vollständiger Standkatalog verfügbar. Die Stände werden ihren Produktkategorien zugeordnet und mit Öffnungszeiten und Kontaktdaten beschrieben. Interaktive Marktpläne sorgen für eine bessere Orientierung und Übersicht.

Die App ist eine durchaus sinnvolle Erfindung, die bei der Erkundung der Wiener Märkte hilft.

Ein klares Fazit: Die Wiener Märkte sind eine absolute Bereicherung des Stadtlebens und es ist schön, dass sie wieder mehr in den Mittelpunkt gerückt werden. Und ich denke mir zum Abschluss dieser Episode: »Bin ich nicht selbst auch ein bisschen Bobo?«

★ Do it yourself ★

Der Brunnenmarkt

In Wien auch »Orient ums Eck« genannt. Er ist einer der preisgünstigsten Märkte der Stadt.

Brunnengasse bis Yppenplatz, 1160 Wien • Straßenbahn: Linie 46 und J Station bis Brunnengasse; Linie 44 Station bis Yppengasse • Mo–Fr 6–19.30 Uhr, Sa 6–17 Uhr; Gastronomie: Mo–Sa 6–23 Uhr

Der Kutschkermarkt

Saisonale Produkte in angenehmem Umfeld.

Kutschkergasse / Währingerstraße, 1180 Wien • U-Bahn: U6 bis Währinger Straße/ Volksoper; Straßenbahn: Linie 40 und 41 bis Kutschkergasse • Markt: Mo–Fr 6–19.30 Uhr, Sa 6–17 Uhr; Bauernmarkt: Fr 7–18.30 Uhr, Sa 7–14 Uhr; Gastronomie: Mo–Sa 6–21 Uhr

Der Karmelitermarkt

Interessanter Markt in einem interessanten Grätzel, der nur ein paar Gehminuten von der Innenstadt entfernt ist.

Krummbaumgasse – Leopoldgasse – Haidgasse, 1020 Wien • Bus: Linie 5A bis Tandelmarktgasse • Mo–Fr 6–19.30 Uhr, Sa 6–17 Uhr; Gastronomie: Mo–Sa 6–23 Uhr

Der Naschmarkt

Der Markt in Wien mit Kultcharakter.

Liegt zwischen linker und rechter Wienzeile, zwischen Getreidemarkt und Kettenbrücke auf dem überbauten Wienfluss, 1060 Wien • U-Bahn: U4 bis Kettenbrückengasse oder U1, U2, U4 bis Karlsplatz • Mo–Fr 6–19.30 Uhr, Sa 6–18 Uhr; Gastronomie: Mo–Sa 6–23 Uhr

Der Biobauernmarkt Freyung

Das Bioherz der Stadt wird hier von etwa 20 Anbietern charmant dargestellt.

▮ Freyung, 1010 Wien • U-Bahn: U2 bis Schottentor; U3 bis Herrengasse; Straßenbahn: 1, 37, 38, 40, 41, 42 und D bis Schottentor; Bus: Linie 1A bis Freyung • Fr & Sa 9–18 Uhr

Der Hannovermarkt

Immer einen Besuch wert. Bitte schlagen Sie im Kapitel »Das Dorf in der Stadt« nach, siehe Seite 156.

▮ Ecke Hannovergasse – Othmargasse, 1200 Wien • U-Bahn: Linie U6 bis Jägerstraße Straßenbahn: Linie 31 bis Gerhardusgasse; Bus: Linie 39 bis Pappenheimgasse • Mo–Fr 6–19.30 Uhr, Sa 6–17 Uhr; Bauernmarkt: Sa 6–15 Uhr; Gastronomie: Mo–Sa 6–21 Uhr

Zum Schluss an den Anfang: Der Häuptelsalat

Das ist kein Salat, der dem Wiener Bürgermeister Michael Häupl gewidmet wurde. Es ist ein äußerst gerne gegessener Kopfsalat, der als Beilagensalat bei der Wiener Küche serviert wird.

Uni Wien

Freud'sche Wurzelbehandlung oder *back to the roots*

Lang, lang ist sie her ... meine Studienzeit. Meine Erinnerungen an diese Zeit sind eher durchwachsen. Gerne schaue ich auf lange Feiern und bis heute bestehende Freundschaften zurück. Weniger Freude bereitet mir die Erinnerung daran, dass ich über eine viel zu lange Zeit hindurch ein Studium absolvierte, das mit meinen Interessen genauso viel zu tun hatte wie Wiener Charme mit Nordkoreanischer Diplomatie.

Ein Freund von mir, der Matthias, den ich gerne salopp »der Herr Professor« nenne, studiert – nebenher – an der Uni Wien Philosophie. Sein akademischer Spitzname rührt daher, dass Matthias wahnsinnig gebildet ist und beinahe in jeder Lebenssituation bescheiden mit akademischem Wissen glänzt. Also lädt er mich ein, mit ihm das altehrwürdige Gebäude der Universität am Wiener Ring zu besuchen. Der Herr Professor führt mich durch seine Uni oder wie es Kaiser Franz Joseph einst nannte: »Eine Perle der modernen Architektur.«

Benannt wurde die Uni nach ihrem Gründer, Herzog Rudolf IV – sie heißt daher heute »Alma Mater Rudolphina«. Als Gründungsdatum wird der 12.3.1365 genannt, somit ist sie die zweitälteste Universität im Römischen Reich. Nur die Prager Universität ist älter.

Die ersten Vorlesungen wurden jedoch nicht in dem Prunkbau am Ring abgehalten, sondern waren zunächst Privatvorlesungen in privaten Unterkünften. Das erste offizielle Gebäude war das Herzogskolleg in der Postgasse, das 1385 eröffnet wurde. Der Umzug in das neue Gebäude am Ring erfolgte erst 1884.

Verantwortlich für den »neuen« Bau am Ring war der bekannte Architekt Heinrich von Ferstel. Ferstel war ein Stararchitekt seiner Zeit, er war auch für den Bau der Votivkirche, des gut situierten

Cottage (= Kotèsch) Viertels, Café Central ... verantwortlich. Sein Ziel war es, die Uni im Stile der italienischen Hochrenaissance zu bauen. Ferstel erlebte die Eröffnung der neuen Uni am Ring leider nicht mehr. Er verstarb 1883.

Bis zum heutigen Tage hatte die Universität 872 Rektoren. Alle werden mit dem lateinischen »us« ausgewiesen. Rektorinnen waren bisher leider nicht dabei, ein Thema, mit dem sich die Uni Wien in den letzten Jahren immer stärker auseinandersetzt. Die Uni feierte im Jahr 2015 ihr 650-jähriges Bestehen.

Die Universität Wien befindet sich unweit des Verkehrsknotenpunktes Schottentor im ersten Bezirk und ist Teil der prominenten Ringstraße. Matthias erwartet mich an der Hauptuni. Über dem Eingang thront der Schriftzug »Universitas Litterarum Vindobonensis« und stellt »Die Geburt der Minerva« dar. Gemeinsam setzen wir den ersten Schritt in die Uni und ich lasse meine alten Erinnerungen hinter mir.

Schon beim Betreten der **Aula** atme ich Geschichte pur ein. Auf der linken Seite der Aula entdecke ich viele bekannte Persönlichkeiten. Einige dieser Portraitfotos erkenne ich schnell. Erwin Schrödinger und Konrad Lorenz fallen mir sofort auf. Matthias muss meinen neugierigen Blick gesehen haben und sagt: »Das sind die neun Nobelpreisträger der Uni Wien!«

Ich gehe näher heran und lese die weiteren Namen: Friedrich von Hayek, Otto Baranyai, Otto Loewi, Viktor Franz Hess, Karl Landsteiner, Hans Fischer und Julius Wagner Jauregg. Ich sehe die Bilder der neun Nobelpreisträger und in deren Mitte ein großes Fragezeichen. Matthias erklärt mir, dass das Fragezeichen auf die Wissenschaftlerinnen und Wissenschaftler verweisen soll, deren Arbeit an der Universität Wien durch die Vertreibung der Nazis ein abruptes Ende fanden.

Direkt neben den Nobelpreisträgern befindet sich die sogenannte Rektorentafel. Erster Rektor dieser, für den mitteleuropäischen Sprachraum, wichtigen Uni war Albert von Rickmersdorf. Vor mir sehe ich mächtige Marmortafeln, auf denen sich alle Namen sämtlicher Rektoren seit der Gründung der Uni im Jahr 1365 befinden. Ich erfahre durch Matthias, dass die Rektorentafeln in der Aula mit ihren langen, kontinuierlichen Namensreihen eine viele Jahrhunderte währende Kontinuität und Beständigkeit vermitteln sollen.

Über alle realen Brüche hinweg sollen sie ein Symbol der ungebrochenen Selbständigkeit der Universität darstellen.

Links und rechts der Aula führen zwei mächtige Feststiegen in die Obergeschosse. Auf der rechten Seite des Gebäudes befindet sich die sogenannte Philosophenstiege und auf der linken die Juristenstiege. Die **Juristenstiege** wurde im Zweiten Weltkrieg gänzlich zerstört und nach dem Krieg wieder erbaut. Wenn man die Juristenstiege nach oben geht, dann sieht man dort eine überlebensgroße, etwa 3 Meter hohe Statue von Kaiser Franz Joseph sitzen. Dies galt den zukünftigen Juristen, also den späteren Beamten. Somit haben sie auf diese Art und Weise ihren späteren Vorgesetzten bereits kennengelernt.

Da ich, als ausgebildeter Jurist, nicht wieder meinem persönlichen Nordkorea begegnen möchte, entscheiden wir uns für die gegenüberliegende **Philosophenstiege**. Diese ist noch vollends erhalten und hat durch den Krieg glücklicherweise keinen Schaden abbekommen. Wenn man die Stiegen emporsteigt, dann sieht man im Halbstock im Boden folgende Inschrift: »Moritz Schlick, Protagonist des Wiener Kreises, wurde am 22. Juni 1936, an dieser Stelle ermordet, ein durch Rassismus und Intoleranz vergiftetes Klima hat zur Tat beigetragen.«

Ich schaue die Inschrift an, während Matthias erklärt. Moritz Schlick war der Begründer des bekannten »Wiener Kreises«, einer Gruppe von Philosophen und Wirtschaftstheoretikern, die es sich zum Ziel gesetzt hatten, eine Vereinigung von Empirismus und moderner Logik zu einer Einheitswissenschaft zu machen. Metaphysische Gedankengänge wurden dabei gänzlich abgelehnt. Hintergrund war die Idee, alle wissenschaftlichen Aussagen in eine umfassende formale Sprache der Mathematik oder der Physik zu übersetzen, um die Objekte der Philosophie (die Sätze, Begriffe und Theorien der Wissenschaft) darzustellen. Philosophie war für Schlick die logische Erklärung von wissenschaftlichen Begriffen.

Während ich noch die Inschrift Moritz Schlicks auf mich wirken lasse, ist Matthias die Treppen schon weiter nach oben gegangen. Die großen Fenster der Gänge werfen warme Sonnenstrahlen in die angenehme Kühle des Gebäudes. Das war wohl vor hunderten Jahren auch schon so, denke ich mir.

Schlick wurde auf der Philosophenstiege von hinten, von seinem ehemaligen Studenten H. Nelböck, erschossen. Bei der Gerichtsverhandlung zeigte der Täter keinerlei Reue. Ganz im Gegenteil, er nutzte die Verhandlung als eine Möglichkeit der öffentlichen Selbstdarstellung und meinte, dass Moritz Schlick an seiner Ermordung aufgrund der liberalen Scheidung von Wissenschaft, Metaphysik und Glauben selbst schuld gewesen sei. Nelböck wurde zu 10 Jahren Haft verurteilt, aber unter der Herrschaft der Nazis vorzeitig entlassen. Die Gedenktafel auf der Philosophenstiege soll auch heute noch als eine Art Warnung dienen.

Auf einmal stehen wir im großen **Festsaal** der Uni Wien und ich bin einfach nur begeistert. Ein großer, majestätischer Saal tut sich vor meinen Augen auf und zieht mich ganz in seinen Bann.

Matthias referiert, dass Ende des 19. Jahrhunderts die beiden Maler Gustav Klimt und Franz Matsch den Auftrag bekamen, den Großen Festsaal der Uni Wien mit prächtigen Deckengemälden auszustatten. Eine grundsätzlich schöne Sache, aus der sich dann allerdings um 1900 der größte Kunstskandal Wiens entwickelte.

Matsch und Klimt waren die Stars ihrer Zeit in Wien. Die beiden Meister begaben sich in ihre Ateliers und begannen mit ihrer Arbeit. Klimts Fakultätsbilder riefen allerdings eine Welle der Empörung hervor. Viele in der Wiener Bevölkerung kritisierten die Klimtschen Fakultätsbilder, wohl auch, weil er stark von den Vorgaben seiner Auftraggeber abwich. Es kam zu einem Bruch mit den Vertretern der »Altkunst«. Die Professoren der Universität kritisierten bei Klimts Bildern eine zutiefst pessimistische und kritische Perspektive der Wissenschaft. Dadurch verlor er die Unterstützung seiner Förderer und bekam keine Erlaubnis, die Bilder im Festsaal anzubringen. Daraufhin legte Klimt seine Arbeit nieder und kaufte seine eigenen Bilder vom Ministerium zurück. Die Fakultätsbilder gelten heute als sein »symbolistisches Hauptwerk«. Dadurch durfte, oder besser musste, Franz Matsch die restlichen Bilder anfertigen. Schlussendlich trat auch Franz Matsch, nach langem Hin und Her, vom Auftrag zurück. Die Geschichte um die Fakultätsbilder fand ein trauriges Ende. Im Jahr 1945 verbrannten die Klimt-Bilder im Schloss Immendorf in Niederösterreich. Erst im Jahr 2005 wurden an der Decke des Großen Festsaals Reproduktionen angebracht.

Da stehen wir nun und ich verdrehe meinen Kopf noch immer in Richtung Deckengemälde. Um meiner Genickstarre vorzubeugen, leitet mich Matthias weiter. Wir verlassen den geschichtsträchtigen Großen Festsaal und gehen weiter, vorbei an Hörsälen und hastig umherlaufenden Studenten, zur **Hauptbibliothek**.

Durch eine große Scheibe gucke ich in diesen großen, wundervollen Raum. Ich fühle mich ein bisschen wie Harry Potter. Ein prächtiger Lesesaal tut sich vor mir auf. Ein hoher, weiter Saal gefüllt mit vielen Studierenden, auf jedem Tisch befindet sich eine kleine Leselampe. Wir sind in der Hauptbibliothek angekommen.

Großer Lesesaal der Uni Wien

Fertiggestellt wurde der große Lesesaal vom Architekten Heinrich von Ferstel im Jahr 1884. Bis zu 350 Studierende finden darin Platz, der Saal kann einen Freihandbestand von etwa 60.000 Bänden vorweisen, darunter Lexika, Wörterbücher, Lehrbücher, Texte, kritische Gesamtausgaben und Handbücher. Die Bücher sind, wie in den meisten Universitätsbibliotheken, Präsenzwerke und dürfen nur über das Wochenende entliehen werden. Die Bibliothek der Uni Wien ist eine der größten Bibliotheken Österreichs und verfügt über einen Bestand von 7 Millionen Büchern. Der Lesesaal steht allen Personen offen, die Bücher oder Nachschlagewerke aus den Beständen der Hauptbibliothek einsehen möchten.

Wir wollen die fleißig Studierenden nicht stören und Matthias verspricht, mir noch ein Highlight zu zeigen. Wir gehen vom ersten Stock hinunter ins Erdgeschoss. Matthias öffnet eine Tür – und auf einmal stehen wir in einem riesigen Arkadenhof.

Der **Arkadenhof** ist wie die Uni Wien vom Architekten Heinrich Ferstel geplant worden. Sein Ziel war es, diesen Hof – frei nach italienischem Vorbild – als »Campo santo« anzulegen. Er sollte einerseits an seine einzige berühmte Universitätslehrerin und die vielen männlichen Universitätslehrer erinnern. Dazu gibt es in den Gängen des Arkadenhofes 155 Büsten. Darunter ist nur eine weibliche, die von Marie Curie. Die Gleichberechtigungsbewegung an der Uni Wien hat es nie wirklich leicht gehabt. Erst im Jahr 1897 wurden Frauen erstmals zum Studium an der philosophischen Fakultät zugelassen, danach folgte die medizinische 1900, die rechts- und staatswissenschaftliche 1919 und erst – es ist wirklich wahr – 1945 die katholisch-theologische Fakultät.

In der Mitte des Hofes entdecke ich einen Kastalia-Brunnen. Matthias erklärt er mir, wofür Kastalia steht. Die Kastalia war die Tochter des Flussgottes Achelos. Auf der Flucht vor dem aufdringlichen Apollon stürzte sie sich in die Quelle bei Delphi. Sie wurde nach ihrem Tode heiliggesprochen und zur Heiligen der Musen auserkoren. Im Zusammenhang mit dem Brunnen steht sie für den mythologischen Ursprungsort der Inspiration. Ganz weltlich wird über den Kastalia-Brunnen die Luft für das Heizsystem und die Hörsäle der Universität angesaugt.

Mittlerweile haben wir uns auf zwei Liegestühle gesetzt. Akademische Leichtigkeit macht sich in mir breit, während mein Guide Matthias zu einem weitaus ernsteren Thema wechselt.

Er hat das Thema **Gleichberechtigung** schon einige Male erwähnt, aber nun geht er noch mehr in die Tiefe. Frauen leisteten in den vergangenen hundert Jahren wahrliche Pionierarbeit an der Uni Wien. Im Jahr 1897 erfolgte die erste Promotion einer Frau, dies war Gabriele Possaner von Ehrenthal. 1907 folgte die Habilitation der Romanistin Elise Richter. 1921 wurde derselben der Titel einer außerordentlichen Professorin zuerkannt. Die erste ordentliche Professur wurde der Physikerin Berta Karlik erst 1956 verliehen. Also vergingen zwischen der ersten Habilitation und der ersten Ernennung eines Lehrstuhls 50 Jahre. Wohl mit ein Grund für diese lange Zeitspanne war der negative Einfluss des Nationalsozialismus. Die erste Verhältniszahl Frau zu Mann im Jahr 1897 war 1 zu 183. Heute ist ein Gleichstand erreicht. Diesen Gleichstand haben wir unter anderem Pionierköpfen wie Berta Karlik und Elise Richter zu verdanken.

Wir beschließen, den Abend bei einem gemeinsamen Abendessen ausklingen zu lassen. Matthias möchte mir zeigen, dass die Studenten in Wien nicht immer nur schnell und billig, sondern auch gut und günstig essen gehen können.

Als wir die Uni über den großen Haupteingang verlassen, deutet Matthias auf einen kleinen Hügel. Wir überqueren den Ring und befinden uns auf einmal im mittelalterlichen Wien – auf der sogenannten **Mölker Bastei**.

Die Mölker Bastei

Die Mölker Bastei war eine Bastion der früheren Wiener Stadtbefestigung. Sie existierte von 1531 bis 1871. Heute ist die Mölker Bastei eine Straße, die 1871 angelegt wurde. Ursprünglich handelte es sich um ein Erdwerk, welches im Laufe der Zeit bis 1637 vergrößert wurde. Der Name Mölker Bastei bezieht sich auf den hinter der Bastei liegendenden »Melker Hof«, der sich urprünglich im Besitz des Stiftes Melk befand. Mölk ist der Wiener Dialektausdruck für die Stadt Melk in Niederösterreich. Im Zuge der Erschaffung der Wiener Ringstraße kam es zur Schleifung der Wiener Stadtmauern, und ein Großteil der Mölker Bastei fiel diesem Plan zum Opfer. Die eigentliche Mölker Bastei existiert heute nicht mehr. Ein kleiner Rest hat jedoch überlebt.

Ein unglaublich schöner und sehenswerter Teil Wiens tut sich uns auf. Wir gehen über eine stark ansteigende Treppe den Berg hinauf zum **Pasqualatihaus**. In diesem historischen Haus hat unter anderem auch Ludwig van Beethoven von 1804 bis 1815 gelebt. Hier schrieb er bedeutende Werke wie die 4., 5., 7. und 8. Symphonie, die Oper *Fidelio* oder das Klavierwerk *Für Elise*.

Keine Autos, höchstens einen vorbeiklappernden Fiaker hört man. Wir folgen einer leicht abfallenden Straße und sehen auf der linken Seite das vor allem in Österreich bekannte **Dreimäderlhaus** an. Bekannt geworden ist dieses Haus durch eine Geschichte des Komponisten Franz Schubert. Angeblich hatte Franz Schubert Romanzen mit den drei Töchtern des Hauses unterhalten. Das ist die Volksmeinung und vornehmlich die Aussage eines beliebten Films mit Karl Heinz Böhm, die jedoch nicht mit der Wahrheit übereinstimmt.

Wir passieren das Dreimäderlhaus und biegen links auf den **Mölker Steig** ein. Dieser Steig ist eine reine Fußgängerzone, ich fühle mich wie mit einer Zeitmaschine ins Mittelalter zurückversetzt. Wir durchqueren dieses malerische Eck und verlassen die Mölker Bastei durch eine lange Treppe hinunter in die Schottengasse. Langsam merke ich, dass ich wirklich hungrig bin und folge Matthias durch die engen Gassen des ersten Bezirks. Ins Lokal a Baracca.

Restaurant a Baracca

Wir landen in dem kleinen portugiesischen Lokal und eine, wie ich es übersetzten würde, »Baracke« ist dies ganz und gar nicht. Die Chefin kennt Matthias und wir werden von ihrer portugiesischen Herzlichkeit beinahe erschlagen. Wir werden umsorgt, gepflegt und erfahren einen Service, wie ihn sonst nur englische Adelige bekommen. Auch den anderen Gästen des kleinen Restaurants scheint es so zu ergehen. Das Essen ist gut und für meinen Geschmack ganz und gar untypisch und unbekannt. Mit dieser portugiesischen Küche bin ich bislang noch nicht in Kontakt gekommen. Auf die Spezialität des Hauses, das Kaninchen, habe ich trotzdem verzichtet. Wir lassen unseren Uni-Ausflug bei einem guten Glas Rotwein ausklingen. Perfekt.

Hohenstauffengasse 7, 1010 Wien • U-Bahn: U2 bis Schottentor; Straßenbahn: Linie 1, 37, 38, 40, 41, 42, 43, 44, 71, D bis Schottentor; Bus: Linie 1A und 40A bis Schottentor • Mo–Fr 11.30–15 Uhr & 18–22.30 Uhr, Sa 18–22.30 Uhr • Tel.: +43 660 346 57 37 • E-Mail: schoeneressen@abarraca.at • www.abarraca.at

Universität Wien

Universitätsring 1, 1010 Wien • U-Bahn: U2 bis Schottentor; Straßenbahn: Linie 1, 37, 38, 40, 41, 42, 43, 44, 71, D bis Schottentor; Bus: Linie 1A und 40A bis Schottentor • Mo–Fr 6–22 Uhr, Sa 7–19.30 Uhr • Tel.: +43 1 4277 128 81 • www.univie.ac.at

Öffentliche Führung durch das Hauptgebäude der Uni Wien

Zweimal pro Woche werden etwa einstündige Rundgänge durch die Uni angeboten. Diese Führungen bietet einen groben Überblick (Aula, Arkadenhof, Lesesaal der Universitätsbibliothek, Großer Festsaal) über die Geschichte der Universität.

Treffpunkt für die Führungen ist die Aula des Hauptgebäudes. Die Führungen finden jeweils am Donnerstag um 18 Uhr (auf Deutsch) und am Samstag um 10.30 Uhr (Deutsch) und am Samstag um 11.30 Uhr (Englisch) statt. Eine Anmeldung zur Führung ist nicht notwendig. Die Tickets kosten 5 Euro pro Person und sind beim Portier erhältlich. Ermäßigungen gibt es für Studierende, SeniorInnen, SchülerInnen, Zivil- und GrundwehrdienerInnen sowie MitarbeiterInnen der Uni Wien. Es werden auch private Gruppenführungen durch das Hauptgebäude angeboten. Die Kosten belaufen sich hier auf 45 Euro pro Gruppe (max. 25 Personen).

Das Dreimäderlhaus

Das Dreimäderlhaus ist ein österreichisches Singspiel, das als Film in Österreich zu großer Popularität gekommen ist. Der Film stammt aus dem Jahr 1958 und wurde unter der Regie von Ernst Marischka mit Karlheinz Böhm, Johanna Matz, Rudolf Schock, Magda Schneider und Gustav Knuth umgesetzt. Der Film ist auf DVD (Vertrieb Kinowelt) erhältlich.

Das Singspiel handelt von dem mittlerweile weltweit bekannten Komponisten Franz Schubert, der sich neu in Wien niedergelassen hat. Zu Schuberts Freunden zählen der Maler Moritz von Schwind sowie der Sänger Franz von Schober. Auf Inititative Schobers beginnt sich der Musikverleger Diabelli für Schuberts Werke zu begeistern, allerdings nicht den großen Symphonien, was Schubert wiederum arg betrübt. Um ihn aufzuheitern, organisieren die Freunde einen Ausflug mit drei jungen Damen – das sind die Damen vom Dreimäderlhaus. Schubert verliebt sich, wie könnte es anders sein, in ein Mädl. Aus Liebe komponiert Schubert sein erstes Liebeslied und bittet seinen Freund Schober, es der Angebetenen vorzutragen. Zu allem Unglück verliebt sie sich in den Sänger und nicht in den Komponisten. Sie erfährt erst am Hochzeitstag von der Verwechslung. Schubert sitzt an diesem Tag an der Orgel.

Das Wetter in Wien

Der Wiener und seine Launen

Das Wiener Wetter ist schnell beschrieben: Man kann sich nie ganz sicher sein. Und das Wetter ist in Wien, wie überall auf der Welt, neben Fußball die wohl wichtigste Nebensache. Über Nichts kann sich der Wiener mehr aufregen, beschweren und *sudern* (auch beschweren).

Standardphrasen wie »*Boah höut is wieda haaas, des hoit ja keiner aus. Das hat mir keiner gesagt!*« oder »*Geh bitte, jetzt regnet es schon wieder, da wird ich wieder nass!*« oder »*Ned wirklich, es schneit – des derf jetzt net woah sein!*« hört man alle Tage. So ist er, der Wiener. Dabei ist das Wiener Wetter eigentlich recht einfach zu beschreiben: Das Klima ist ein Übergangsklima, das von Westen ozeanisch und von Osten kontinental beeinflusst ist. Dies zeigt sich in geringeren Niederschlagsmengen und längeren Trockenperioden.

Eine weitere wichtige Person für das Wetter der Wiener ist »Er«. »Er« das ist der Wettermann, den man aus dem Radio und Fernsehen kennt. Die klassische Frage, die man jeden Tag in der Früh auf der Straße hört lautet: Was hat »Er« denn angesagt?

Über »Ihn« wird in Wien dauernd und überall gesprochen. In der Straßenbahn, im Kaffeehaus, auf der Straße, im Fitnessstudio – einfach überall. Und »Er« ist in Wien noch immer, trotz Smartphone- und Tablet-Apps, allgegenwärtig.

Der **Winter** verläuft im Vergleich zu anderen Teilen Österreichs in Wien eher mild. Aber natürlich dauert der Winter vielen trotzdem oft viel zu lange. Dabei kann man an kalten Wintertagen schöne Dinge in der Stadt unternehmen. Oft gehe ich nach einer Theatervorstellung in den Nachtstunden durch die kleinen, einsamen Gassen im ersten Bezirk und entdecke immer wieder neue alte, geheimnisvolle Innenhöfe. Ich genieße die nächtliche Stadt ganz ohne Touristen.

Immer größerer Beliebtheit zur kalten Jahreszeit erfreut sich die **Wiener Therme**. Ja, in Wien gibt es eine Therme. Und die besuchen die Wiener besonders gerne im Winter. Ein kleines Manko ist die, für Nichtwiener und Wiener gleichermaßen, leicht beschwerliche Anreise.

Im **Sommer** kann es dagegen zuweilen sehr heiß (bis 35°) werden. Dann klagt der Wiener wiederum über die unmenschlichen Temperaturen. In Wahrheit gibt es vielleicht vierzehn richtig heiße Tage pro Jahr. Aber der Wiener hat die Gabe, diese auf hundert Tage zu reden. Das Wetter in Wien ist immer im Trend.

Die wirkliche klimatische Besonderheit in Wien ist aber eine andere, die den Wienern selbst kaum mehr auffällt. Es ist der **Wind**, der dazugehört wie die Pummerin zum Stephansdom. Der Wind ist es, der die Besucher von den Wienern trennt, da die noch über selbigen schimpfen. Der richtige Wiener kann da nur den Kopf schütteln – er merkt den Wind gar nicht mehr.

Ein Spezifikum – der Wiener Wind

Der sich am Ostrand von Wien befindliche Wienerwald schützt die Stadt nicht unbedingt, wie man meinen möchte, vor Westwinden. Die Winde aus dem Nordwesten müssen durch den Donaudurchbruch zwischen dem Leopoldsberg und dem Bisamberg wie durch eine gegen die Stadt gerichtete Düse strömen. Durch die Eigenheit der Landschaft werden die Winde kanalisiert und verstärkt. Im Osten ist das Wiener Becken geöffnet und es liegt am Nordwestrand des pannonischen Beckens, welches sich zwischen Ostalpen und Karpaten befindet und wie eine riesige Wanne darbietet. Hier kann es in den Wintermonaten zu einer starken Ansammlung von Kaltluft kommen.

Der Anteil einer Windflaute liegt in Wien bei niedrigen zwei Prozent. Auch die mittlere Windgeschwindigkeit ist hier deutlich höher als in anderen Großstädten.

Bei **Regen** hört es sich in Wien sowieso auf. Da wird der Wiener nämlich so richtig *zwider*. Eine Übersetzung für dieses typische ostösterreichische Wort zu finden, ist schwer. Ich würde es einmal mit »unrund« versuchen. Es passt dem Wiener nichts. Bei schlechtem Wetter hadert er mit seinem Schicksal und moniert sich über alles und jeden.

★ Do it yourself ★

Die Wetterhexen von Wien. ZAMG – Zentralanstalt für Meteorologie und Geodynamik

Jemand, der immer weiß, wie das Wiener Wetter wird, ist die ZAMG – die staatliche Zentralanstalt für Meteorologie und Geodynamik. Sie ist die wichtigste Auskunftsquelle für die Wetterprognosen und der älteste staatliche Wetterdienst der Welt. Hier arbeitet »Er«.

Hohe Warte 38, 1190 Wien • Straßenbahn: Linie 37 bis Perntergasse • Wettervorhersage (kostenpflichtig): +43 900 530 11 11 • Tel.: +43 1 36 0 26 • www.zamg.ac.at

Smalltalk in Wien, leicht gemacht

Falls Sie mit einem mit einem Wiener ins Gespräch kommen möchten, dann fragen Sie ihn doch einfach, wie das Wetter werden wird. Ich wünsche Ihnen schon jetzt eine gute Unterhaltung!

Therme Wien

Viele wissen es nicht: Wien hat eine Therme. Geöffnet hat sie an 364 Tagen im Jahr. Lediglich am 24.12. ist ein Badebetrieb nicht möglich.

Kurbadstraße 14, 1100 Wien • U-Bahn: U1 bis Reumannplatz, anschließend weiter mit der Buslinie 68A bis Therme Wien • Mo–Sa 9–22 Uhr, So & Feiertag 8–22 Uhr • Tel.: +43 1 68009 • www.thermewien.at

Wann ist nun die ideale Zeit für den Wien Urlaub?

Der beste Zeitpunkt, die schöne Wienerstadt zu erkunden, ist meiner Meinung nach im Frühjahr (Anfang Mai bis Mitte Juni) oder im Herbst (Anfang September bis Mitte Oktober). In der Stadt ist die Hitze vorbei und sie treffen viel weniger Touristen als im Sommer. Außerdem sind alle besser gelaunt.

Ein Tipp: Nehmen sie ab November eine Mütze auf Ihre Wienreise mit, auch wenn Sie sie sonst nur im Skiurlaub verwenden. Sie werden Sie im kalten, windigen Wien brauchen.

Das Wiener Theaterleben

Frau und Herr Hofrat auf Abwegen

»Servus. Ich habe noch 3 Karten im Parterre in der 3. Reihe im Aka bekommen!«, erklärt mir Christoph stolz am Telefon. Mit Aka meint er das Akademietheater im dritten Wiener Bezirk. Karten für *Die Präsidentinnen* sind momentan in Wien Mangelware, da die Vorstellungen fast immer ausverkauft sind. Also dann nichts wie ab ins Theater. Gemeinsam mit meinen Freunden, dem Theaterdirektor Michael Auernigg und dem Gast-Burgschauspieler Christoph Krutzler, besuche ich die Vorstellung der Präsidentinnen.

Wir betreten das Theater, geben unsere Mäntel an der Garderobe ab und suchen umständlich unsere Plätze. Wir nehmen Platz und freuen uns auf das bevorstehende Stück. Ich freue mich des Lebens, weil wir wirklich großes Glück mit unseren Plätzen haben. Selten hatte ich bisher in einem Wiener Theater die Möglichkeit, so weit vorne zu sitzen, weil ich ansonsten meistens mit den günstigen Stehplätzen vorlieb nehme.

Ich sehe mich neugierig in den ersten Reihen um und stelle fest, dass wir den Altersschnitt mit unserer Präsenz deutlich senken. Die Damen im biederen Kostüm und die Männer daneben mit dunkelblauem Anzug, hellblauem Hemd und zumindest teilweise mit einem gepflegten Toupet. Wir hingegen sitzen mit T-Shirt und Pullover in der dritten Reihe. Zum Glück sind die Zeiten, in denen man nur mit Sakko oder Kostüm gekleidet im Parterre eines Wiener Theaters Platz nehmen durfte, längst vorbei.

Direkt vor uns sitzt ein älteres, gediegenes Ehepaar, die vermutlich Besitzer eines Abonnements sind und sich nun das Schwab-Anarcho-Stück eher anschauen *müssen.* Sie drehen sich vor der Vorstellung immer wieder zu uns um und beäugen uns kritisch. Dann endlich wird es im Saal dunkel, das Bühnenlicht geht an und das Stück beginnt. Wir können es kaum erwarten und sind voller Vorfreude.

Die ersten Sätze fallen. Sie sind prägnant, böse und lösen in uns starke Reaktionen aus. Wir müssen oft laut auflachen und genießen die Vorstellung. Ich schaue in die Sitzreihen nach vorn. Das ältere Ehepaar verfällt zusehends. Auch bei ihnen löst das Stück starke Emotionen aus. Jedoch hat das bei ihnen wenig mit Genuss zu tun, sondern eher mit Scham. Bei jedem Satz, jedem derben Laut zucken sie zusammen und rutschen nervös auf ihrem roten Theaterstuhl umher.

Wir sind aber nicht die einzigen, denen das Stück und die Inszenierung hervorragend gefällt. Die Stimmung wird von Minute zu Minute besser, obgleich es natürlich ein stark polarisierendes Werk ist. Aber genau dafür ist Theater und Werner Schwabs Stück *Die Präsidentinnen* da. Wir tauchen immer tiefer in die Stückwelt ein und genießen die Vorstellung in vollen Zügen. Während wir immer begeisterter sind, wird das Ehepaar vor uns immer fassungsloser. Dann ist das Stück – ohne Pause – nach eineinhalb Stunden zu Ende.

Die Ovationen des Publikums, mit ein paar wenigen Ausnahmen, sind enorm. Ich bin froh, dass ich solch einer interessanten Inszenierung beiwohnen durfte. Das gilt aber nicht für alle. Beim Verlassen des Saales höre ich, wie der Billeteur zu den beiden älteren, vermutlich tatsächlichen Abonnenten sagt: »Beim nächsten Mal spielens im Abo eh wieder einen Grillparzer. Küss' die Hand, Frau Hofrat, gute Nacht, Herr Hofrat! Bis bald im Akademietheater!«

Das kleinere Burgtheater

Das **Akademietheater** ist die kleine Spielstätte des Wiener Burgtheaters und wurde in den Jahren 1911 bis 1913 von den Architekten Baumann, Fellner und Helmer als Übungsbühne für die Akademie für Musik und darstellende Kunst erbaut. Abgeschlossen wurde der Bau des Theaters von der Wiener Konzerthausgesellschaft. Die offizielle Eröffnung fand im Jahr 1914 mit Guiseppe Verdis *Ein Maskenball* statt. Seit 1922 wird es vom Burgtheater als Nebenbühne genutzt und hat 500 Sitzplätze. In diesem Haus werden vorwiegend zeitgenössische Stücke gespielt mit dem Ziel, jüngeres Publikum ins Theater zu bringen. Ein Paradestück ist *Die Präsidentinnen,* welches mit verschiedenen Textstellen die Wiener Theaterwelt noch heute erzürnt – z. B.: »Der Herrmann ist ja so weltfremd. Wenn er einen Menschen sieht, dann muss er gleich einen Weinbrand trinken und eine Zigarette rauchen, sonst kriegt er den Augenkrebs, wie er sagt. Den Herrmann graust es vor allen Menschen, darum ist er ja auch Vertreter geworden, weil er da mit vielen Menschen zusammenkommen muss, da hat er täglich eine Ausrede, wenn er jeden Tag betrunken heimkommt.«. Das ist nur einer von vielen einschneidenden Sätzen aus dem Stück des österreichischen Radikaldramatikers Werner Schwab. *Die Präsidentinnen,* das sind 3 Damen, die einerseits glauben, alles zu wissen und über alle zu bestimmen, auf der anderen Seite sind sie die erbarmungswürdigsten Damen, die sich überhaupt nur in einer kleinen, vermoderten Wohnküche versammeln können.

Die Präsidentinnen

Die drei Frauen Erna, Grete und Mariedl treffen sich in einer kleinen Wohnküche zum Tratschen. Die Wirklichkeit der Drei hat wenig Glückliches zu bieten, daher phantasieren sie sich in eine Traumwelt. Der Ort ihrer Träumerei ist ein Volksfest, wo jede ihr ganz privates Glück zu finden hofft. Doch irgendwann stehen sie sich bei ihrer Suche nach dem Glück gegenseitig im Weg. Dann verwischen Phantasie und Realität. Der gemeinsame Traum stürzt ins Bodenlose und endet mit fatalen realen Konsequenzen.

Auch wenn das Stück bereits vor über 20 Jahren uraufgeführt wurde, so löst es noch heute mit seiner Sprache starke Emotionen bei den Zuschauern aus.

Der österreichische Mittelpunkt der Theaterwelt

Wien ist für viele die Stadt des Theaters – in dieser kulturverrückten Stadt findet man die verschiedensten Formen dieser Kunst. Ich kann mich noch gut an meinen ersten Theaterbesuch in Wien erinnern. Das war im **Theater in der Josefstadt** und geschah auf nicht ganz freiwilliger Basis. Wir waren mit meiner Schulklasse auf Wienwoche und es ging in dieses alte Traditionshaus im achten Wiener Bezirk. Mit 13 Jahren waren wir an vielen Dingen stark interessiert. Theater war da schon auch dabei, nur verstaubte klassische Theateraufführungen definitiv nicht. Wir besuchten ein Zaubermärchen des österreichischen Dramatikers Ferdinand Raimund.

Das Theaterstück blieb nur kurz in meinem Gedächtnis, was jedoch hängengeblieben ist, waren die guten Schauspieler und das sensationell traumhafte Theater. Wenn die Zeit es erlaubt, dann statte ich diesem Theater immer wieder gerne einen Besuch ab und bin begeistert. Ich liebe es, die langen alten Gänge entlangzugehen, genieße es, ein Getränk am Buffet in den gediegenen Sträußelsälen zu mir zu nehmen. Ich fühle mich wie in einer Zeitmaschine und habe das Gefühl, augenblicklich im 19. Jahrhundert angekommen zu sein. Ich lasse meine Blicke durch diesen atemberaubenden Theatersaal schweifen. Gerne beobachte und belausche ich das »klassische«, meistens ältere Josefstädter Theaterpublikum, bei denen ich das Gefühl nicht loswerde, dass sich einige von ihnen heute noch nach Altstars wie Hans Moser und Johann Nestroy zurücksehnen. Das ist natürlich nicht richtig, weil auch heute die Josefstadt großartige Schauspieler wie etwa Erwin Steinhauer zu bieten hat. Mein persönlicher Höhepunkt jedes Josefstadtbesuchs, abgesehen von der Theatervorstellung, ist der hochziehbare Luster. Ich staune auch heute noch, wenn sich der Luster vor Vorstellungsbeginn langsam erhebt. Er gilt übrigens mittlerweile als Wahrzeichen des historischen Biedermeier-Theaters.

Das Theater in der Josefstadt

Dieses Haus, oft auch nur »die Josefstadt« genannt, ist das älteste bestehende Theater Wiens. Es wurde 1778 gegründet und zählte damals zu den sogenannten Wiener Vorstadttheatern. Die Geschichte dieses Hauses ist mit großen Namen verbunden. Größen wie Ludwig van Beethoven und Richard Wagner wirkten in diesem

Theater als Dirigenten. Das Haus machte sogar der Hofoper am Kärntnertor Konkurrenz. Wiener Theaterlegenden wie Ferdinand Raimund und Johann Nestroy waren der Josefstadt als Schauspieler und Autoren verbunden. Das Theater verfügt heute über 609 Sitzplätze. Die Nebenbühne des Theaters sind »Die Wiener Kammerspiele«. Diese Bühne befindet im ersten Wiener Bezirk und bietet vorwiegend Boulevardkomödien.

Den Olymp des Wiener Theaters, für viele unbescheiden Denkende des gesamten weltweiten Sprechtheaters überhaupt, stellt das **Burgtheater** dar (siehe dazu die Episode »Die Wiener Ringstraße«, siehe Seite 68). Erhaben thront es an der Wiener Ringstraße, gegenüber des Wiener Rathauses. Wer hier spielt, ist wer, und an dieses Haus möchte jeder Schauspieler einmal kommen. Der beliebte Schauspieler und Kabarettist Karl Farkas meinte einmal: »Ich komme noch einmal ins Burgtheater – und wenn ich mir die Karten kaufen müsste!«

Auch als Wienbesucher sollte man dieses Haus einmal besucht haben und es Karl Farkas gleichtun. Der prächtige Bau hat alles, was ein großes Theater haben muss.

Wer hier »an der Burg« spielt, der zählt zum erlauchten Kreis der Burgschauspieler. Persönlichkeiten wie Klaus-Maria Brandauer, Paula Wessely, Rudolf Wessely sind beziehungsweise waren an diesem Haus am Ring ein Garant für gehobenste Schauspielkunst. Auch Regiegrößen wie Claus Peymann, Luc Bondy, Peter Zadek und Einar Schleef inszenierten an der Burg. Die Liste der Schauspieler und Regiegrößen könnte hier noch bis ins Unendliche fortgeführt werden.

Ein interessantes Detail an der Burg ist der Titel der »Doyenne« und des »Doyens«. Das sind, meist, die dienstältesten Mitglieder, die bis zu ihrem Ableben engagiert bleiben. Aktuelle Doyenne des Burgtheaters ist Elisabeth Ort, Doyen ist Michael Heltau. Sie genießen ein Engagement bis zum Tode und vertreten das Haus nach außen. Eine Voraussetzung, diesen Titel zu bekommen, ist, dass man zuvor den Titel »Kammerschauspieler« erhalten hat. Dieser Titel, kurz »Ksch.«, wird vom Bundespräsidenten an hervorragende Schauspieler verliehen. Erst nach dem Tod des Schauspielers wird die Auszeichnung »Doyen/ne« weitergegeben.

Das Burgtheater ist für die Wiener etwas ganz Besonderes. So wird jede Inszenierung und jede Premiere vom Publikum mit Argusaugen beobachtet und anschließend von den kritischen Gästen und der Presse aus dem In- und Auslands bewertet.

Die Wiener Off-Theater-Szene

Eine extrem wichtige Rolle für das Wiener Theaterleben, vor allem beim jungen Publikum, stellt die Wiener Off-Theater-Szene dar. Beim Off-Theater handelt es sich um eine Form des Theaters, die es neben den etablierten großen Theatern in einer Stadt gibt. Auch in Wien gibt es einige mutige Theatermacher, die Jahr für Jahr mit weitaus geringerem Budget und teilweise komplett subventionsbefreit auskommen müssen und immer wieder aufsehenerregende Produktionen auf die Beine stellen.

Die aktuell wichtigsten Off-Theater in Wien sind das Schauspielhaus in der Porzellangasse, das OFF Theater in der Kirchengasse, das TAG – das Theater an der Gumpendorferstraße oder das Serapionstheater in der Taborstraße.

Kabarett- und Kleinkunstbühnen

Genauso wichtig und absolut nicht wegzudenken sind die Wiener Kabarett- und Kleinkunstbühnen, wie das legendäre Kabarett Simpl, das Orpheum, die Kulisse, das Kabarett Niedermair oder das Theater am Alsergrund.

Die Kleinkunstszene Wiens wird, wie das Off-Theater, von der Wiener Stadtregierung kaum bis gar nicht mit finanziellen Zuschüssen bedacht. Obgleich die Stadt, wie sie selbst immer wieder sagt, »sehr, sehr stolz auf die bunte und vielfältige Wiener Theaterszene« sei. Vermutlich ist das Kabarett in Wien gerade deshalb so gut, weil es von keinem politischen System abhängig ist. Eine Bühne, die mir persönlich besonders am Herzen liegt und die wie die wackeren Gallier gegen die übermächtigen Römer kämpft, ist das **Theater im Alsergrund** im neunten Bezirk.

Theater am Alsergrund

Ursprünglich war dieses Kleinkunstjuwel vor über 20 Jahren ein Kohlenkeller und wurde von seinem Gründer Andreas Hutter in eine der beliebtesten Kleinkunstbühnen der Stadt verwandelt. Die Zielsetzung des Theaters ist es, noch unbekannten (Klein-)Künstlern die Möglichkeit zu geben, erste Erfahrungen auf der Bühne zu sammeln. Heute verfolgt das Theater unter der Leitung von Conny und Michael Auernigg noch immer dasselbe Konzept und ist aufgrund seiner attraktiven Spielplangestaltung einen Besuch wert. In diesem Theater treffen sich junge Hupfer und alte Hasen wie etwa Josef Hader und Gerold Rudle. Ein jährliches Highlight im Spielplan ist der »Der Goldene Kleinkunstnagel«. Das ist einer der anerkanntesten österreichischen Kabarettpreise, die Gewinner sind stolz, diesen Preis ihr Eigen zu nennen.

Oper und Musical

Ganz anders, aber dennoch nicht aus Wien wegzudenken, ist die Musik. Wien ist berühmt für seine Opern- und Musicalaufführungen. Bühnen dafür gibt es glücklicherweise genug. Allen voran, wie auch beim Sprechtheater, ist das Haus am Kärntnerring, die **Wiener Staatsoper**. Hier treten sie alle auf und werden dafür von ihren Fans gefeiert. Egal ob es Anna Netrebko, Placido Domingo oder der aktuell höchst beliebte Jonas Kaufmann sind.

Ein deutliches Zeichen ist, wenn man es als Künstler zum Publikumsliebling geschafft hat. Dann setzt der Wiener den Artikel vor dem Nachnamen: »die« Netrebko oder »der« Domingo. Das ist eine Art Ritterschlag des Wiener Publikums für den Künstler. Der Vorname wird dabei einfach ausgespart. Dieser Ritterschlag kann allerdings auch schnell in die andere Richtung gehen, wenn der geliebte Künstler nicht den Erwartungen des Publikums entsprochen hat: »der XY ist auch nicht mehr das, was er einmal war ...«

Die Wiener Staatsoper hat immer Programm und die Wiener lieben ihre Oper und ihre Opernsänger abgöttisch. Das war immer schon so und wird wohl immer so sein. Falls Sie Karten möchten, dann bestellen Sie bitte rechtzeitig! Für Kurzentschlossene gibt es mit viel Glück noch günstige Restkarten an der Abendkasse oder teure Restkarten bei den Schwarzhändlern vor der Oper. (Siehe auch hier die Episode »Die Wiener Ringstraße«, siehe Seite 68)

Viele Wiener gehen auch gerne zu einer Vorstellung in ihre **»Volksoper« am Währingergürtel**. Wie der Name schon sagt, wurde dieses Haus für das Volk errichtet. Es ist nach der Staatsoper das zweitgrößte Opernhaus in Wien. Dort hat es das aktuelle Team unter Direktor Robert Meyer geschafft, dass nicht nur Operetten, sondern auch ansprechende Ballett-, Opern- und Musicalvorstellungen zum Besten gegeben werden. An wachsender Beliebtheit erfreuen sich auch die Vorstellungen für das jüngere Theaterpublikum.

Wie bei den Theatern, so gibt es auch bei der Oper mittlerweile Konkurrenz zu der alteingesessenen Wiener Staatsoper. 2016 feiert die neue Oper Wien, das **Theater an der Wien**, gegenüber des Naschmarktes ihr 10-jähriges Bestehen und erfreut sich stets steigender Popularität.

Dieses Haus wurde von Emanuel Schikaneder im Jahr 1801 erbaut. Er war aber auch Schauspieler und Theaterdirektor und leitete dieses Theater bis 1804. Durch seine beruflichen Erfolge erbaute er gemeinsam mit dem Kaufmann Bartholomäus Zitterbarth das Theater beim Wienfluss. Daher auch der Name »Theater an der Wien«. Den Herrn Schikaneder kennt man heute vor allem als Liberettist der Zauberflöte von W. A. Mozart. Heute ist das Theater ein ganzjährig bespieltes Opernhaus, in dem monatlich eine Premiere stattfindet.

Eine Nebenbühne vom »Theater an der Wien« ist die **Wiener Kammeroper**.

Die Wiener Kammeroper

Dieses kleine Opernhaus befindet sich im ersten Wiener Bezirk. Bespielt und besungen wird es vom »Jungen Ensemble« des Theaters an der Wien. In diesem kleinen Opernhaus wird probiert und experimentiert. Die Kammeroper bietet Platz für Portraitkonzerte bis zu unkonventionellen Neudeutungen von großen Opern.

Einen beliebten und für den Wiener Tourismus wichtigen Grundpfeiler der Wiener Theaterwelt stellt seit den 1980er-Jahren das Musical dar. Die imposanten Musicalbühnen der Stadt Wien sind das **Wiener Ronacher** und das **Raimundtheater**.

Die Karten sind nicht billig, dafür bekommt man aber eine großartige Show geboten, vor allem das jüngere Publikum ist geradezu musicalbesessen. So gehen viele Jugendliche öfters in ein und dieselbe Musicalproduktion, die Darsteller werden abgöttisch verehrt und genießen bei ihren Anhängern den Popstar-Status.

★ Do it yourself ★

Musical in Wien

Im Herbst 2016 werden die Musicalproduktionen *Schikaneder* im Raimund Theater und *Evita* im Wiener Ronacher gespielt. Ab Januar 2017 wird das Musical *Don Camillo und Peppone* im Ronacher aufgeführt.

Raimund Theater

Dieses Haus wurde nach dem österreichischen Dramatiker Ferdinand Raimund benannt und 1893 als Vorstadttheater eröffnet. Ursprünglich wurde dieses Haus vor allem für die »unteren Volksschichten« gegründet. Anfangs wurden vornehmlich Sprechstücke und später Operetten gespielt. Bekannte Publikumslieblinge wie Marikka Röck, Zarah Leander und Johannes Heesters feierten im Raimund Theater große Erfolge. In den Jahren 1984–85 kam es zu einer Generalsanierung, seitdem wird es hauptsächlich als Spielstätte für Musicals genutzt. Das Theater verfügt über 1.193 Sitzplätze.

Aktuelle Musicalproduktion: *Schikaneder* – Beginn ab 1. Oktober 2016

Karten erhalten Sie entweder online oder an der Kasse des Raimund Theaters. Die Abendkasse hat an Vorstellungstagen eine Stunde vor Vorstellungsbeginn geöffnet. Im Vorverkauf und an der Abendkasse gilt der gleiche Kartenpreis.

▮ Wallgasse 18–20, 1060 Wien • U-Bahn: U3 und U6 bis Westbahnhof oder U6 bis Gumpendorfer Straße; Bus: Linie 57A bis Gumpendorfer Straße; Auto: Falls Sie sich entscheiden, mit dem Pkw zum Theater zu fahren, dann beachten Sie bitte, dass Sie in diesem Bezirk einen Parkschein (9–22 Uhr) benötigen. Parkscheine gibt es in jeder Trafik. Eine andere Parkvariante bietet Ihnen die Kultur-Rabatt Nachsteckkarte in der Parkgarage am Mariahilfer Platzl, Mariahilferstraße 123, 1060 Wien. Der Gehweg zum Theater beträgt hier etwa 5 Minuten. Diese Karte gilt am Tag der Vorstellung von 17 bis 7 Uhr in der Früh. Sie bekommen die Nachsteckkarte an der Kasse im Raimund Theater und während der Pause beim Souvenirstand im Parterre. • Mo–Sa 14–18 Uhr, Sonn- und Feiertage 14–18 Uhr • Tel.: +43 1 588 85 • www.musicalvienna.at

Ronacher

Gegründet wurde »das Ronacher« 1872 als »Wiener Stadttheater« und veritable Alternative zu den kaiserlichen Hoftheatern. Ziel des Hauses war es, ein überwiegend bürgerliches Publikum anzusprechen. Doch es kam anders und nur einige Jahre nach seiner Eröffnung kam es zum Brand. Im Jahr 1886 baute Anton Ronacher die Brandruine wieder auf und ließ im Haus bis in die 1930er-Jahre klassisches Varieté-Theater spielen. Der bekannteste Star im Ronacher dieser Zeit war Josephine Baker. Nach dem Krieg ersetzte das Theater das zerstörte Burgtheater. Erst in den 1980er-Jahren erlebte das »Ronacher« eine Renaissance mit der Erfolgsproduktion *Cats* und ist heute nicht mehr aus dem Wiener Kulturleben wegzudenken. Das Theater bietet etwa 1.000 Zuschauern Platz.

Aktuelle Musicalproduktion: *Evita* – seit 9. März 2016, *Don Camillo und Peppone* ab 27.01.2017

Karten erhalten Sie entweder online unter oder an der Kasse des Ronachers. Die Abendkasse hat an Vorstellungstagen eine Stunde vor Vorstellungsbeginn geöffnet. Im Vorverkauf und an der Abendkasse gilt der gleiche Kartenpreis.

▮ Seilerstätte 9, 1010 Wien • U-Bahn: U1 oder U3 bis Stephansplatz oder mit der U4 bis Stadtpark; Straßenbahn: Linie 2 bis Weihburggasse; Auto: Falls Sie sich entscheiden, mit dem Pkw zum Theater zu fahren, dann beachten Sie bitte, dass Sie in diesem Bezirk einen Parkschein (9–22 Uhr) benötigen. Parkscheine gibt es in jeder Trafik. Wie bei einem Besuch im Raimund Theater gibt es auch im Ronacher die Möglichkeit einer Parkermäßigung. Diese Vergünstigung (ermäßigter Tarif von 5 Euro) bietet die etwa 5 Gehminuten vom Theater entfernte Parkgarage Cobdengasse 2 an. Die Vergütungskarte zum Nachschieben erhalten Sie an der Theaterkasse im Ronacher sowie in der Pause und nach der Vorstellung beim Publikumsdienst im Rondeau im Parterre des Theaters. Falls Sie eine Nachmittagsvorstellung besuchen, dann bekommen Sie an der Theaterkasse eine Rabattkarte, mit der Sie, von 13–21 Uhr, um 30 % ermäßigt parken können. Um in den Genuss dieser Ermäßigung zu kommen, ziehen Sie bitte vorab ein Parkticket bei der Einfahrt in die Garage Cobdengasse 2. • Mo–Sa 14–18 Uhr, Sonn- und Feiertage 14–18 Uhr • Tel.: +43 1 588 85 • www.musicalvienna.at

Das Akademietheater

Die kleine Tochterbühne des Burgtheaters, an der häufig Kultproduktionen stattfinden. Ein nicht zu verachtendes Detail für einen Besuch im Akademietheater ist der Karten(vor)verkauf.

Dieser beginnt jeweils am 20. des Vormonats für den gesamten Monat und die ersten Tage des Folgemonats. Die Öffnungszeiten an den Theaterkassen sind jeweils von Mo–Fr ab 8 Uhr und an Sa, So- und Feiertagen immer ab 9 Uhr. Für einen telefonischen Kartenerwerb wählen Sie bitte die Nummer +43 1 513 1 513. Er läuft von Mo–So und am Feiertag ab 10 Uhr. Bitte halten Sie Ihre Kreditkarte stets griffbereit. Über die Website www.culturall.com können Sie ebenfalls eine Karte erwerben. Kurzentschlossene können es gerne an der Abendkasse des Burgtheaters probieren. Mit ein wenig Glück bekommen Sie hier noch Karten. Der Kartenvertrieb und das Bestellbüro des Burgtheaters befinden sich beim Burgtheater-Vestibül an der Seite des Kaffeehauses Landtmann am Universitätsring 2. Die Abendkasse am Akademietheater öffnet eine Stunde vor Vorstellungsbeginn.

Lisztstraße 1, 1030 Wien • U-Bahn: U4 bis Stadtpark; Straßenbahn: Linie D und 71 bis Schwarzenbergplatz und dann sind es noch etwa 5 Gehminuten; Bus: Linie 4A bis Akademietheater • Tel.: +43 1 51444 4145 • www.burgtheater.at

Das Theater fürs Volk – das Wiener Volkstheater

Großes Wiener Sprechtheater mit knapp 1.000 Sitzplätzen, welches sich direkt neben dem Museumsquartier an der sogenannten »Zweierlinie« befindet. 2017 bekommt diese Traditionsbühne die dringend notwendige Generalsanierung.

Karten erhält man an der Tageskasse von Mo–Sa von 10–19.30 Uhr sowie auch telefonische Auskünfte und Kartenreservierungen unter +43 1 52111 400. Oder per E-Mail unter ticket@volkstheater.at oder auf der Webseite. Die Abendkasse hat ab einer Stunde vor Vorstellungsbeginn geöffnet.

Neustiftgasse 1, 1070 Wien • U-Bahn: U2 oder U3 bis Volkstheater; Bus: Linie 48A bis Volkstheater; Straßenbahn: Linie 49 bis Volkstheater • Tel.: +43 1 52111 0 • www.volkstheater.at

Das Theater an der Wien

Wiens neuestes Opernhaus in dieser theater- und opernverrückten Stadt direkt am Wienfluss.

Die Tageskasse ist von Mo–Sa von 10–18 Uhr geöffnet. So, Feiertag und an Vorstellungstagen von 14–18 Uhr. Bei Matinéen ist die Kasse von 10–13 Uhr geöffnet. Die Abendkasse öffnet ab 18 Uhr bis Vorstellungsbeginn.

Linke Wienzeile 6, 1060 Wien • U-Bahn: U1, U2 oder U4 bis Karlsplatz und dann wählen Sie bitte den Ausgang Secession; Bus: Linie 59A bis Bärenmühldurchgang; Linie 59A bis Laimgrubengasse • Tel.: +43 1 588 85 • www.theater-wien.at

Die Kammeroper Wien

Seit 2012 die Tochterbühne des Theaters an der Wien. Sie wurde bereits 1953 gegründet und ist im ehemaligen Ballsaal vom Hotel Post untergebracht. Karten für die Kammeroper Wien erhalten Sie an der Tageskasse des Theaters an der Wien, im Onlineshop oder telefonisch.

Fleischmarkt 24, 1010 Wien • U-Bahn: Linien U1 oder U4 bis Schwedenplatz; Straßenbahn: mit den Linien D (bei Ablenkung über Kai), 1, 2 bis Schwedenplatz; Bus: Linie 3A bis Schwedenplatz • Tel.: +43 1 588 85 • www.theater-wien.at

Volksoper Wien – die Oper fürs Volk

Im Haus am Währinger Gürtel gibt es Operetten, Ballett und Musicalproduktionen zu bewundern. Karten für Vorstellungen in der Volksoper Wien bekommen Sie an der Abendkasse des Theaters sowie an den Tageskassen der Volksoper, der Staatsoper und des Burgtheaters.

Die Abendkasse des Volkstheaters ist ab einer Stunde vor Vorstellungsbeginn geöffnet. Die Tageskasse in der Volksoper ist von Mo–Fr von 8–18 Uhr und am Sa, So und Feiertag von 9–12 Uhr geöffnet. Bitte beachten Sie, dass ab dem 1. Tag jeden Monats Karten für Vorstellungen des gesamten Folgemonats zum Verkauf stehen. Weitere Informationen zum Kartenvorverkauf erhalten Sie telefonisch oder auf der Webseite.

▮ Währinger Straße 78, 1090 Wien • U-Bahn: U6 bis Währinger Straße/Volksoper; Straßenbahn: Linien 40, 41 und 42 bis Währinger Straße/Volksoper; Bus: Linie 40A bis Währinger Straße/Volksoper • Tel.: +43 1 514 44 36 70 • www.volksoper.at

Das Wiener Schauspielhaus

In diesem Kult-Theater im neunten Bezirk wird Gegenwartstheater dargeboten. Dramatiker wie Werner Schwab wurden in diesem Theater erstmalig gespielt. Das Haus wurde unter anderem von George Tabori und anderen anerkannten Regisseuren höchst erfolgreich geführt.

Karten bekommen Sie an der Tages- oder an der Abendkasse. Die Tageskasse ist von Mo–Fr von 16–18 Uhr geöffnet. Die Abendkasse öffnet immer zwei Stunden vor Vorstellungsbeginn. Reservierungen können telefonisch oder unter karten@schauspielhaus.at vorgenommen werden.

▮ Porzellangasse 19, 1090 Wien • U-Bahn: U4 bis Roßauer Lände; Straßenbahn: Linie D bis Bauernfeldplatz; Bus: Linie 40A bis Bauernfeldplatz • Tel.: +43 1 3170101 18 • www.schauspielhaus.at

Das Kabarett Simpl – die Kabarett-Institution in Wien

Wurde 1912 als das Bierkabarett Simplicissimus, kurz Simpl, eröffnet. Hier spielten und spielen Größen wie Karl Farkas, Ernst Waldbrunn, Fritz Grünbaum, Otto Schenk, Michael Niavarani ... Das Markenzeichen vom Simpl ist der bekannte rote Bully, den man schon aus weiter Ferne in der Wollzeile sieht.

▮ Wollzeile 36, 1010 Wien • U-Bahn: U3 bis Stubentor; Straßenbahn: Linie 2 bis Stubentor; Bus: Linie 3A bis Riemergasse • Telefonische Kartenbestellung: Mo–Fr 9–12 Uhr unter +43 1 512 39 03 und täglich 14–20 Uhr unter +43 1 512 47 42 • www.simpl.at

Das Theater am Alsergrund – die wohl charmanteste Kabarettbühne der Stadt

Auf dieser Kellerbühne im neunten Bezirk spielen die Kabarett-Newcomer aus dem In- und Ausland in einem einzigartigen Ambiente. Ein Besuch ist für Kabarettinteressierte absolute Pflicht.

▮ Löblichgasse 5–7, 1090 Wien • U-Bahn: mit der Linie U6 bis Währinger Straße/Volksoper; Straßenbahn: Linien 40, 41, und 42 bis Währinger Straße/Volksoper; Bus 40A bis Währinger Straße/Volksoper • Tel.: +43 1 310 46 33 • www.alsergrund.com

Wien beim ersten Mal

Die Ringstraße – die Prachtstraße schlechthin

Der perfekte Start für einen ersten Erkundungstrip durch die Wienerstadt. Dieser – für viele – schönste Boulevard der Welt glänzt mit vielen bekannten Sehenswürdigkeiten. Bauwerke wie das im griechischen Stil erbaute Parlament, das in neugotischer Kunstform errichtete Wiener Rathaus, das Kunsthistorische Museum mit seinem architektonischen Spiegelbild, dem Naturhistorischen Museum, oder das neobarocke Burgtheater, welches einer der wichtigsten deutschsprachigen Theaterbühnen ist, zieren diese mächtige Straße, die sich in Ringform um die innere Stadt legt. Zu den gelungenen Bauwerken gesellen sich zahlreiche Palais und Hotels. Auch weitläufige, grüne Parkanlagen wurden bei der Planung der Ringstraße nicht vergessen. Ausschlaggebend für den Bau des Rings war Kaiser Franz Joseph I, der 1857 mit dem bedeutenden Satz: »Es ist mein Wille …« den Startschuss für den Bau dieses Prachtboulevards gab.

U-Bahn: U1, U2, U4 bis Station Karlsplatz/Oper; U3 bis Stephansplatz; Straßenbahn: Linie 1, 2, D, 62, Badner Bahn bis Staatsoper/Kärntner Ring

Ein Traum in Barock: das Schloss Belvedere

Hier finden Sie Klimt, Schiele, Kokoschka – und das alles auf dem Areal des barocken Traumschlosses von Prinzen Eugen von Savoyen. Er war ein äußerst erfolgreicher Feldherr und Kunstsammler.

Die weitläufige, mit vielen traumhaften Brunnen versehene Schlossanlage teilt sich in das obere und das untere Belvedere. Das obere Belvedere beherbergt die bekanntesten Bilder von Meister Klimt wie *Der Kuss*. Im unteren Belvedere waren die Prunkräume des Prinzen untergebracht.

▌Prinz Eugen-Straße 27, 1040 Wien • Straßenbahn: Linie D bis Schloss Belvedere, 18 und O bis Quartier Belvedere; Bus: 69A bis Quartier Belvedere • Mo–So 10–18 Uhr • Tel.: +43 1 79 55 71 34 • www.belvedere.at

Herz der Habsburgermonarchie: das Schloss Schönbrunn

Eintauchen in die Habsburgermonarchie. Die ehemalige Sommerresidenz der Habsburger zählt wohl zu den schönsten Barockanlagen Europas und wurde daher auch zurecht zum UNESCO Weltkulturerbe erhoben. Ein zauberhaftes Schloss, eine unendlich weitläufige Parkanlage, ein Palmenhaus, eine Gloriette und der älteste Tiergarten der Welt machen Schönbrunn zu dem, was es heute ist: ein absolutes Muss für jeden Wienbesucher.

▌Schönbrunner Schlossstraße 47, 1130 Wien • U-Bahn: Linie U4 bis Schönbrunn oder Hietzing • www.schoenbrunn.at

Die Wiener Märkte

Sie sind mittlerweile für viele Gäste und Wiener ein absolutes Highlight. Jeder liebt und schätzt den Wiener Markt. Am Markt trifft man sich, tauscht sich aus, feilscht ein wenig um den Preis und freut sich des Lebens.

▌**Hannovermarkt** • Ecke Hannovergasse – Othmargasse, 1200 Wien • U-Bahn: Linie U6 bis Jägerstraße Straßenbahn: Linie 31 bis Gerhardusgasse; Bus: Linie 39 bis Pappenheimgasse

▌**Naschmarkt** • zwischen linker und rechter Wienzeile, zwischen Getreidemarkt und Kettenbrücke auf dem überbauten Wienfluss, 1060 Wien • U-Bahn: U4 bis Kettenbrückengasse oder U1, U2, U4 bis Karlsplatz

▌**Biobauernmarkt Freyung**, 1010 Wien • U-Bahn: U2 bis Schottentor; U3 bis Herrengasse; Straßenbahn: 1, 37, 38, 40, 41, 42 und D bis Schottentor; Bus: Linie 1A bis Freyung • Fr & Sa 9–18 Uhr

Pflicht: Ein Theater, Museums- oder Opernbesuch

Ganz egal, ob Theater, Oper, Kabarett, Ballett, Musical ... Wien ist zurecht stolz auf seine vielfältige Kulturszene. Diese ist es wert, besucht und weiterhin erhalten zu werden.

▌**Wiener Staatsoper** • Opernring 2, 1010 Wien • Straßenbahn: Linie 1, 2, D bis Kärntner Ring/Oper; U-Bahn: U1, U2, U4 bis Karlsplatz • www.wiener-staatsoper.at

▌**Burgtheater** • Universitätsring 2, 1010 Wien • Straßenbahn: Linie 1, 71, D bis Rathausplatz/Burgtheater • www.burgtheater.at

- **Kabarett Simpl** • Wollzeile 36, 1010 Wien • U-Bahn: U3 bis Stubentor; Straßenbahn: Linie 2 bis Stubentor; Bus: Linie 3A bis Riemergasse • Telefonische Kartenbestellung Mo–Fr 9–12 Uhr: +43 1 512 39 03, täglich 14–20 Uhr: +43 1 512 47 42 • www.simpl.at
- **Theater am Alsergrund** • Löblichgasse 5–7, 1090 Wien • U-Bahn: mit der Linie U6 bis Währinger Straße/Volksoper; Straßenbahn: Linien 40, 41, und 42 bis Währinger Straße/Volksoper; Bus 40A bis Währinger Straße/Volksoper • Tel.: +43 1 310 46 33 • www.alsergrund.com

Flanieren durch die zahlreichen, traumhaften Wiener Parkanlagen

Es gibt unzählige davon. Allein an der Ringstraße lässt es sich beispielsweise perfekt durch den mit Rosen gesäumten Volksgarten oder den verwunschenen Stadtpark schreiten.

- **Volksgarten** • Dr.-Karl-Renner-Ring; Universitätsring; Josef Meinrad Platz; Löwelstraße; Heldenplatz, 1010 Wien • U-Bahn: U3 bis Herrengasse; Straßenbahn: Linie 1, 2, D, J bis Volksgarten
- **Stadtpark** • Parkring / Heumarkt, 1030 Wien • U-Bahn: U3 bis Stubentor, U4 bis Stadtpark
- **Pötzleinsdorfer Schlosspark** • Pötzleinsdorfer Straße / Geymüller Gasse, 1180 Wien • Straßenbahn: Linie 41 bis Pötzleinsdorf

Der Neusiedlersee

Ausfahrt zum Meer der Wiener

Meine Frau hat Geburtstag, ich kann es kaum glauben. Wie alt sie geworden ist, möchte ich Ihnen an dieser Stelle nicht verraten. So gratulieren wir ihr einfach nur zum Geburtstag und überraschen sie mit einer Ausfahrt. Wir fahren, besser fliehen an diesem heißen Sommertag aus Wien hinaus und fahren dorthin, wohin jeder Wiener gerne fährt: zum Neusiedlersee ins schöne Burgenland.

Der Neusiedlersee, auch das »Meer der Wiener« genannt, liegt östlich der Stadt und ist gut mit dem Auto in circa fünfundvierzig Minuten zu erreichen. Hier findet der Gast aus der Bundeshauptstadt alles, was er für einen perfekten Erholungstag benötigt. Ruhe, Abgeschiedenheit, unberührte Natur, endlos lange Radwege mit dauerndem Gegenwind. Aber nicht nur wegen dem Wind fühlt sich der Wiener am Neusiedlersee wohl. Es sind auch die gemütlichen Heurigen mit guten Speisen und leckeren Weinen.

Wir haben uns an einem warmen Frühlingstag um 9 Uhr auf den Weg gemacht und wollen dieses Meer der Wiener erforschen. Wir begeben uns mit dem Auto hinauf auf die Ostautobahn A4 und fahren auf dieser bis zur Abfahrt Neusiedl am See. Direkt gegenüber der Abfahrt gibt es ein mächtiges Outlet Center. An manchen Tagen fahren wir noch schnell dorthin, um das eine oder andere Schnäppchen zu machen. Heute wollen wir direkt zum See.

Nach unzähligen Kreisverkehren tut sich vor unseren Augen der Neusiedlersee mit seinem breiten Schilfgürtel auf. Wie ein großer, riesiger Spiegel liegt er vor uns. Wir haben einen guten Tag mit toller Fernsicht erwischt und können bis zur Region Seewinkel blicken.

Der Gänsestrich

Der Gänsestrich ist für viele Besucher der Region des Neusiedlersees ein interessantes Naturschauspiel. Dieses tierische Highlight wiederholt sich jedes Jahr von Mitte Oktober bis in den Dezember hinein. Zu dieser Zeit ziehen tausende Gänse in keilförmigen Formationen am Himmel über den Neusiedlersee. Am Abend kommen sie von ihren Nahrungsgebieten zurück, um die Nacht auf dem Wasser zu verbringen. Die Geräuschkulisse beim An- und Abflug von tausenden Grau-, Saat-, und Blassgänsen ist einmalig, aber auch nicht zu unterschätzen.

Wir erreichen schließlich den Ort **Neusiedl am See**. Das ist ein für das Burgenland typisches Straßendorf. Es scheint, dass sich das gesamte Leben des Dorfes entlang der Bundesstraße abspielt. Am östlichen Ende von Neusiedl geht es weiter in Richtung See. Der Ort heißt zwar Neusiedl *am See*, ist aber dennoch, ob des breiten Schilfgürtels, etwa 2 Kilometer vom Strand entfernt. Auf der letzten Etappe zum See fahren wir durch den dichten Schilfgürtel und erreichen schließlich das Strandbad Neusiedl am See. Eine Parklücke haben wir auf dem riesigen Besucherparkplatz schnell gefunden. Wir schnappen unsere Sachen aus dem Auto und begeben uns in Richtung Wasser. Schon bei den ersten Schritten fällt auf: Es ist, wie in Wien, windig. Noch windiger. Nicht ohne Grund ist diese Gegend einer der Hotspots der Kite- und Windsurfer Europas.

Auch am Wasser des Sees lässt sich die Windintensität ablesen – seine typische braune Farbe rührt daher, dass der ständige Wind und die Wellen den schlammigen Seeboden durchwühlen. Es sei an dieser Stelle aber auch festgestellt, dass die Wasserqualität des Neusiedlersees jährlich mit dem Prädikat »Sehr gut« ausgezeichnet wird.

Der Neusiedler See – ein Juwel mit Wohlfühlcharakter im Burgenland

Der Neusiedlersee ist, wie z. B. auch der Plattensee in Ungarn, ein Steppensee und der größte abflusslose See Mitteleuropas. Er befindet sich zu vier Fünftel auf österreichischem und zu einem Fünftel auf ungarischem Staatsgebiet.

Die Besonderheiten des Neusiedlersees sind, abgesehen vom Dauerwind, sein Schilfgürtel, seine geringe Tiefe und sein mildes Klima. Man findet in dieser Gegend, aufgrund einzigartiger Flora und Fauna, zwei Nationalparks, die es 2001 zum UNSECO-Welterbe gebracht haben. Die beiden Nationalparks heißen auf der österreichischen Seite »Neusiedler See – Seewinkel« und auf der ungarischen Seite »Fertö-Hanság«. Große Teile des österreichischen Neusiedlersees befinden sich im Eigentum der Familie Esterházy. Weitere, kleinere Teile des Neusiedlersees sind Eigentum der Anrainergemeinden.

Die Esterházys sind eine bedeutende Familie aus Ungarn, die sich seit dem 17. Jahrhundert in einer Linie als reichsfürstliches Haus zum Hochadel zählen. Beliebte Touristenattraktionen der Familie sind heute noch das Schloss Esterházy in Eisenstadt, Hauptstadt des Burgendlandes, und das Schloss Esterházy bei Fertöd am Neusiedlersee.

Typisch für die Region des Nordburgenlandes und des Neusiedlersees ist das sogenannte pannonische Klima, die Region des Neusiedlersees befindet sich in der Pannonischen Tiefebene. Pannonisches Klima ist relativ warm und trocken, die Winter können, wegen der kontinentalen Einflüsse, allerdings bitterkalt sein. Aus dieser Kombination ergibt sich vor allem eine einzigartige Flora, besonders beeindruckend bringt dies der großflächige Schilfgürtel des Sees mit seinen Lacken zum Ausdruck.

Salzlacken beim Neusiedlersee

Diese Salzlacken findet man im europäischen Binnenland nur im Seewinkel und in Zentralungarn. Zwischen dem Ostufer des Sees und dem ungarischen Hanság befinden sich etwa 45 Lacken, die den Charakter der Landschaft bedeutend prägen. Die Lacken – ursprünglich 150 an der Zahl – sind deutlich älter als der See selbst und in der letzten Eiszeit dadurch entstanden, dass große Eislinsen wannenförmige Mulden hinterließen. Natriumsalze wie Soda, Glaubersalz (Natriumsulfat), Kochsalz (Natriumchlorid) und Bittersalz (Magnesiumsulfat) blühen in der sommerlichen Trockenperiode an der Oberfläche aus und bilden einen alkalischen Stauhorizont. Durch diesen Salzboden wird das winterliche Niederschlagswasser an der Versickerung gehindert. Die Kombination aus langem Sonnenschein und hohen Temperaturen bei geringen Niederschlägen fördert den kapillaren Anstieg des Grundwassers und somit die Salzzufuhr der Lacken. Das Besondere an den flachen, salzhaltigen Lacken ist, dass diese temporär austrocknen – ähnlich dem »Grünen See« in der Steiermark.

Die Gegend rund um den Schilfgürtel und die Lacken ist ein wichtiger Brut- und Rastplatz für Zugvögel, die im Frühjahr und Herbst hier durchziehen. Von den in dieser Gegend 320 dokumentierten Vogelarten brüten etwa 120 im Bereich des Neusiedlersees. Einer der bekanntesten Vertreter ist der Weißstorch. Seine Nester baut er im Seewinkel gerne auf Rauchfängen (Schornsteinen).

(An dieser Stelle möchte ich einen kleinen Exkurs zum ostösterreichischen Dialekt loswerden. Eines Tages läutete es bei uns zuhause in Wien an der Tür und meine Frau öffnete, freute sich und sagte zu unserer Tochter: »Ui. Schau mal, Marie, ein Schornsteinfeger. Das bringt Glück!« Seine trockene Antwort war: *»Gnää Frau. Des haaaßt bei uns Rauchfangkehrer.«*)

Aber nicht nur seltene Vogelarten wie der Säbelschnäbler oder der berüchtigte Kaiseradler findet man im Seewinkel. Auch viele Schmetterlings-, Amphibien- und an die 40 Libellenarten sind heimisch. Naturliebhaber kommen im Nationalpark »Neusiedlersee – Seewinkel« also voll auf ihre Kosten.

Zwischenzeitlich sind wir für ein Frühstück in die **Mole West**, einem beliebten, stylischen Lokal am Ende der Seepromenade eingekehrt. Wir genießen unseren Kaffee bei warmen frühlingshaften Sonnenstrahlen auf der Terrasse mit Blick auf den See und besprechen das weitere Programm.

Wir beschließen, als Erstes noch eine kleine Bootsfahrt auf dem See zu unternehmen, bevor wir danach den Kinderspielplatz in Podersdorf aufsuchen wollen.

Wir bezahlen in der Mole West, verlassen das Lokal mit dem wohl atemberaubendsten Blick über den Neusiedlersee und machen uns auf zum Bootsverleih. Meine Frau findet die Vorstellung, auf einem wackeligen Boot über den See zu fahren, weniger attraktiv als Marie und ich, lässt sich aber von meinen beruhigend Worten überzeugen: »Der See ist so seicht, da kann ich dich notfalls raustragen.« Hoffe ich.

Gefahr der Selbstüberschätzung im Neusiedlersee

Obwohl der See eine durchschnittliche Tiefe von nur etwa 1,50 Metern hat, so birgt er dennoch zahlreiche Gefahren in sich. Der starke Wind und ein damit einhergehender hoher Wellengang machen es für alle Besucher des Sees, egal ob Surfer, Segler oder Badegast, gefährlich. Aufgrund der geringen Wassertiefe kommt es zu kurzen, verschieden hohen Wellen, die ständig brechen. Teilweise können die Wellen höher sein, als der See tief ist. Auch machen starke Strömungen das Schwimmen zum Ufer oft unmöglich.

Wir mieten uns ein kleines Elektroboot und stechen mutig in See. Mit jedem Meter, den wir uns vom Steg entfernen, fühlen wir uns stärker mit dieser wunderbaren Gegend verbunden. Wir durchqueren den mächtigen Schilfgürtel und genießen, auch meine Frau, unsere Bootsfahrt in vollen Zügen.

Schilfgürtel Neusiedlersee

Der Neusiedlersee ist beinahe komplett von einem Schilfgürtel umgeben. Dieser ist ebenso Teil der einzigartigen Tier- und Pflanzenwelt. Nach dem Donaudelta ist der Schilfgürtel des Neusiedlersees das größte zusammenhängende Schilfgebiet Europas. Aufgrund der nordwestlichen Luftströmung wächst am Ostufer des Sees deutlich weniger Schilf als am gegenüberliegenden Westufer. Das widerstandsfähige Schilf wurde und wird auch heute noch als Baumaterial für die Dachdeckung verwendet. Rund um die Gegend des Sees gibt es zahlreiche Gebäude, deren Dächer mit Schilf bedeckt sind.

Der Wind weht in unseren Haaren, besser: in den Haaren meiner Tochter und meiner Frau. Wir fahren dem Schilfgürtel entlang, bewundern Surfer und Kitesurfer, die weiter draußen ihre Kunststücke vorführen.

Nach einer halben Stunde begeben wir uns langsam auf den Rückweg zum Bootsvermieter. Kaum haben wir wieder sicheren Boden unter den Füßen, ruft Marie: »Jetzt geht's aber wirklich zum Spielplatz!«

Also machen wir uns auf den Weg nach Podersdorf. Dieser Ort liegt etwa 20 Fahrminuten vom Strandbad Neusiedl entfernt.

Podersdorf ist das Herzstück des Tourismus am Neusiedler See. Hier findet der erholungssüchtige Gast alles, was er braucht und manchmal vielleicht auch schon nicht mehr braucht. Eine Vielzahl an Attraktionen wird geboten – vom Rockkonzert bis zum jährlichen Surfevent gibt es alles. Ein Highlight ist das sehr großzügig angelegte Strandbad von Podersdorf, das die größte Zahl an Besuchern im Burgenland vorweisen kann. Der Ort liegt, wie zuvor bereits erwähnt, als einziger Ort des Neusiedlersees direkt am schilffreien Ufer.

Schnell finden wir auch in Podersdorf einen Parkplatz und machen uns auf den Weg zum Strandbad. Wir suchen uns einen Platz auf der großen Liegewiese und Marie düst mit ihrem Wasserkübel samt Schaufel zu einem großen Wasserspielplatz. Meine Frau und ich genießen in der Zwischenzeit den Blick auf den See.

An diesem Tag hat der See 23 Grad, perfekt, um mit der gesamten Bande im Wasser zu planschen. Ich eise meine Tochter vom Spielplatz los, gemeinsam waten wir in den See. Nach einer kurzen Erfrischung packen wir unsere Sachen zusammen und begeben uns wieder in Richtung Auto, um noch zwei letzte Stationen für heute abzuklappern: Eine Stärkung in einem Heurigen in Gols und einem abschließenden Besuch einer Vinothek – die Region ist für ihre Rotweine bekannt.

Gols liegt nur wenige Kilometer von Neusiedl am See entfernt, auf dem Weg dorthin kann man deutlich die Puszta erkennen.

Die Puszta

Diese steppenähnliche Landschaft ist typisch für die Gegend im Nordburgenland und Ungarn. Der Name *Puszta* bedeutet so viel wie »Einöde«, die Böden bestehen zum größten Teil aus Sand. Der Grundwasserspiegel ist jedoch hoch, daher sieht man oft die typischen Ziehbrunnen.

Entstanden ist diese Steppenlandschaft zwischen dem 16. und 17. Jahrhundert durch massive menschliche Eingriffe. Bis zu dieser Zeit bedeckten große Waldgebiete die Gegend, die mit dem Einfall der Osmanen umfassenden Rodungen zum Opfer fielen. Dadurch kam es zu einer zunehmenden Versumpfung, der man im 20. Jahrhundert durch großflächige Trockenlegung entgegenwirkte. Das Resultat dieser Trockenlegung war die Entstehung einer Steppe.

Im kleinen Ort **Gols** sind die Heurigen leicht als Heurige zu erkennen. Wir suchen uns einen angenehmen Platz im Schatten und bestellen einen fruchtigen Traubensaft und eine wirklich deftige Jause mit Schinken, Käse, Aufstrichen und natürlich frischem Brot. Viele andere Gäste sind Radfahrer – kein Wunder, diese Sportart ist neben Surfen und Segeln die wohl beliebteste der Gegend. Rund um den Neusiedlersee gibt es ein großzügiges und weitläufiges Radwegenetz.

Nachdem wir bezahlt haben, halten wir noch bei der Vinothek Gols, dem **Weinkulturhaus**. Seit dem Frühjahr 2003 existiert diese Vinothek in dem ältesten Golser Gebäude – ein Besuch ist unbedingt zu empfehlen. Mehr als 90 Winzer präsentieren in diesem Weinkeller ihre mehr als 400 Weine. Die Weine werden zu beliebten (und günstigen) »Ab-Hof-Preisen« verkauft.

Wir schlendern durch die liebevoll gestaltete Vinothek und lassen uns von einem örtlichen Winzer die Vorzüge der Golser Weine erklären. Ich glaube ihm alles und kaufe eine Kiste von seinem Zweigelt Rotwein. Der übrigens wirklich perfekt gemundet hat.

Nach einem ausgiebigen und äußerst schönen Tag im Nordburgenland steigen wir wieder ins Auto und sind nach in kurzer Fahrt zurück in Wien, wo wir abends glücklich und müde in unsere Betten fallen.

Shoppen bis zum Umfallen – das Outlet Center Parndorf

Dieses Designer-Outlet ist von Wien aus in etwa 35 Minuten erreichbar und erfreut sich vor allem unter asiatischen Touristen wachsender Beliebtheit. Auch das Management des Outlet Centers hat dies erkannt und bietet gratis Shuttle-Dienste zwischen der Wiener Oper und dem Outlet Center im Nordburgenland an. Falls Sie gerne auf Schnäppchenjagd gehen, dann finden Sie hier bestimmt etwas Passendes. Das Outlet Center führt alle Marken, die Ihr Shoppingherz begehrt.

Von einem Besuch des Outlets an Freitagnachmittagen und Samstagen rate ich Ihnen allerdings ab, der Andrang kann dann unmenschlich sein. An allen anderen Tagen gibt es aber keinen Grund, nicht kurz beim Outlet vorbeizuschauen.

Bei Bedarf fährt der Bus zu den folgenden Zeiten nach Parndorf: Mo–Do um 11, 13 & 16 Uhr; Fr stündlich von 11–20 Uhr; Sa stündlich von 9–17 Uhr.

Die Retourfahrten vom Fast-Food-Restaurant Burger King im Outlet Center: Mo–Do um 14, 17 & 19 Uhr; Fr stündlich von 12–21 Uhr und halbstündlich um 18.30, 19.30 & 20.30 Uhr. Sa stündlich von 10–18 Uhr und halbstündlich um 16.30 & 17.30 Uhr.

Für die Shuttlebusfahrt ist eine Mitgliedschaft im »Parndorf Shuttlebus Club« und der Vorweis eines Einkaufsbons aus einem der Shops im Designer-Outlet vom Tag der Inanspruchnahme erforderlich. Für die Mitgliedschaft im Parndorf Shuttlebus Club registrieren Sie sich bitte via SMS unter der Nummer +43 664 267 0699 mit dem Buchstaben »P«. Ihre Daten für die Registrierung der Shuttlebus-Fahrt werden, laut Auskunft des Veranstalters, nicht für Werbe- und Promotionzwecke verwendet. Durch die Registrierung wird kein Anspruch auf eine Beförderungsleistung erworben. Eine kostenlose Nutzung des Shuttlebusses ist nicht möglich.

Der Shuttlebusbeitrag für die Hin- und Rückfahrt beträgt 11 Euro, für Kleinkinder (3–6 Jahre) 4 Euro. Das Ticket ist gegen Vorlage eines Einkaufsbons vom Tag der Inanspruchnahme an der Centerinformation im Forum oder beim Center Management erhältlich und muss bei der Rückfahrt nach Wien vorgewiesen werden. Die Abfahrt mit dem Shuttlebus startet in Wien am Opernring 3–5, gegenüber der Wiener Staatsoper.

Designer-Outlet Straße 1, 7111 Parndorf • Mit dem Auto: Die Wegweiser auf der A4 und auf den umliegenden Bundesstraßen weisen unübersehbar auf das Outlet Center hin. Von Wien kommend fahren Sie auf der A4 bis zur Abfahrt »Neusiedl – Gewerbepark« • Tel.: +43 2166 3614 • www.mcarthurglen.com/at/designer-outlet-parndorf/de

Nationalpark – Neusiedler See – Seewinkel / Exkursion Gänsestrich

Falls Sie ab Mitte Oktober in der Region zu Gast sind, dann dürfen Sie dieses Naturschauspiel auf keinen Fall versäumen.

Informationszentrum Nationalpark Neusiedler See – Seewinkel • Hauswiese, 7142 Illmitz • **Mit dem Auto:** Von Norden bzw. Westen kommend über die Autobahn A4; Abfahrten Neusiedl/See, Weiden/Gols oder Mönchhof. Von Süden kommend über die Autobahn A2, die S4 und die S31 nach Eisenstadt, schließlich die B50 nach Neusiedl/See. Von Ungarn kommend über die Grenzübergänge Nickelsdorf (A4) bzw. Pamhagen; **Mit der Bahn & Bus:** Von Wien-Hauptbahnhof nach Neusiedl/See im Stundentakt, von dort verkehren Linienbusse bzw. gibt es Bahnanschlüsse in alle Orte. Von Ungarn mit der Neusiedler See-Bahn von Fertoszentmiklos über Pamhagen (Wallern, St.Andrä/Zicksee, Frauenkirchen, Mönchhof, Gols, Weiden) bis Neusiedl/See. ÖBB-Auskunft +43 5 1717 • www.vor.at - Raab-Ödenburg-Ebenfurther Eisenbahn: +43 2174 2188 • www.raaberbahn.at; **Mit Boot & Fahrrad:** Von Mörbisch nach Illmitz verkehren von Ostern bis Oktober stündlich Personenboote (keine Autofähren!), Info: Schifffahrt Gangl/Illmitz • Tel.: +43 2175 2158 • Fahrradverleihstellen gibt es in allen Seegemeinden • Das Informationszentrum Nationalpark Neusiedler See – Seewinkel hat ganzjährig geöffnet: April–Oktober: Mo–Fr 8–17 Uhr, Sa, So & Feiertage 8–17 Uhr; November–März: Mo–Fr 8–16 Uhr • Weitere Informationen und Anmeldung zum Gänsestrich +43 2175 3442 • www.nationalpark-neusiedlersee-seewinkel.at

Mole West

Die Mole West serviert gutes Essen und gutes Frühstück. Achten Sie darauf, dass Sie nur zwischen 9 und 11 Uhr Frühstück bekommen, da ist das Personal unnachgiebig streng. Wenn man das weiß, dann lässt es sich in der Mole West wirklich gut frühstücken. Die Mole West hat ganzjährig geöffnet, außer in der Zeit vom 21.12.–3.2.

Seegelände 9, 7100 Neusiedl am See • Mit dem Auto: über die A4 Richtung Budapest bis zur Ausfahrt Neusiedl am See. Dann halten Sie sich rechts und geradeaus über die Wiener Straße hinunter bis zur großen Kreuzung. Links abbiegen auf die Hauptstraße, ca. 1.300 m geradeaus bis zur 3. Ampel. Rechts abbiegen auf die Seestraße. Folgen Sie der Seestraße, bis Sie an den großen Parkplatz kommen. Die Benutzung des Parkplatzes ist kostenlos • Tel.: +43 2167 202 05 • www.mole-west.at

Strandbad Neusiedl am See

Modernes familienfreundliches Bad am See mit vielen Annehmlichkeiten.

Seestraße, 7100 Neusiedl am See • Mit dem Auto: über die A4 Richtung Budapest bis zur Ausfahrt Neusiedl am See. Dann halten Sie sich rechts und geradeaus über die Wiener Straße hinunter bis zur großen Kreuzung. Links abbiegen auf die Hauptstraße, ca. 1.300m geradeaus bis zur 3. Ampel. Rechts abbiegen auf die Seestraße. Folgen Sie der Seestraße, bis Sie an den großen Parkplatz kommen. Die Benutzung des Parkplatzes ist kostenlos • Tageskarte Erwachsene: 4,50 Euro, Tageskarte ab 15 Uhr: 2,80 Euro; Tageskarte für Kinder (ab 6 Jahre): 2,20 Euro • Tel.: +43 2167 34 00 20 • www.neusiedlamsee.at

Strandbad Podersdorf

Ein weiteres Paradies für Kinder und Erwachsene.

Podersdorf am See, 7141 Podersdorf • Mit dem Auto: über die Autobahn A4 bis zur Abfahrt Podersdorf, anschließend folgen Sie den Straßenschildern • Ganzjährig geöffnet • Ende April–Ende September kostenpflichtig, Tageskarte Erwachsene: 5,40 Euro; Kinder (ab 6 Jahre): 2,10 Euro • Tel.: +43 2177 22 27 • www.podersdorfamsee.at

Reiterhöfe am Neusiedlersee – Traumausflüge in die endlose Puszta

Der Neusiedlersee stellt ein Eldorado für Reitbegeisterte dar – zwischen einer ersten Reitstunde für Anfänger über eine Kutschenfahrt bis zum Tagesausritt ist alles dabei. Es lohnt sich, die Gegend des Seewinkels auf dem Rücken eines Pferdes zu erkunden, es gibt mehr als 150 Kilometer Reitwege

Tel.: +43 2167 86 00 • www.neusiedlersee.com/de/aktivitaeten/sport-bewegung/reiten-kutschenfahren.html

Weinkulturhaus Gols – ein Mekka für Weinliebhaber

Das Weinkulturhaus hat vom 28. März bis 30. Oktober von 10–19 Uhr geöffnet. Am Dienstag hat es ganzjährig, außer im August und September, geschlossen. Die Öffnungszeiten im Winter sind von Anfang November bis Ende März jeweils von 10–17 Uhr.

Hat man die komplizierten Öffnungszeiten einmal durchschaut, dann ist die größte Hürde genommen und einem Besuch im Weinkulturhaus steht nichts mehr im Wege.

Hauptplatz 20, 7144 Gols • Mit dem Auto: von Wien aus auf der Autobahn A4 Richtung Budapest bis zur Abfahrt Gols/Weiden. Beim Kreisverkehr nehmen Sie die letzte Ausfahrt Richtung Gols. • Tel.: +43 2173 200 39 • www.weinkulturhaus.at

Illmitz – das heimliche Herz des Neusiedlersees

Einen letzten Hinweis habe ich noch für Sie. Falls Sie mehr Zeit in dieser traumhaften Region verbringen, dann müssen Sie unbedingt einen Abstecher ins südöstlich gelegene Illmitz machen.

Diese Gegend ist das Herz des Nationalparks Neusiedlersee. Auch wenn der Weg ein klein wenig länger ist als ins nördliche Neusiedl und Podersdorf, die dreißig Minuten extra an Autofahrt zahlen sich auf jeden Fall aus. Noch ein kleiner Vorteil ist, dass sich hier hinunter nicht mehr ganz so viele Touristen verirren wie in den nördlichen Teil des Sees. Das Strandbad Illmitz bietet alles, was Kinder und Erwachsene für einen schönen Badetag benötigen. Der Nationalpark gibt Ihnen die Möglichkeit, mit unzähligen Wanderwegen die traumhafte Natur zu entdecken.

7142 Illmitz • Mit dem Auto: Von Podersdorf kommend folgen Sie einfach den Straßenschildern in Richtung »Illmitz« • www.illmitz.co.at

Die besten Ausflüge ins Umland

Mayerling

In diesem Jagdschloss im Wienerwald fand eine der größten Tragödien der österreichischen Monarchie statt. Kronprinz Rudolf erschoss in einer kalten Winternacht zunächst seine Geliebte und anschließend sich selbst. (Episode »Das Geheimnis von Mayerling«, siehe Seite 136)

Mayerling 3, 2534 Alland • Bus: Linie 459 bis Mayerling Altes Jagdschloss; Pkw: Abfahrt »Mayerling« auf der A21 der Wienerwald-Autobahn; die Autofahrt von Wien nach Mayerling dauert etwa 30 Minuten • Tel.: +43 2258 22 75 • www.karmel-mayerling.org

Ein Stück vom Himmel, am Himmel

Einer der Freizeit-Top-Hotspots bei den Hausbergen der Wiener. Hier findet man alles, was man zum Entschleunigen benötigt. Viel Grün, einen keltischen Lebensbaumkreis, eine Weinkellerei, einen Streichelzoo mit riesigem Kinderspielplatz und genügend Restaurants und Kaffeehäuser, um seinen Hunger in der perfekten Naturkulisse zu stillen. (Episode »Das grüne Herz«, siehe Seite 180)

Himmelstraße Ecke Höhenstraße • Autobuslinie 38A bis zum Cobenzl, anschließend zu Fuß bis zur Kreuzung Himmelstraße Ecke Höhenstraße, dann den Eingang zum Lebensbaumkreis und zum Oktogon »Am Himmel« wählen

Das Meer der Wiener

Liegt nicht, wie viele Nichtwiener meinen, an der Adria. Das Meer der Wiener ist der attraktive Neusiedlersee im Burgenland, etwa 45 Minuten mit dem Auto von Wien entfernt. Unzählige Freizeitmöglichkeiten von Segel-, Kite und Surfkursen können am See ausgeübt werden. (Episode »Der Neusiedlersee«, siehe Seite 224)

Strandbad Neusiedl/See • Seestraße, 7100 Neusiedl am See • Mit dem Auto: über die A4 Richtung Budapest bis zur Ausfahrt Neusiedl am See. Dann halten Sie sich rechts und geradeaus über die Wiener Straße hinunter bis zur großen Kreuzung. Links abbiegen auf die Hauptstraße, ca. 1.300 m geradeaus bis zur 3. Ampel. Rechts abbiegen auf die Seestraße. Folgen Sie der Seestraße, bis Sie an den großen Parkplatz kommen. Die Benutzung des Parkplatzes ist kostenlos • Tel.: +43 2167 3400 20 • www.neusiedlamsee.at

Strandbad Podersdorf • Podersdorf am See, 7141 Podersdorf • Mit dem Auto: über die Autobahn A4 bis zur Abfahrt Podersdorf, anschließend folgen Sie den Straßenschildern • Tel.: +43 2177 2227 • www.podersdorfamsee.at

Ein Bootsausflug nach Bratislava

Nur wenige Minuten zu Fuß vom Stephansdom entfernt startet der sogenannte Twin City Liner. Das ist ein Schnellkatamaran in Leichtbauweise, der es durch seine starken Dieselmotoren und den Jetantrieb in nur 75 Minuten von Wien bis nach Bratislava schafft. Die Buchung der Tickets erledigt man am besten vorab übers Internet. Eine Fahrt kostet aktuell 30 Euro für Erwachsene (Kinder 15 Euro).

Abgang Marienbrücke – Schwedenplatz • U-Bahn: Linie U4 bis Schwedenplatz • www.twincityliner.com

Eine Fahrt in die Wachau

Dürnstein, Spitz an der Donau, Stift Melk usw. Die Liste der Sehenswürdigkeiten der Wachau ist unerschöpflich. Die Wachau ist das Tal der Donau, welches sich zwischen Melk und Krems befindet. Sie liegt circa 80 Kilometer von Wien entfernt.

Von Wien kommend: S 5 bis Krems und über die B 3 weiter Richtung Melk • Tel.: +43 2713 30060-60 • www.donau.com

Eine Ausfahrt zum Schloss Laxenburg

Ein bezauberndes Schloss mit einem 250 Hektar großen und traumhaften Park unweit von Wien lädt zum Flanieren ein. Hinter dem Schloss, von einem idyllischen Teich umgeben, liegt die Franzensburg. Sie wurde zwischen 1801 und 1836 im Stile einer alten Burg errichtet. Verantwortlich für den Bau zeichnete sich Kaiser Franz II bzw. der I, der die Franzensburg als Museum erbauen ließ. Heute finden dort Ausstellungen und Theatervorstellungen statt. Das Schloss Laxenburg war bis zum Ende der Österreichisch-Ungarischen Monarchie ein wichtiger Aufenthaltsort der Habsburger. Hier verbrachten im Jahr 1854 Kaiser Franz Joseph und Sisi ihre Flitterwochen. Auch die Kinder Gisela und Kronprinz Rudolf wurden auf Schloss Laxenburg geboren.

Die Schlossanlage Laxenburg liegt rund 25 km vom Stadtzentrum Wiens entfernt. die Fahrzeit beträgt etwa 30 Minuten. Erreichbar ist das Schloss über die Autobahn A2 (E59), Abfahrt »Wiener Neudorf«, von dort ist eine ausreichende Beschilderung bis in den Ort vorhanden. Vor Ort gibt es etwa 1.000 Gratis-Parkplätze. Folgen Sie im Ort dem Parkleitsystem P1, Parkhaupteingang, P2, Parkeingang Reitstall (geöffnet nur an den Wochenenden und Feiertagen) und P3, Parkeingang Erholungszentrum. • Schlossplatz 1, 2361 Laxenburg • Tel.: +43 2236 712 26 - 0 • www.schloss-laxenburg.at

Gumpoldskirchen und Perchtoldsdorf

Zwei der berühmtesten österreichischen Weinbauorte im Süden der Stadt. Hier gibt es ein Überangebot an gemütlichen Heurigen. Der Grund, warum der Wein hier besonders gut gedeiht, ist der Löss. Dieser ist verantwortlich für die sehr fruchtbare und reichhaltige Erde. Die Gegend ist besonders an schönen Herbsttagen besonders zu empfehlen.

www.gumpoldskirchen.at • www.perchtoldsdorf.com

Die Donauinsel

Die Wohlfühloase für die Wiener, wenn es im Sommer in der Stadt heiß und stickig wird. Auf dieser knapp 22 Kilometer langen, künstlich angelegten Insel in der Donau finden Besucher unzählige Strandbäder, Kinderspielplätze, gute Lokale und die kalte Donau gegen heiße Sommertage. (Episode »Natur pur«, siehe Seite 44)

Angelibad • Birnersteig an der oberen alten Donau, 1210 Wien • Tel.: +43 1 601 12

Gasthaus Birner • An der Oberen Alten Donau 47, 1210 Wien • Sommersaison: tägl. 9–24 Uhr; Wintersaison: tägl. 9–22 Uhr • Tel.: +43 1 271 53 36 • www.gasthausbirner.at

Epilog

Liebe Wien-Entdecker und Wien-Liebhaber. Das soll es jetzt also schon gewesen sein?

Nein, noch nicht ganz. Erinnern wir uns gemeinsam noch einmal, wie schön Wien ist und wie alles begonnen hat. George hat mich ermutigt, Wien zu zweit zu erkunden. Diesen Rat habe so gut wie möglich befolgt. Und ich gebe zu, dass er absolut Recht behalten hat. Wien ist eine Stadt, die man toll zu zweit erkunden kann.

Wien hat darüber hinaus wirklich alles, was man zum Glücklichsein braucht. Eine traumhafte Altstadt mit verwunschenen Gassen und belebten Einkaufsstraßen. Prunkvolle Habsburger Schlösser mit prächtigen Gartenanlagen und geheimnisvollen Geschichten. Es ist aber auch eine Stadt voller uriger Gasthäuser, gediegener Kaffeehäuser mit speziellen Kellnern und noch spezielleren Gerichten.

Tun Sie es einfach! Kommen Sie nach Wien und entdecken Sie die Seele der Stadt. Sie werden sehen, dass Ihnen die Metropole an der Donau viel mehr zu bieten hat, als es irgendein Buch jemals beschreiben könnte. Ich habe versucht, Ihnen besondere Seiten der Stadt und spezielle Eigenheiten (auch ihrer Bewohner) ein klein wenig näherzubringen. Und manchmal ist mir etwas passiert, was Ihnen hoffentlich nicht mehr ganz so oft passieren wird. Ich spreche von den Fettnäpfchen, von dem »Scheitern an Wien«.

Ich wünsche Ihnen viele unvergessliche Momente in dieser wunderbaren Stadt an der blauen Donau. Genießen Sie Wien – und falls Sie sich dennoch einmal über die Stadt ärgern, dann halten Sie es wie Thomas Beckett (oder war es doch Franz Beckenbauer), der einmal meinte: »*Scheitern, scheitern – besser scheitern!*«

Wien wird Sie nicht enttäuschen!

Viel Spaß dabei!

ANHANG

Fettnäpfchenvermeider

Kleine Übersetzungshilfen und große Phrasendreschereien

Fettnäpfchen sind in der Wienerstadt immer möglich, doch in manchen Fällen können sie einfach vermieden werden. Eine wertvolle Hilfe bei der Vermeidung von Fettnäpfchen stellt die Übersetzung des Wiener Dialekts in die deutsche Sprache dar. Viele Worte im Wienerischen Dialekt finden ihren Ursprung in der Alt- und Mittelhochdeutschen Sprache wie auch in der Sprache der ehemaligen Kronländer. Der Wiener neigt in seiner Sprache zu Verniedlichungen und zu Unter- beziehungsweise Übertreibungen. Ein weithin bekanntes Spezifikum des Wienerischen ist die oft gesungene Sprachmelodie sowie eine undifferenzierte Aussprache von harten und weichen Konsonanten. Von besonderer Beliebtheit des Wienerischen zeugt auch das »Meidlinger L«, gerne das »Dicke (E)L« genannt. Benannt wurde es nach der Aussprache der im zwölften Wiener Bezirk Meidling lebenden Arbeiter.

Meidling

Meidling ist der Zwölfte Wiener Gemeindebezirk und befindet sich etwa 5 Kilometer südwestlich vom Stadtzentrum. Der Bezirk besteht großteils aus dicht verbauten Arbeitervierteln.

Laut Sprachforschern ist das »Meidlinger L« ein sogenannter monolateraler Laut. Beim »L« aus Meidling strömt die Luft nicht wie beim normal gesprochenen »L« an beiden Seiten heraus, sondern nur an einer Zungenseite vorbei. Die Zungenspitze wird bei der Aussprache an die obere Zahnreihe gepresst. Versuchen Sie es g»l«eich: »Bist a Gscheit›l‹ing kummst aus Meid›l‹ing!«

Heut wird das »Meidlinger L« gerne mit der Wiener Arbeiterklasse, abfällig oft »Proleten« genannt, in Verbindung gebracht – was falsch ist. Viele bekannte Wiener Persönlichkeiten gebrauchen diese typische Ausdrucksweise wie etwa der ehemalige Bundeskanzler Dr. Franz Vranitzky. Obwohl er nicht in Meidling aufgewachsen ist, macht er gerne vom »Meidlinger L« Gebrauch. Mittlerweile hat sich in Meidling eine Bürgerinitiative gefunden, die sich darum bemüht, dass das »Meildlinger L« in das immaterielle Weltkulturerbe der UNESCO aufgenommen wird. Man wird sehen, ob dieses Unterfangen gelingt.

Anbei nun ein kleines Wienwörterbüchlein mit einer kleinen Auswahl an typischen Wiener Ausdrücken und Abkürzungen, die entweder in diesem Buch vorkommen oder die Ihnen bei einem Wienbesuch garantiert begegnen werden.

16er Blech, das	Dose Ottakringer Bier der Ottakringer Brauerei in Wien Ottakring
Aansapanier, die	Sonntagskleidung
Adabei, der	Jemand, der keinen gesellschaftlichen Anlass auslässt
Anserschmäh, der	Besonders gefinkelter und daher bevorzugter Trick
antschechert	betrunken
ausgfressen	fettleibig; sehr dick
Baba	Abschiedsgruß; Verabschiedung
Badewaschel, der	Bademeister
Bahöö	Lärm, Streit, Aufruhr; »Mach kann Bahöö!«
Beisl, das	Kleines, typisch wienerisches Wirtshaus
Beuschelreißer, der	Starke Zigaretten; mit »Beuschl« ist im Volksmund die Lunge gemeint
Bim, die	Straßenbahn, Tramway
Blunzen, die	Blutwurst
Bobo, der	Junger beziehungsweise junggebliebener und trendiger Wiener

Bratfisch, Josef	Der Leibfiaker von Kronprinz Rudolf und beliebter Wienerlied Sänger. Josef Bratfisch (26.8.1847–16.12.1892) wurde ob seiner Leibesfülle auch gerne »Nockerl« genannt.
Busserl, das	Kuss; kleines häufchenförmiges Gebäck
CAT	City Airport Train; Flughafentransfer von Wien-Mitte zum Flughafen Wien-Schwechat
Donau City	Stetig wachsender Stadtteil am linken Donauufer
Drahdiwaberl	Wankelmütiger, unentschlossener Mensch; diesen Namen trägt auch eine Wiener Kult-Band
Erdapfel, der	Kartoffel
Extrawurst, die	Wurst; damit kann aber auch eine Ausnahme gemeint sein
Fallott, das	Gauner, Betrüger, Person mit zweifelhaftem Rechtsempfinden
fäulen	stinken; stinksauer sein
fett	dick; damit kann aber auch ein stark alkoholisierter Zeitgenosse gemeint sein
Fetzenschädl, der	Unfreundliche Bezeichnung für einen Mitmenschen
Fleckerl, die	Eierteigwaren; Beispiel »Krautfleckerl«
Fleischhauerei, die	Fleischer; Metzger
Fräulein, das	Weibliche Angestellte eines Beisls oder Kaffeehauses; der Begriff wird mittlerweile von vielen Kunden als veraltet angesehen.
Frittate, die	Nudelig geschnittene Palatschinke als Suppeneinlage
Gelse, die	Stechmücke
Gemütlichkeit, die	Eine Eigenschaft, die der Wiener im Blut hat wie den Grant. Die Gemütlichkeit macht sich beim Wiener gerne beim Heurigen oder im Kaffeehaus breit – ein persönlich gefühlter Gemütszustand des Wohlfühlens.
Gerstel, das	Geld; damit kann aber auch eine Getreideart gemeint sein

Glumpert, das	Wertloses Zeug
Golatschen, die	Gefüllte Süßspeise aus Blätterteig, bei der vier Ecken nach innen gebogen sind.
Goschn, die	Mund
Grant, der	Hat überhaupt nichts mit Hugh Grant oder Cary Grant zu tun. Dabei handelt es sich um einen Zeitgenossen, der über einen längeren Zeitraum hinweg schlecht und mürrisch gelaunt ist. Kann einem in Wien sehr häufig begegnen.
Grätzl, das	Die Gegend, in der der Wiener seinen Alltag verbringt; die Nachbarschaft
Gscherter, der	Mensch vom Land; Restösterreicher
Gsöchts, das	Geselchtes; Rauchfleisch
Gürtel, der	Die meist befahrene Landesstraße Österreichs
Haberer, der	Freund, Liebhaber, Kumpe – entstammt dem jiddischen *chawer*
harbe	Kombination der Worte »böse«, »lebhaft« und »scharfzüngig«
Heaz, das	Herz
Herrl, das	Hundehalter; seit dem Jahr 2010 gibt es in Wien einen »Hundeführschein« für Kampfhundhalter
Heuriger, der	Ein Lokal, in dem Wein ausgeschenkt wird; so wird aber auch der Jungwein genannt; oder auch eine junge Kartoffel
Hirnschüßler, der	Wahnsinniger
Hofrat, der	Als Titel einer Person ist Hofrat immer noch entweder ein Amtstitel für Beamte der höchsten Dienstklassen im Bundes- oder Landesdienst oder ein vom Bundespräsidenten verliehener Berufstitel.
Holler, der	Holunder; damit kann aber auch gemeint sein, dass der Gesprächspartner einen »Holler«, also einen Unsinn, redet.
Jause, die; Jausn, die	Nachmittägliche Mahlzeit
Juchee	Höchste Galerie im Theater

Kaisersemmel, die	Ein krustenreiches, resches, sternförmig eingeschnittenes Weißgebäck
Käsefusserl, das	Bildet sich aus dem herausrinnenden Emmentaler Käse, wenn man die Käsekrainer beim Braten anstupft
Käsekrainer, die	Sie ist das Kultprodukt am Würstelstand und eine feine Mischung aus leicht geräuchertem, grobem Brät aus Schweinefleisch, in die kleine Würfeln aus Emmentaler Käse eingearbeitet werden.
Kipferl, das	Hörnchen
kraxeln	klettern
Lángos, der	Fladen aus Hefeteig, der in Fett herausgebacken wird
Leberkäse, der	Für viele *der* Snack am Würstelstand schlechthin; wird am liebsten in einer Semmel gegessen; eine Besonderheit in Wien: der Pferdeleberkäse
leiwaund	super; cool; gefällt mir
Lurch, der	Staubknäuel
Marie, die	Geld
MQ, das	Museumsquartier
Narrenkastl, das	Narr + Kasten = Fernseher
net	nicht
Nudelaug, das	Abwertende Bezeichnung eines Mitmenschen
ÖBB	Österreichische Bundesbahnen
Ober, der	Angestellter eines Beisls oder Kaffeehauses; oft auch Kellner genannt; Zahlkellner
Öffis, die	Die öffentlichen Verkehrsmittel
Oida, der	Alter; Freund; kann im heutigen Sprachgebrauch der jungen Wiener eigentlich fast alles heißen
Orange, die	Apfelsine
Pappenschlosser, der	Zahnarzt
Paradeiser, der	Tomate
Peitschen, die	Peitsche

Pratzen, die	Hände
Radler, der	Umgangssprachlich für Radfahrer; kann aber auch ein Mischgetränk aus Bier und Kräuterlimonade sein
Rappen, der	Pferd, dessen Fell, Schweif und Mähne schwarz sind
Rauchfang, der	Schornstein
Reiberei, die	Streit, der manchmal in eine handfeste Auseinandersetzung ausarten kann
Restösterreicher, der	Aus wienerischer Perspektive sind das alle Österreicher, die nicht aus Wien kommen.
Ring, der	Die Wiener Ringstraße; sie führt gemeinsam mit dem Franz-Josefs-Kai rund um das historische Zentrum Wiens. Die zahlreichen historischen Bauwerke am Ring zählen zu den Hauptsehenswürdigkeiten der österreichischen Bundeshauptstadt.
Sackerl, das	Plastik oder Papiersack; Tüte
Schani	Kurzform von Johan, Kellner; Handlanger
Schanigarten, der	Kleiner Gastgarten
Schilcher, der	Schillerwein steirischer Provenienz (Rabiatperle)
Schilling, der	Österreichische Währung, bevor der Euro ins Leben der Österreicher trat; gerne auch »Alpendollar« genannt
Schlag, der	Aufgeschlagene Sahne, auch »Schlagobers« genannt
Schmäh, der	Witz nach »Wiener Art«
Schnoferl ziehen	beleidigt sein
Schrammln, die	Eine für Wien typische Musikgattung, die vorwiegend beim Wiener Heurigen gespielt wird; benannt wurde die Musik nach dem Wiener Musiker Johann Schrammel
Schwarzkappler, der	Fahrschein-Kontrolleur
Seas	Von »Servus« – ungezwungene Begrüßungsformel
Seidel, das	Kleines Bier

sich herausputzen	sich für ein Ereignis besonders hübsch machen
Soutterainlokal, das	Lokalität im Keller- oder Tiefgeschoss eines Gebäudes
Sozi, der	Eine umgangssprachliche, auch abwertende Abkürzung für einen Anhänger der Sozialdemokratie oder ein Parteimitglied entsprechender Parteien
Sozialschlauch	Abfällig gemeinter Begriff der »besseren Gesellschaft« für die U-Bahn
Steffl, der	Stephansdom; Wiener Wahrzeichen; Kaufhaus in der Kärntnerstraße
Stritzi, der	Person, die sich am Rande der Legalität bewegt
Tandler, der	Verkäufer
Taxler/in, der/die	Taxifahrer/in
Tepp (Depp), der	Trottel
Trafik	Eine Verkaufsstelle für Tabakwaren etc. – in Wien bekommt man in einer Trafik auch Fahrscheine
trappen	im Trab
Tschapperl, das	Eine naive, blöde Person, die von anderen abhängig ist, weil sie sonst nichts auf die Reihe bekommt
Tschapperlwasser, das	Alkoholfreies Getränk
Tschik, die	Zigarette
Ur-	Nicht mehr wegzudenken im Sprachgebrauch der jungen Wiener. Das »Ur« geht immer und überall. Es ist allein oder als Steigerungsform möglich. Beispiel gefällig? *Urleiwand* oder *Ich mag Dich ur.*
vollbröseln	sich oder jemanden mit Bröseln (Krümeln) anpatzen
Wappler, der	Gemäßigter Dummkopf
Watschenmann, der	Eine beliebte Figur im Wiener Prater zum Kraftmessen und zum Abreagieren aufgestauter Aggressionen
Weckerl, das	Ein längliches Gebäck; wird oft am Würstelstand angeboten

Wiener Gemischter Satz	Ist die Pflanzung unterschiedlichster Rebsorten nebeneinander in einem Weingarten. Es müssen zumindest drei weiße Qualitätsweinrebsorten gemeinsam in einem Wiener Weingarten angepflanzt sein.
Wurstelprater, der	Großer Vergnügungspark in Wien, benannt nach der Figur des »Hanswurst«
Würstler, der	Würstelstand; Imbissbude
Zuagraster, der	Einer, der von außerhalb nach Wien kommt
Zuckerl, das	Bonbon; kann aber auch ein Angebot beziehungsweise ein Anreiz sein, ein Produkt günstiger zu erstehen
zwider	missmutig gelaunt sein

Wiener Phrasendreschereien

Der Wiener ist bekannt für seine Redewendungen. Anbei eine kleine Auswahl:

A indisches Klo	Eine Toilette jenseits des Ganges; im Stiegenhaus, außerhalb der Wohnung gelegen
Am Enzi liegen	Ein Möblierungsbestandteil im MQ
Bresl, glei gibt's Bresl.	Ärger, gleich gibt es Ärger!
Eh kloa!	Alles klar!
Eh...	Das bedeutet in Wien weder die Abkürzung für eigenhändig noch ehrenhalber. Das »Eh« wird wie ein kleines »aber« verwendet. »Es passt ›eh‹ alles, aber ...«
Einen Tanz machen	Umstände machen, herumzicken
Habe d'Ehre	Begrüßungsformel
Hau Di üba d'Häusa!	Verschwinde!
Hupf in Gatsch und schlag a Welln!	Kümmer dich doch um deine eigenen Angelegenheiten!

Junger Hupfer	Ein heranwachsender unerfahrener Mann
Mundl	So wird der »echte Wiener« gerne genannt. Entstanden ist dieser Name aus der Kult Fernsehserie *Ein echter Wiener geht nicht unter,* in der Schauspieler Karl Merkatz den Kult Wiener Edmund »Mundl« Sackbauer verkörpert.
Narrenkastl schauen	In die Leere schauen; am helllichten Tag dahinträumen
Oba tschenifa	Aber schnell; leitet sich von der US Sängerin Jennifer Rush ab, die eine Zeit lang in Deutschland gelebt hat.
Putz di!	Siehe »Schleich di!«
Schleich di!	Entferne dich aus meinem Blickfeld!
Sich nicht lumpen lassen	Auf großem Fuß leben; ganz und gar unbescheiden sein

Wien Glossar

Alte Donau	Ist ein stehendes Gewässer, das am linken Donauufer einen Halbkreis beschreibt. Sie entspricht dem ursprünglichen Hauptstrom der Donau, vor der Regulierung.
Austria Wien	Wiener Traditionsfußballverein seit 1911. 24 Mal österreichischer Meister und 27 Mal Pokalsieger. Die Austria, ob ihrer violetten Vereinsfarbe auch »Veilchen« genannt, sind der ewige Rivale vom SK Rapid Wien.
Bundesländer	Alles, was aus der Sicht des Wieners nicht Wien ist.
Der liebe Augustin	Spitzname für Max Augustin, einem Bänkelsänger im Wien des 17. Jahrhunderts. Der Legende nach hat er eine Nacht in einer Pestgrube überlebt. Bis heute bekannt ist das Lied *O du lieber Augustin.*
Donauinsel	Sie befindet sich auf dem Gebiet eines früheren Überschwemmungsgebietes, welches der Donau bei Hochwasser Platz bieten sollte. Als dieses nicht mehr reichte, wurde im Überschwemmungsgebiet ein zweites Flussbett ausgehoben, die Neue Donau. Das Aushubmaterial wurde dann zur Donauinsel. Eines der beliebtesten Naherholungsgebiete der Wiener.

Donaukanal	Er trennt den 2. und den 20. Bezirk vom 1. und 9. Bezirk. Hier befindet sich an den Ufern im 9. Bezirk, der »Lände« des Kanals, im Sommer die beliebte *Summerstage.*
Donauregulierung	Um Überflutungen Herr zu werden, wurde im Jahr 1870 ein neues Bett für die Donau gegraben. Ein weiteres folgte im Jahr 1970, aus dem Aushubmaterial entstand die Donauinsel.
Gloriette	Prachtbauwerk und Blickfang in einem Park und Garten. Die berühmteste aller Glorietten befindet sich im Schlosspark Schönbrunn.
Holocaust-Mahnmal	Wurde am Judenplatz im Jahr 2000 errichtet und steht als »Mahnmal für die österreichischen jüdischen Opfer der Schoah«. Die Idee kam von der britischen Künstlerin Rachel Whitebread. Das Mahnmal besteht aus einem Betonblock, der die Buchreihen einer Bibliothek darstellt. Diese Bibliothek ist mit endlos vielen Ausgaben ein und desselben Buches gefüllt. Die Bücher sind verkehrt herum aufgestellt, so sieht man nicht die Buchrücken, sondern die »ungeschützten« Seiten. Sie stehen für die vielen Opfer und deren Lebensgeschichten.
Judenplatz	War früher der Mittelpunkt der mittelalterlichen jüdischen Gemeinde Wiens. Dort hat sich die alte Synagoge befunden. Heute ist dort das Museum am Judenplatz und das Holocaust-Mahnmal.
Karlplatz	Vor allem bekannt durch die Karlskirche und die Wiener Secession
Karlskirche	Befindet sich im 4. Bezirk Wieden. Eine römisch-katholische Barockkirche, deren Grundsteinlegung im Jahr 1716 erfolgte. Architekt dieses imposanten Bauwerks war Johann Bernhard Fischer von Erlach.
Kurzparkzonen	Gibt es mittlerweile in allen Wiener Bezirken. Das Abstellen der Autos ist dort kostenpflichtig. Die dazu benötigen Parkscheine gibt es in den Trafiken beziehungsweise online unter: www.handyparken.at
Naschmarkt	Einer der Delikatessenmärkte in Wien. Er befindet sich auf der Einhausung des Wienflusses.

Neue Donau	Entlastungsgerinne zum Hochwasserschutz. Entstanden, als zwischen 1972 und 1988 ein zweites Flussbett ausgehoben wurde. Die Neue Donau ist kein fließendes Gewässer. Sie wird bei Hochwasser geflutet, um den Hauptstrom zu entlasten.
Rapid-Viertelstunde	Eine Besonderheit der Rapid-Fankultur. In den letzten 15 Spielminuten mobilisieren Fans und Mannschaft ihre letzten Kräfte und schaffen es oft, ein Spiel zu ihren Gunsten zu »drehen«.
Secession	Kunstmuseum in der Nähe des Karlsplatzes. Gegründet von Gustav Klimt, Koloman Moser und anderen als Abspaltung vom Wiener Künstlerhaus. Bekannt ist das Motto der Secession: »Der Zeit ihre Kunst, der Kunst ihre Freiheit«, welches in goldenen Lettern über dem Eingang prangt.
SK Rapid Wien	Wie die Austria Wien ein Wiener Fußball-Traditionsverein. Rapid Wien war bislang 32 Mal österreichischer Fußballmeister und 14 Mal Pokalsieger.
Summerstage	Ein beliebter Fixpunkt in den warmen Monaten
Transdanubien	Die Gegend »jenseits der Donau«. Heute eine nicht offizielle Bezeichnung für die Bezirke Floridsdorf und Donaustadt, die einzigen Bezirke, die am linken Donauufer liegen.
UNO City	Auch bekannt unter dem Namen »Vienna International Centre«
Wienfluss	Die Wien – oder auch Wienfluss – entspringt im westlichen Wienerwald und mündet bei der Urania im ersten Bezirk in den Donaukanal. Obwohl der Fluss durch das Stadtgebiet fließt, hat er alpinen Charakter und gilt als Wildwasser.
Zentralfriedhof	Einer der größten Friedhöfe Europas, der sich ganz unzentral im Osten der Stadt in Simmering befindet. Wurde 1874 eröffnet.
Zweierlinie	Das ist der Straßenzug parallel zur Ringstraße. Benannt wurde die Zweierlinie nach der Straßenbahnlinie 2, die früher dort verkehrte.

Quellen: Österreichisches Wörterbuch Schulausgabe, 41. Auflage, Österreichischer Bundesverlag Schulbuch, Wien 2006, 2009 – Peter Wehle: Sprechen Sie Wienerisch?, Ueberreuter, Wien 2003 – Astrid Wintersberger: Der kleine Wappler, 3. Auflage, Residenz Verlag, 2012

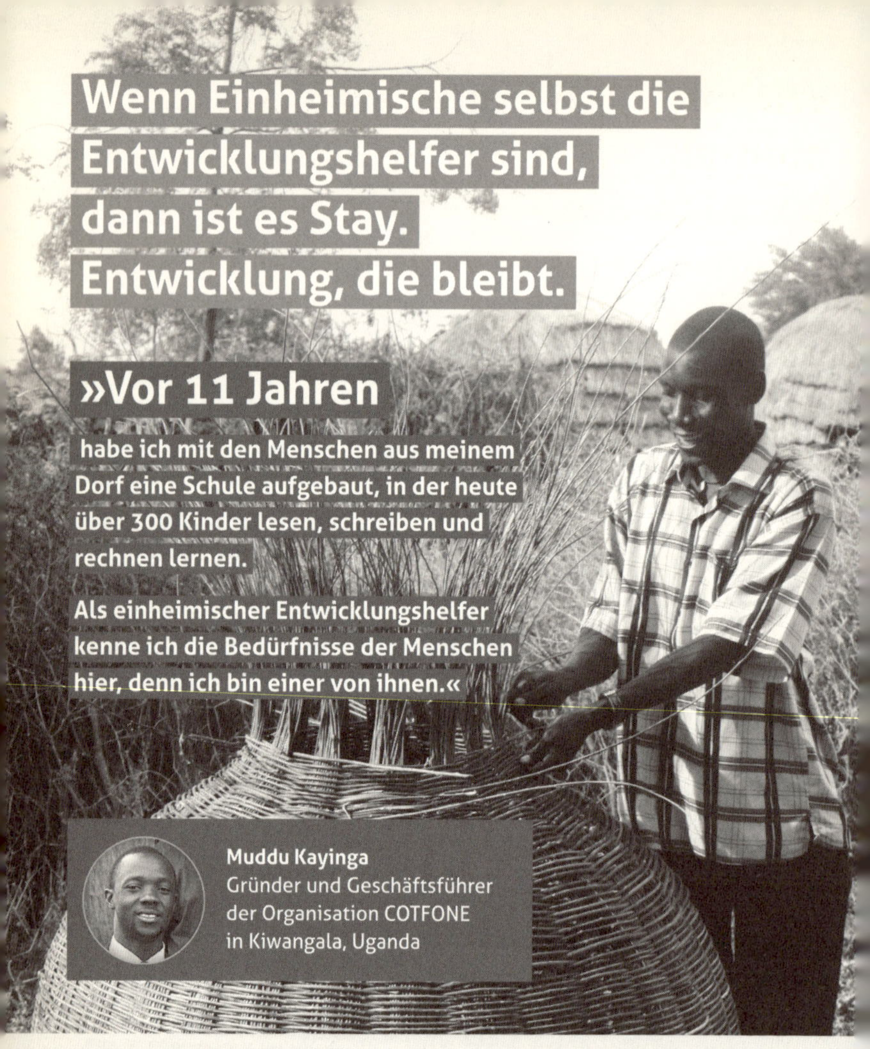
Wenn Einheimische selbst die Entwicklungshelfer sind, dann ist es Stay. Entwicklung, die bleibt.
»Vor 11 Jahren
habe ich mit den Menschen aus meinem Dorf eine Schule aufgebaut, in der heute über 300 Kinder lesen, schreiben und rechnen lernen.
Als einheimischer Entwicklungshelfer kenne ich die Bedürfnisse der Menschen hier, denn ich bin einer von ihnen.«
Muddu Kayinga
Gründer und Geschäftsführer der Organisation COTFONE in Kiwangala, Uganda

Wir erzählen Ihnen, was Sie niemals wissen wollten. Dachten Sie.

Sushi, Godzilla und gebrauchte Damenwäsche – skurrile Gerüchte und bizarre Vorurteile gibt es über Japan wahrlich genug. Was allerdings die Wenigsten wissen: Die Realität ist von all dem gar nicht weit entfernt. Wussten Sie zum Beispiel, dass es nichts Ahnungsloseres gibt als einen Taxifahrer in Tokyo? Dass Japaner ihre eigenen Orts- und Personennamen oftmals nicht lesen können? Und dass es kein elektrisches Gerät gibt, dem die Japaner mehr vertrauen als dem Fax?

Matthias Reich
Was Sie dachten, NIEMALS über JAPAN wissen zu wollen

ISBN 978-3-95889-108-1
ISBN 978-3-95889-128-9

Das Bild der Niederlande scheint klar und vertraut – doch wussten Sie, dass nicht wenige Holländer *vogelen* zu ihrem Lieblingshobby zählen? Kennen Sie die wahre Geschichte von Frau Antje? Sind Sie gewappnet für die ganze erschütternde Wahrheit über Tulpen? Haben Sie eine Vorstellung davon, wie Holländer im – nun ja – Längenvergleich abschneiden? Und können Sie ertragen, was unsere Nachbarn wirklich über uns denken?

Thomas Fuchs
Was Sie dachten, NIEMALS über die NIEDERLANDE wissen zu wollen

ISBN 978-3-95889-085-5
ISBN 978-3-95889-112-8

Was verbirgt sich hinter dem – mittlerweile offiziell ja nicht mehr eisernen – Vorhang? Von horrenden Umweltskandalen, der Liebe zum Alkohol und charismatischen Führungspersönlichkeiten hat man ja schon einiges gehört. War Ihnen aber bewusst, dass eine kreative Auslegung der Realität zum guten Ton gehört, dass ein Riesenkrake namens Geheimdienst das Leben weiter an sich reißt – und dass Russland seinem strengen Klima zum Trotz eigentlich eine ziemliche Bananenrepublik ist?

Alex Albrecht
Was Sie dachten, NIEMALS über RUSSLAND wissen zu wollen

ISBN 978-3-95889-102-9
ISBN 978-3-95889-113-5

Ein Fahrrad, 26 Länder und jede Menge Kaffee

Ein wahnwitziges Reiseabenteuer zwischen Aufbruchlaune, Selbstfindung und ungewöhnlichen Begegnungen auf 14.037 Radkilometern.

Eines Tages wirft der Unternehmensberater Markus Weber seine heile Welt über den Haufen und stürzt sich Hals über Kopf in ein Abenteuer.

Er setzt sich auf sein Fahrrad und fährt los – durch 26 Länder, bis nach Togo. Seine Reise führt ihn durch verlassene osteuropäische Dörfer und über zermürbende Sandpisten in Westafrika. Er fährt per Anhalter durch die Sahara, radelt durch den unerschlossenen guineischen Regenwald und schmuggelt sich in Liberia über geschlossene Grenzübergänge.

Alles, um zwei Fragen zu beantworten: Wer bin ich? Und: Gibt es eigentlich *Coffee to go* in Togo?

Markus Maria Weber
Ein Coffee to go in Togo
Ein Fahrrad, 26 Länder und jede Menge Kaffee

ISBN 978-3-95889-138-8
ISBN 978-3-95889-143-2

CONBOOK
www.conbook-verlag.de

Fettnäpfchen and the City – unsere kurztriptauglichen Stadt-Editionen der beliebten Reiseknigges

Jens Wiegand
Fettnäpfchenführer Barcelona
ISBN 978-3-943176-97-1
ISBN 978-3-95889-093-0

Rike Wolf
Fettnäpfchenführer Berlin
ISBN 978-3-943176-98-8
ISBN 978-3-95889-092-3

Michael Pohl
Fettnäpfchenführer London
ISBN 978-3-943176-73-5
ISBN 978-3-95889-091-6

Petrina Engelke
Fettnäpfchenführer New York
ISBN 978-3-95889-139-5
ISBN 978-3-95889-146-3

Michael Neubauer
Fettnäpfchenführer Paris
ISBN 978-3-943176-94-0
ISBN 978-3-95889-094-7

Nicole Testa-Kerpen
Fettnäpfchenführer Rom
ISBN 978-3-95889-107-4
ISBN 978-3-95889-123-4